Судьба Саломеи

Гайто Газданов

СОДЕРЖАНИЕ

СУДЬБА САЛОМЕИ

Я познакомился с Андреем еще в мои студенческие годы, в Париже. Он был довольно способным человеком: некоторые его рисунки были очень высоко оценены компетентными людьми, которые обычно в своих суждениях не ошибались и которые предсказывали Андрею блестящее будущее. Две или три поэмы, которые он написал в несколько недель, были не менее замечательны, чем его рисунки. Но у него не хватало творческой или душевной силы довести что бы то ни было до конца, и время доказало, что и те, кто оценил его рисунки, и те, кто находил замечательными его поэмы, жестоко ошиблись — не в своих суждениях об их эстетических достоинствах, а в том, что Андрею предстояло большое будущее в живописи или литературе. Но в те далекие времена все мы верили в будущее, и Андрей в этом смысле не составлял исключения. Соображения об искусстве играли в его жизни очень значительную роль. Но все-таки главное место в его существовании занимали те бурные чувства, которые он был склонен испытывать и которые оттесняли вопросы искусства на второй план.

Приблизительно в эти же времена в Латинском квартале и на Монпарнасе стала бывать женщина, которой было суждено сыграть в жизни Андрея очень важную роль. Когда она как-то проходила по кафе, подняв голову и прямо глядя перед собой, один из наших товарищей сказал, что она похожа на Саломею. С тех пор никто из нас ее иначе не называл. Между прочим, в этом замечании было что-то очень верное: со стороны казалось, будто эта женщина действительно несет в руках невидимый поднос. Она была очень красива. Она была красива настолько, что даже ее нелепый грим — вместо бровей у нее были две тонкие линии, нарисованные черным карандашом и резко загибавшиеся кверху, губы она красила кармином, в котором преобладал фиолетовый цвет, — даже этот грим не производил того убийственного впечатления, которое он должен был бы производить. Волосы ее были выкрашены в бледно-желтый цвет. Позже, познакомившись с ней ближе, я узнал, что каждое утро она проделывала над своим лицом не меньшую работу, чем актер, который гримируется перед выходом на сцену. Это, впрочем, не мешало ей повторять, что

1

ее наружность ее совершенно не интересует. Но конечно, если бы все ограничивалось только ее наружностью, она никогда не имела бы того успеха, который сопровождал ее всюду, где она появлялась. Фамилия ее была Martin, по-французски она говорила с ошибками и иностранным акцентом. Martin она была по мужу, которого мы никогда не видели и о котором ничего не знали. Когда речь заходила о нем, она говорила, что его больше не существует, именно так — il n'existe plus, — хотя это вовсе не значило, что он умер. Сама она по национальности была румынкой, вдобавок, кажется, с примесью цыганской и еврейской крови. Она поступила на историко-филологический факультет Сорбонны в качестве вольнослушательницы, так как, по ее словам, у нее были какие-то недоразумения с аттестатом зрелости. Через некоторое время я понял, что этого аттестата у нее никогда не было и не могло быть, хотя она и говорила, что кончила какое-то среднее учебное заведение в Румынии. Она не знала таких вещей, как скорость света, разница между арифметической и геометрической прогрессией, логарифмы или закон притяжения. Но в области искусства у нее были познания столь же обширные, сколь неожиданные. Впрочем, ее интересовало только это, все остальное казалось ей не заслуживающим внимания. Денег у нее было очень мало, жила она в небольшой гостинице Латинского квартала. Откуда она получала те скудные средства на жизнь, которыми она располагала, тоже долго было неизвестно, и только однажды совершенно случайно выяснилось, что некоторую сумму каждый месяц ей присылал тот самый ее бывший муж, которого, как она говорила, не существовало. Ей было в эти времена двадцать два или двадцать три года.

То, я думаю, чего она совершенно, казалось, не выносила, это была простота. Простота в искусстве или в человеческих отношениях ей казалась чем-то унизительно примитивным. Это проявлялось даже в самых обыкновенных разговорах — она, например, никогда не отвечала на поставленный ей вопрос: «Ты будешь завтра в университете?»

Она как будто была просто неспособна прямо ответить — да, буду, — или — нет, не буду. Она говорила: «Почему это тебя может интересовать?» или: «Не все ли тебе равно?» Поэтому сколько-нибудь длительное пребывание с ней было утомительно, несмотря на то, что она нередко бывала интересной собеседницей.

У нее были большие серые глаза с неизменно сердитым выражением, и даже в ее смехе всегда слышался оттенок какого-то непонятного и, в сущности, беспредметного гнева. Множество ее поступков отличалось раздражающей непоследовательностью. Она уславливалась с кем-нибудь идти в кинематограф, за ней заходили в гостиницу, ее не оказывалось дома, или она оставляла записку — я раздумала. Она обещала прийти и не приходила. Но другим она никогда не прощала ни непоследовательности, ни неточности. Ей же это чаще всего прощалось — потому что ни у кого из нас не возникало сомнения о том, что за всей этой раздражающей ее внешней неприемлемостью должен существовать или не может не существовать целый мир, эмоциональная напряженность которого была одновременно бесспорна и неудержимо соблазнительна. Надо было только преодолеть эти внешние препятствия. И ради того, чтобы проникнуть наконец в этот мир, это, конечно, стоило сделать.

Если в этом были убеждены не все или, вернее, не все были убеждены до конца, то Андрей для этого был готов на любое испытание. Со стороны можно было подумать, что он был создан именно для того, чтобы стать ее жертвой. С самого начала установилось то, что определило их отношения: ей было позволено все, ему не прощалась ни одна ошибка. Причем ошибкой могло быть все: не та интонация, недостаточная быстрота или точность ответа, неверное движение — все, что угодно. Он как-то пришел ко мне с сияющим видом и сказал, что Саломея наконец согласилась принять от него в подарок книгу стихов, выбор которой она предоставляла ему. Но когда я встретил его на следующий день, он был мрачен, печален и неразговорчив.

— Какую книгу ты купил и как она была принята? — спросил я. Он пожал плечами, вздохнул и ответил, что он купил ей Верлена. Она вернула ему книгу, сказав, что она ей не нужна, и попросив его при этом больше не приходить к ней. Он ушел в отчаянии, совершенно не понимая причины ее внезапного и необъяснимого раздражения. Каждый раз, когда он звонил ей по телефону, она, узнав его голос, немедленно вешала трубку.

— Да пошли ты ее к дьяволу, — сказал я ему, когда он рассказал мне это.

— Этой эмоциональной возможности у меня нет, — ответил он. — Если бы ты знал ее лучше, ты понял бы почему.

Мне было его жаль, я спросил Саломею, почему она жестоко обошлась с ним.

— Я хотела, чтобы он купил мне Heredia, — сказала она, — а он, дурак, не мог догадаться.

Я передал ему это. Тогда он купил ей несколько книг, в том числе Heredia, и оставил ей этот пакет в гостинице. Через два дня он решился опять позвонить ей по телефону. Он стоял у аппарата, глотая от волнения слюну и ожидая ее ответа. Она сказала:

— Что же ты так давно не звонил и не был? Я по тебе соскучилась.

Когда он первый раз обнял ее, она дала ему пощечину и сказала, что такой подлости она даже от него не ожидала и что между ними все кончено. После этого он не спал две ночи. На третий день вечером она пришла к нему — у него была небольшая квартира возле Булонского леса, в которой он жил один. Она вошла, взглянула на него своими гневными глазами и жадно его поцеловала. Она провела у него всю ночь, и рано утром он отвез ее на такси в ее гостиницу. После этого, пьяный от восторга, он явился ко мне, разбудил меня и стал кричать, что я никогда не пойму, что я не могу себе представить, что это... Я поздно лег накануне, мне очень хотелось спать, кроме того, я действительно не понимал, что могло привести его в такое состояние. Когда он наконец объяснил мне, в чем дело, я только сказал ему:

— Ну, желаю тебе дальнейшего счастья, милый друг, — и заснул. Когда я проснулся, его не было, но пепельница была полна окурков — он, по-видимому, просидел в моей комнате часа два, восстанавливая в памяти все, что произошло, и думая о своем ослепительном счастье.

Много позже, стараясь себе представить, что, в сущности, определяло ту вздорную жизнь, которую вела Саломея и которую она, когда могла, заставляла вести других, я пришел к выводу, что это было желание не принимать того, что происходило, а создавать то, что должно было происходить. Тот, с кем она начинала какой-то разговор, о котором она раньше думала, должен был отвечать так, как она себе это заранее представила. То, что случалось, должно было происходить именно так, как это уже произошло в ее воображении. В этом был какой-то абсурдный и неизлечимый эгоцентризм: и для того, чтобы поступки и поведение человека соответствовали ее представлениям, нужно было бы, чтобы он перестал быть самим собой и стал бы чем-то вроде книги, которую она написала. Это, конечно, так быть не могло, она это прекрасно знала и понимала, но это неизменно приводило ее в бешенство. Кроме того, она упорно отказывалась от ответственности за свои поступки и от выводов, которые из них могли быть сделаны. Когда Андрей, придя к ней на следующий вечер, положил ей руку на плечо, она сбросила ее резким движением и сказала ему, что просит никогда больше этого не делать. Он опять впал в отчаяние — состояние, в которое он приходил очень часто и очень легко. На этот раз оно продолжалось пять дней, после этого повторилось то, что было у него на квартире. Через некоторое время он совершенно потерял представление о действительности, ничего не знал и ни в чем не был уверен, кроме того, что вне Саломеи его жизнь не имеет никакого смысла. Это было в известной степени верно: вне Саломеи его жизнь действительно не имела смысла. Но и с Саломеей тоже — с чем он, однако, никогда не согласился бы.

— Ты, конечно, не тот человек, который мне нужен, — сказала она ему однажды. — Ты понимаешь, тот, кому я отдала бы себя всю, должен был бы быть прежде всего выше меня во всех отношениях. Я должна была бы все время чувствовать над собой его умственное и физическое превосходство. Его понимание искусства должно было бы быть непогрешимым. Его душевные движения увлекали бы меня за собой. Это должен был бы быть человек, который выделяется среди всех остальных. Ты понимаешь? А что ты из себя представляешь? У тебя есть некоторые способности, но это все. Этого для меня недостаточно.

Через некоторое время Андрей получил известие о том, что его отец, живущий в Тулузе, тяжело болен. Андрей показал Саломее телеграмму от доктора и сказал, что он должен ехать в Тулузу и пришел с ней попрощаться. Она взглянула на него своими сердитыми глазами и сказала:

— Неужели ты думаешь, что в такие минуты я оставлю тебя одного? Неужели ты мог сомневаться в том, что я поеду вместе с тобой? Ты представишь меня твоему отцу как свою невесту.

Она действительно поехала с Андреем в Тулузу и провела там два месяца, в течение которых отец Андрея умирал от рака печени. Она проявила необыкновенную самоотверженность, не отходила от постели больного, не спала ночами — и когда, после похорон, она вернулась в Париж, Андрей, по первому ее слову, был готов сделать все, что она потребовала бы. Я подумал тогда, что он был прав, сказав мне однажды, что Саломея способна на все и поступков ее нельзя предвидеть.

Он как-то сказал ей, набравшись храбрости: — Ты считаешь себя умнее всех, кого ты знаешь? — Нет, — сказала она. — Себя я не считаю особенно умной. Я только считаю глупыми других, во всяком случае — многих.

— Кроме того теоретического человека, который тебе был бы нужен?

— Кроме этого человека, — сказала Саломея. — Она всегда считает, что поступает правильно и живет именно так, как нужно, — сказал мне после этого Андрей, — и разубедить ее в этом нельзя.

Я знал о ней то, чего не знал Андрей. То, что произошло вчера, ни к чему не обязывало ее сегодня. Какая-то значительная часть душевной жизни у нее была просто атрофирована. У нее не было воспоминаний. Сегодняшний день, с наступлением темноты, уходил в небытие, и то, что произошло за этот день, переставало существовать. Она очень любила музыку, хотя была совершенно лишена музыкального слуха и не могла отличить одну мелодию от другой. Последовательность этих звуков приводила ее в состояние необыкновенного душевного возбуждения. Но запомнить эти звуки она не могла. Она забывала их так же, как она забывала свои чувства и свою собственную жизнь и жизнь тех, кто был с ней связан и кто уходил в прошлое, в котором у нее не оставалось воспоминаний.

* * *

Саломея и Андрей прожили вместе несколько лет. Она много раз уезжала и уходила от него, он посылал ей телеграммы, длинные, как письма, затем она возвращалась, и все начиналось сначала. Потом была объявлена война, и Андрей был мобилизован.

Перед тем как немецкая армия заняла Париж, Саломея исчезла. Андрей был в плену, в Германии. Я слышал от одного из наших товарищей, что Саломея оказалась на юге, приняла деятельное участие в партизанском движении, вышла будто бы во время войны замуж за еврейского банкира, отказалась уехать с ним из Франции — и была убита во время боя партизанского отряда с частями французской милиции. Ее похоронили в братской могиле, где-то недалеко от Монпелье. Андрей узнал об этом, вернувшись из плена.

Я не видел его около десяти лет. Когда я случайно встретил его в Париже, я не сразу его узнал: он постарел, облысел, изменился. Но он узнал меня. Мы вошли с ним в кафе, это было на Больших бульварах. Он сразу заговорил о Саломее, сказал, что ездил разыскивать ее могилу и не нашел ее.

— Даже этого утешения у меня нет, — сказал он. — Как она

6

погибла, о чем она думала в последние минуты, чье имя она произнесла?

— Ты был на войне, — сказал я. — Как ты можешь ставить такие вопросы? Ты знаешь, что в этих обстоятельствах люди чаще всего не успевают ни о чем подумать и не произносят никаких имен.

— И меня не было рядом с ней!

— Это не твоя вина.

— Зачем я теперь существую, я не очень знаю.

Чтобы переменить разговор, я спросил его, что он делает. На его лице появилось выражение отвращения.

— Что такое? — спросил я.

— Я искренно жалею, что не погиб там, как погибла она, — сказал он. — Я веду позорную жизнь.

— Это на тебя мало похоже.

— Вместе с тем это так. Если бы ты знал, что я делаю, ты бы отказался подать мне руку.

— Ты всегда был склонен к преувеличениям, — сказал я. — Я этому поверить не могу. Что в твоей жизни позорного?

Он объяснил мне, что во время войны он потерял все, что у него было, и теперь вынужден зарабатывать на жизнь. Он долго искал работы, писал статьи об искусстве и рецензии о книгах, но денег, которые он этим зарабатывал, едва хватало на пропитание. И тогда ему сделали предложение, на которое он согласился.

— Что, торговля женщинами, что ли?

— Нет, — сказал он, — еще хуже. Те, кто торгуют женщинами, ты понимаешь, это профессиональные мерзавцами. Я не хочу сказать, что я их оправдываю. Но они живут в своем собственном прокаженном мире, им каждую минуту угрожает тюрьма, допросы в полиции, общественное презрение и так далее. Я делаю работу не менее подлую, чем они, но с той разницей, что мне ничто не угрожает.

— Что же ты делаешь, в конце концов?

Он опять сморщился от отвращения и сказал:

— Я пишу слова для песенок и куплеты для опереток. Ты понимаешь? Вспомни наши университетские годы, Малармэ, Валери, Рильке. И после этого...

— Но кроме этого ты что-нибудь пишешь? для себя?

— Я пробовал, я не могу, — сказал он. — Я настолько пропитан теперь этой опереточной пошлятиной и этим идиотизмом, что я чувствую себя хронически отравленным.

Потом он посмотрел на меня с отчаянием и сказал: — Ты представляешь себе, что сказала бы Саломея, если бы она была жива? — Об этом он, конечно, много думал, — что сказала бы Саломея.

Но для его теперешней жизни, помимо прибавившихся к его прошлому лет и неотступного воспоминания о Саломее, было характерно то, что и раньше было одной из главных его особенностей: он жил не так, как хотел, и не делал ничего, чтобы изменить свою жизнь. В сущности, ничто не заставляло его непременно заниматься тем ремеслом, которое он считал позорным. Но сделать усилие, необходимое для того, чтобы избавиться от этого, он не мог.

* * *

У него, в общем, ничего не осталось: ни тех смутных надежд на какое-то будущее в искусстве, которые были у него в молодости, ни того смысла жизни, который представляла для него Саломея. И, конечно, для человека с его эстетическими взглядами то, чем он вынужден был заниматься, казалось последней степенью падения. Трудно было надеяться, что теперь, в его возрасте, он вдруг начнет другую жизнь, В этом ему мешало, в частности, воспоминание о Саломее: никакая другая женщина не могла занять ее места. И так как прошли годы и годы с того дня, когда они расстались, и воспоминание о ней оставалось таким же, каким оно было в самом начале, то казалось очевидным, что это уже не могло измениться. Я узнал через некоторое время, что он написал о ней целую книгу. Ни одно издательство не приняло ее, потому что Саломея была описана так наивно романтически и так фальшиво, что это делало всю книгу о ней совершенно неубедительной.

Я думал, конечно, и о Саломее. Что осталось от нее? Наши воспоминания о ней и история ее трагической гибели, о которой в свое время писалось в газетах, но которая теперь была забыта, как почти все, происходившее в годы войны. Но все-таки, думая о Саломее, можно было теоретически предполагать, что только смерть остановила ее на том пути, который ей предстоял и который, быть может, был бы блистательным. И конечно, если бы она была жива, то и жизнь Андрея сложилась бы иначе.

Через год после моей встречи с ним, путешествуя по Италии, я поселился на некоторое время во Флоренции. Я жил на via del Proconsulo, в маленьком пансионе, с хозяином которого вечерами вел длинные разговоры... Он был пожилой итальянец, говоривший со мной на том языке, который он

8

искренно считал французским, но который в действительности представлял собой результат его личного творческого усилия и был одинаково далек и от итальянского, и от французского, напоминая, однако, и тот и другой одновременно. Он рассказывал мне о своих соседях — владельце книжного магазина, хозяине кафе, о своих жильцах, о жителях Флоренции вообще; он говорил о судьбе Италии и даже об искусстве, которое, по его мнению, перестало существовать приблизительно в первой половине семнадцатого столетия. Он заговорил однажды о том, что война заставила многих флорентийцев покинуть родной город, из которого при других обстоятельствах они никогда не уехали бы, и идти рисковать своей жизнью в чужих странах — в холодной России, в жаркой Африке, во Франции. Он рассказал мне при этом историю того сапожника, который жил недалеко от его пансиона и которого он был постоянным клиентом. Сапожник этот родился и вырос во Флоренции, и ему никогда даже не приходила в голову мысль, что он может покинуть свою улицу и свой город. Такой прекрасный сапожник и такой хороший человек. И вот, во время войны, он был мобилизован и попал в те части итальянской армии, которые оккупировали юг Франции. После поражения Италии он поступил в какой-то французский партизанский отряд, где был тяжело ранен. Только через несколько лет, когда война кончилась, он, наконец, вернулся во Флоренцию. Из Франции, между прочим, он привез с собой француженку, это тоже было не нужно, во Флоренции достаточно итальянок. Но он женился на своей француженке и вернулся к тому сапожному делу, которого никогда не должен был бы бросать. Жена его ему помогает. Она старше его, раньше сапожного ремесла совсем не знала, но теперь научилась хорошо работать.

— А что же она делала во Франции?

— Была, вероятно, бедная одинокая женщина, — сказал он. — Ей повезло, она нашла человека с хорошим ремеслом, он неплохо зарабатывает, в прошлом году они даже ездили на море летом. Вот, смотри, как сложилась судьба этих людей. Он мог бы никогда отсюда не уезжать, она бы доживала свою одинокую жизнь во Франции. Ему бы не хватало ее, ей не хватало бы его. Но оттого, что Муссолини вступил в войну потому, что считал себя каким-то итальянским Наполеоном, наш сапожник оказался во Франции и она приехала во Флоренцию, о которой до этого она, может быть, ничего не знала.

Вероятно, я был значительно менее склонен к философствованию, чем хозяин моего пансиона, потому что история флорентийского сапожника не произвела на меня особенного впечатления. Любая деталь в скульптуре Микеланджело, в бронзе Донателло или Бенвенуто Челлини казалась мне бесконечно более важной в истории человечества, чем та или другая война, смерть того или иного диктатора и участь их современников, в том числе флорентийского сапожника и его жены. Я думал тогда о других вещах и, в частности, о том, что всякий раз, когда я вырывался из той жизни, которую вел и которая была ограничена кругом незначительных, в сущности, идей и представлений, и возвращался к созерцанию картин Тинторетто или Боттичелли или статуй Микеланджело, я впадал в состояние исступленного и трагического восторга, по сравнению с которым все остальное казалось совершенно неважным.

Я шел однажды вечером по городу, без определенной цели, думая об этом, — и вдруг вспомнил один из разговоров, который у меня был с Андреем много лет тому назад. Мы шли с ним тогда по бульвару St. Michel, была прозрачная сентябрьская ночь. За несколько дней до этого он вернулся из Венеции, где был первый раз, и рассказывал мне о своих впечатлениях. Из всего, что он видел, ему больше всего запомнились тогда — Иоанн Креститель Донателло и «Вознесение» Тинторетто.

— Высокий нищий в бронзовых складках своих лохмотьев, которого нельзя забыть, — говорил он. — И «Вознесение». Ты понимаешь: множество крыльев ангелов, летящих вверх, и в середине этого неудержимого движения Христос, возносящийся на небо. Какой чудовищный гений надо было иметь, чтобы создать эти вещи. После этого начинает казаться, что жить так, как ты жил до сих пор, больше нельзя.

— Мне всегда кажется, что жить так, как мы живем, нельзя, — сказал я. — Может быть, то, что ты видел в Венеции, только подчеркивает это, делает это понимание более выпуклым, если хочешь. Но если ты дашь себе труд вспомнить о том, что ты думал до поездки в Италию, ты увидишь, что ты знал это уже раньше.

— Да, но не так, — сказал он, — и не то. То, что меня убивает, ты понимаешь, это одновременное и параллельное существование таких разных миров и это нестерпимое разнообразие ощущений, которых никакая сила воображения не может соединить в одно. Каждый из нас ведет несколько существований, и то огромное расстояние, которое их разделяет, для меня непостижимо и страшно. Я не могу себя в этом найти.

Он остановился и опустил голову — и со стороны получалось впечатление, что ночью на бульваре стоит человек, который внимательно смотрит на свои ноги. Потом он поднял голову и сказал:

— Я не могу понять, что человек, который следит за разливом симфонии, за тем, как она растет и расширяется, потом вдруг чудесно суживается и возвращается к тем двум нотам, из которых она родилась, — я думаю сейчас о Пятой симфонии Бетховена — этот человек, который в течение долгих минут живет в этом мире и в которого навсегда вошло это необычайное движение звуков — как может этот человек после этого, выйдя из концертного зала, безболезненно вернуться к тому же, что было до сих пор.

— Я не вижу в этом непримиримого противоречия, — сказал я.

— Я не говорю о противоречии, я не сопоставляю постижение искусства с другими человеческими чувствами, — сказал он. — Но меня пугает расстояние, разделяющее на разные миры то пространство, в котором я потерялся когда-то давным-давно и в котором я больше не могу найти себя.

— Может быть, гений, в частности, обладает способностью одновременного постижения всех этих разных миров — той способностью, которой органически лишены простые смертные. Не построения теоретической концепции, в которую с одинаковым правом вошли бы все человеческие чувства в их невероятном разнообразии, — а чего-то другого — стихийного и безошибочного постижения всего этого.

— Может быть, — сказал он. — Но в таком случае следует сказать, что понимание гения нам недоступно. Не его проявления, а его природы.

Я шел теперь по длинной и узкой флорентийской улице. Была поздняя ночь с неподвижным воздухом и звездным небом. Четверть века тому назад, в Париже, когда мы говорили с Андреем, те же неразрешимые вопросы занимали мое внимание. Если бы мне сказали тогда, что мы проживем двадцать пять лет, пройдем через разрушительную войну, будем свидетелями гибели миллионов людей — и после всего этого опять вернемся к тем же вопросам, я бы не поверил. Я бы сказал, что этого не может быть, что нас ждет медленное и естественное душевное оцепенение, через которое мы так же медленно будем идти к смерти, все будет постепенно терять свое значение — и чувства других людей, и произведения искусства, и природа гения. Но это оказалось не так. Каждому из нас был дан его особенный мир, законы которого не изменялись от времени. Поэтому теперь во Флоренции я думал о том же, о чем думал тогда в Париже — с той же бесплодной и безнадежной настойчивостью. И поэтому же Андрей вел теперь такую жизнь, испытывая отвращение к тому, что он делал, и, думая о том, что сказала бы Саломея.

* * *

Однажды днем я шел сначала по via Ghibellina, а затем свернул в узенькую улицу, отходившую от нее под прямым углом. Здесь жили очень бедные люди, занимавшиеся собиранием железного хлама. Первый, кого я увидел, был смуглый мальчик лет пятнадцати, который с выражением наивного торжества в лице нес в руках несколько заржавевших пружин из какого-то развалившегося дивана. Сквозь узкие входы в дома были иногда видны дворы, заваленные ржавым железом самого разного происхождения. Дойдя до середины улицы, я увидел мастерскую того самого сапожника, о котором мне рассказывал хозяин моего пансиона. Это был широкоплечий человек со смуглой кожей: в недостаточном освещении — улица был темная — неподвижное его лицо мне показалось похожим на бронзовый профиль. Против него сидела его жена, та самая женщина, которую он привез из Франции. Когда я остановился у его окна, она подняла голову и взглянула на меня — и я должен был сделать над собой усилие, чтобы не вскрикнуть от удивления. Я встретил знакомый неизменившийся взгляд серых сердитых глаз и узнал Саломею.

Я повернулся и быстро пошел к своему пансиону. Там я вызвал горничную и попросил ее отнести записку жене сапожника. В этой записке я просил Саломею прийти на следующий вечер, в семь часов, на вокзал, где я буду ее ждать.

Когда после войны мне сказали, что она убита, я испытал чувство глубокой печали. Но это было ничто по сравнению с тем холодным отчаянием, которое охватило меня в тот вечер, когда я ждал ее на вокзале. Мимо столика, за которым я сидел, проходили туристы, немцы, англичане, американцы, французы, до меня доходили их слова, которые я слышал, не понимая их смысла. Я видел перед собой лицо Андрея — не того облысевшего человека, который писал теперь слова для песенок и испытывал отвращение к самому себе и своим клиентам, а Андрея двадцать пять лет тому назад, с его

12

далекими и восторженными глазами, и слышал его слова: — Нет, ты не можешь понять, ты никогда не поймешь. Нет, это было слишком жестоко. Если бы Саломея была жива...

Я думал, что она не придет. Но она пришла. Когда она приблизилась к моему столику и я встал и придвинул ей стул, она пристально посмотрела на меня — так, точно чего-то опасалась. Я не знал у нее этого выражения глаз. Проглотив слюну от волнения, я спросил ее:

— Как все это могло произойти?

Не ответив на мой вопрос, она спросила:

— Он жив?

— Жив. Он думает — так же, как думал я до вчерашнего дня, — что ты была убита. Он так же мало похож сейчас на того, каким был до войны, как ты не похожа на прежнюю Саломею.

— Ты находишь, что я очень изменилась?

Нет, внешне она изменилась меньше, чем можно было ожидать. Ее лицо отяжелело, над ртом появились морщины, но она была еще хороша.

— Я не имел в виду внешние изменения. Но ты мне не ответила, как все это произошло. Повторяю, мы все были уверены, что ты была убита на юге Франции во время войны.

— Я была очень тяжело ранена, — сказала Саломея. — Я думала, что я умру, я в этом не сомневалась. Потом произошла обыкновенная сусальная история, знаешь, как пишут в глупых сентиментальных книгах: меня подобрал молодой итальянец, донес меня до госпиталя и потом приходил ко мне каждый день. Через неделю доктор сказал мне, что я останусь жива.

Она вынула папиросу и закурила. Я вспомнил, что раньше она не курила.

— Ты помнишь, что было во время войны? Для многих людей, в том числе для меня, все сложное исчезло. Остались самые простые вещи: голод, опасность, страх смерти, холод, боли, усталость и бессознательное понимание того, что все в жизни просто и страшно. А то, о чем можно мечтать, это только тепло, сон, еда, безопасность, крыша над головой — что еще?

— Да, да, я понимаю, — сказал я. — Но каменный век кончается.

— Когда мы потом приехали с ним во Флоренцию, — сказала она, — война была кончена, опасности больше не было. Маленькие дети играли на улицах, светило солнце, было тепло. Но все, что было раньше, перестало существовать. Разве ты не заметил, что того мира, который был до войны, больше не существует?

— Это можно было бы сказать, даже если бы войны не

было. Конечно, того мира больше не существует. Но тот, который сменил его, не непременно должен быть ограничен окном сапожника на узкой улице, выходящей на via Ghibellina, и тем, что представляет теперь твоя жизнь. Стоило прожить такую жизнь, пройти через такие испытания и уцелеть — чтобы все кончилось так? Мне кажется, что ты заслуживаешь лучшего.

— Ты уверен, что то, о чем ты думаешь, лучше?

— Нет, — сказал я. — Может быть, это недостаток воображения, но мне все-таки кажется, что нельзя больше искалечить свое существование, чем ты это сделала. Я помню, что в прежние времена ты мечтала о другом.

— А может быть, счастье в том, что тебе удается ограничить себя и понять, что главное — это несколько несложных вещей?

— Так живут десятки миллионов людей. Но есть другие, которым этого недостаточно.

Я посмотрел в ее глаза и вдруг с удивлением увидел, что в них стояло спокойное и равнодушное выражение, с тем легким оттенком превосходства, который я знал раньше, но который сейчас мне казался неуместным и необъяснимым. Прежнее отчаяние охватило меня, я подумал, что так это оставить нельзя. Я сказал:

— Я предлагаю тебе следующее. Сейчас мы выйдем отсюда. Моя машина стоит за углом. Я заеду на несколько минут в пансион и расплачусь. У тебя есть какое-нибудь удостоверение личности? Завтра мы будем на французской границе. Завтра вечером ты будешь в Париже, а еще через неделю ты забудешь все, что предшествовало твоему возвращению.

— Нет, — сказала она. — Ты уедешь из Флоренции и вернешься в Париж без меня.

— Ты категорически отказываешься ехать?

— Что я буду делать — в этом далеком чужом городе?

Только в первую минуту разговора с ней я услышал в ее голосе волнение, это было тогда, когда она спросила, жив ли Андрей. Все остальное время она была спокойна — состояние, которое ей было совершенно несвойственно раньше.

— Ты забываешь о времени, мой друг, — сказала она, вставая. — То, в чем ты живешь, это движение теней. От того, каким ты был раньше, не осталось самого главного, и ты упорно отказываешься это принять. Ты хочешь повернуть время назад — этого не может даже Бог. Если бы я послушала тебя и уехала с тобой в Париж, я бы потеряла то, что у меня есть теперь, и осталась бы в пустоте, которую нельзя заполнить никакими воспоминаниями. Проводи меня домой. Потому что

14

теперь у меня есть дом, ты знаешь? Раньше у меня его не было, я не знала этого понятия.

Мы вышли с вокзала. Я шел молча некоторое время. Потом я сказал, повторяя ее слова:

— «Потеряла бы то, что у меня есть». Другими словами, соседство человека, который не понимает одной десятой того, что понимаешь ты?

— Когда я увидела тебя в окне, это меня потрясло, — сказала она. — И я знала, что ты не поймешь того, что я тебе скажу. Может быть, ты поймешь это позже. Но для этого нужно, чтобы ты представил себе совершенно другой мир, которого ты не знаешь и в котором я живу.

— Это какая-то литература.

— Нет, литература у меня кончилась, — сказала она. — Литература — это у тебя. И до тех пор, пока ты от нее не отделаешься, ты не поймешь того, что нужно.

Мы дошли с ней до угла via Ghibellina.

— Ты помнишь? — сказал я. — Rue de Vaugirard, rue Monsieur le Prince, rue de Tournon, rue de Buci, Boulevard St. Germain, rue de Saints Pères?

— Да, вспоминаю, — сказала она. — Но тех, кто там жил в эти времена, больше не существует. До свидания.

Она прошла несколько шагов, потом вернулась и сказала:

— Я не так с тобой попрощалась.

Она прижала на секунду свои чужие губы к моим губам и ушла. Я смотрел ей вслед — она сохранила свою прямую гибкую походку, за которую ее назвали Саломеей. Потом я вернулся на вокзал. Затем приехал оттуда в свой пансион и пролежал полночи, не засыпая, упорно следя за тем, что она назвала движением теней, — вне которого она жила теперь, а я не мог себе представить своего существования.

Когда я возвращался в Париж, я все вспоминал разговор с Саломеей. Все, что она говорила, не могло объяснить того непоправимого превращения, которое с ней произошло. То, что я считал ее недостатком, это отсутствие воспоминаний, теперь спасало ее: если бы она помнила то, что было раньше, она не могла бы так жить. Ее превращение, как мне казалось, произошло оттого, что она увидела перед собой смерть. Дошла до нее и потом испытала животную радость возвращении к жизни. И вот единственные обстоятельства, которых она не забыла, были именно те, когда она поняла этот возврат к жизни, которым она была обязана молодому итальянцу. Последнее лицо, которое она видела перед собой, когда думала, что умрет, это было его лицо. И первое, которое она увидела уже другими глазами, когда она почувствовала, что будет жить, это было его лицо. И это было самое сильное и единственное воспоминание, которое определило и ее превращение и ее теперешнюю жизнь. Инстинкт самосохранения закрыл перед ней все, что было раньше, и вот почему мое появление в витрине ее так потрясло, как она сказала. То, что я ей предложил — вернуться в Париж, — конечно, было невозможно, потому что городу, где она раньше жила, в ее теперешней жизни не оставалось места. Я думал и о том, что Андрею, конечно, нельзя было рассказать о Саломее; он решил бы, что это результат трагического недоразумения или измены. Но это не было ни недоразумением, ни изменой. Это была смерть. Не Саломеи, которая теперь жила на маленькой улице, выходящей на via Ghibellina, а того мира, частью которого она была для нас, которого больше действительно не было, но вне призрачного воспоминания о котором мы не представляли себе нашего существования.

Андрея я встретил зимой в небольшом кафе на углу rue de Buci и Bouleard St. Germain, куда я вошел, чтобы выпить кофе. Он был так же печален, как всегда, и теперь мне было его особенно жаль, потому что я так отчетливо помнил ту сентябрьскую ночь во Флоренции, когда я расстался с Саломеей. Мы говорили с ним о разных вещах, потом он опять вернулся к тому, что было до войны, снова заговорил — это было неизбежно — о Саломее и сказал:

— Тебе это, может быть, покажется сентиментальностью, но я бы все-таки просто хотел знать, где ее могила. Ты знаешь, что я искал ее и не нашел.

— Вероятно, потому, — сказал я, — что у тебя об этом были неправильные сведения и ты искал ее не там, где нужно.

ЭВЕЛИНА И ЕЕ ДРУЗЬЯ

Я впервые услышал игру этого удивительного пианиста, — это был пожилой человек с круглой головой, бритым лицом и выцветшими глазами, — в маленьком ресторане с огромными, во всю стену, окнами, над морем, на Французской Ривьере. На берегу росли неподвижные пальмы, под рестораном тихо плескались невысокие волны. Был уже довольно поздний час, и, кроме моего столика, был занят еще только один, за которым сидели двое влюбленных, атлетический молодой человек с вытатуированным якорем на левой руке и полноватая девушка лет двадцати. Пианист играл, явно не обращая на нас никакого внимания. Я думал потом, что если бы его попросили повторить еще раз ту же самую последовательность мелодии, он, конечно, не мог бы этого сделать — это была наполовину его собственная импровизация. Время от времени я узнавал обрывки знакомых мотивов, но они тотчас же сменялись новыми сочетаниями звуков, которых никто не мог предвидеть. Я сидел перед стаканом оранжада, в котором давно растаял лед, и тщетно старался себе представить, что именно, какое чувство непосредственно предопределило в этот вечер ту смену звуков, которой я был единственным слушателем — потому, что двое влюбленных были настолько явно поглощены иллюзией своего собственного счастья, что их впечатления были, вероятно, просто автоматическим раздражением слуха, лишенным иного значения. В небольшом заливе отражались огни извилистой дороги, на поворотах которой вспыхивали и гасли фары автомобилей. Все окна ресторана были отворены, струился теплый ночной воздух, и во всем этом была обманчивая убедительность, так, точно мир, в котором мы были осуждены жить, был чем-то похож на этот вечер над морем — пальмы, вкус холодного оранжада, запах воды и это звуковое движение под смещающимися клавишами рояля. Я слушал эту музыку и думал, что сейчас в тысяче километров отсюда, в моей парижской квартире с наглухо затворенными ставнями, письменный стол медленно покрывается пылью и что теперь наконец после многих месяцев напряженной работы я могу забыть о призраках, которые столько времени и так упорно занимали мое воображение. Это были персонажи книги, которую я должен был писать, и в течение этого долгого периода я постоянно был настороже, чтобы не спутать даты, не ошибиться в часе или месте, чтобы придать правдоподобность очередной насильственной метаморфозе, когда нужно было закрыть глаза, забыть обо всем, освободиться от ощущения своего собственного тела и, погрузившись в далекую глубину чего-то потерянного бесконечно давно, вернуться к действительности — на несколько страниц — восьмидесятилетним стариком с хрустящими суставами или отяжелевшей женщиной, которая ждет ребенка. Теперь все это было кончено, и одновременно с чувством избавления я ощущал ту счастливую пустоту, о которой я забыл за это время и в которую сейчас вливались эти мелодии, возникавшие под пальцами пожилого человека в смокинге, сидевшего за роялем. Был уже двенадцатый час вечера, когда вдруг, — я даже машинально взглянул на часы, — до моего слуха дошло несколько аккордов знакомого романса Шумана. Но их звуковая тень скользнула и исчезла, потом опять началось что-то другое. Я подумал тогда, что самое важное сейчас было все-таки именно это — звуковое путешествие в неизвестность над этим южным морем, в летнюю ночь, вслед за пианистом в смокинге и что все остальное — Париж и то тягостное, что было с ним связано, сейчас непостижимо растворялось — улицы, крыши, дома — в этом небольшом пространстве, над которым возвышался стеклянный потолок. В эти часы, вне этого не существовало ничего. И в этом исчезновении огромного и далекого города было нечто одновременно сладостное и печальное. Таков был скрытый смысл того, что играл пианист. Таким, во всяком случае, он мне казался. Я думал именно об этом, когда в прозрачно темном четырехугольнике распахнутой стеклянной двери показалась фигура Мервиля.

Его появление здесь было для меня совершенной неожиданностью, я думал, что он в Америке; год тому назад он уезжал туда после своей женитьбы, и я помнил, как он говорил мне о начале новой жизни. Я знал его давно и хорошо, мы были с ним вместе в университете, где он сдавал ненужные ему экзамены по истории философии и литературы, после чего он занялся коммерческими операциями, довольно успешными. Его склонность к отвлеченным предметам, однако, не была случайной, потому что он периодически увлекался то той, то другой теорией, и это каждый раз стоило ему денег и сопровождалось обычно неприятностями. Все его существование было сменой этих бурных и чаще всего бескорыстных увлечений. Он переходил от искусства к астрономии, от астрономии к архитектуре, от архитектуры к биологии, от биологии к изучению персидских миниатюр. В ранней молодости он мечтал быть боксером, дипломатом, ученым, полярным исследователем. В результате всего этого он знал множество разнородных вещей, которые ему не удавалось соединить в одну сколько-нибудь стройную систему. Но помимо этого, он всегда был верным товарищем, был неизменно щедр и великодушен, и когда я как-то упрекал его за то, что он дал довольно крупную сумму денег тому, кому ее не следовало давать, он пожал плечами и ответил, что при всех обстоятельствах на похороны всегда останется, а если не останется, то это тоже неважно. Он был женат несколько раз, каждый раз неудачно, и ему неизменно не везло, как он говорил, ни в браке, ни вне брака. Он никогда не хотел согласиться с тем, что главная причина этих неудач заключалась в нем самом, а совсем не в том или ином стечении обстоятельств. По отношению к женщинам он всегда вел себя так, точно для него соединить свою судьбу с той, о которой в каждом отдельном случае могла идти речь, было ничем не заслуженным счастьем. Каждой из них он внушал одну и ту же мысль — что в ней для него сосредоточены все сокровища мира, а что он сам бедный простой человек, пользующийся случайным расположением этой удивительной женщины. Такое представление, — которому он никогда не изменял и в котором, как я говорил ему, было бы, вероятно, нетрудно найти признаки клинического морального извращения, — никогда и ни в какой степени не соответствовало действительности: он был гораздо умнее и душевно богаче всех своих женщин, вместе взятых. Кроме того, у него было приятное лицо с темными и мягкими глазами, он был прекрасно сложен и силен физически и был вдобавок богат, что в его глазах не имело никакого значения, но что чаще всего играло известную роль для каждой из его жен и каждой из его любовниц. Он с таким упорством и такой настойчивостью повторял свои слова о незаслуженном счастье, что даже самые неиспорченные женщины рано или поздно поддавались его аргументации и сами начинали верить в абсурдную убедительность этих утверждений. И с той минуты, когда они проникались наконец этими мыслями, события неизменно приближались к катастрофическому завершению — в той или иной форме. Кроме того, женщин, с которыми он расходился, ждали неизбежные разочарования — очень скоро после расставания с ним они убеждались, что так, как думал Мервиль, не думал больше никто: он оставлял в их воображении прочно установившиеся представления, резко противоречившие всему, что могло их в дальнейшем ожидать. Может быть, поэтому ни одна из них потом не отзывалась о нем положительно, точно мстя ему за тот длительный обман, которого она считала себя жертвой — как это ни казалось парадоксально на первый взгляд.

Я никогда не интересовался вопросом, что именно делал Мервиль и что приносило ему довольно значительные доходы. Было, однако, нетрудно себе представить, что при его всегдашней разбросанности он мог заниматься очень разными вещами одновременно. У него были дела за границей, он часто уезжал то в одну, то в другую страну, и жены его были тоже разной национальности. Последний раз, год тому назад, он женился на кинематографической артистке австрийского происхождения, очень красивой, холодной и глупой женщине, душевное убожество которой было настолько очевидно, что со стороны становилось как-то неловко за него. Но он был влюблен, говорил об Америке, о том, что ее исключительный артистический дар, которому до сих пор мешали развернуться неблагоприятные обстоятельства... Но даже его иллюзий хватило только на несколько месяцев, после чего он расстался с ней и она, пережив два или три неудачных романа, кончила тем, что вышла замуж за какого-то чикагского промышленника, который подходил ей, вероятно, гораздо больше, чем этот вздорный человек, говоривший вещи, которых она не понимала.

Мервиля нельзя было тотчас же не узнать, в частности потому, что у него была совершенно седая голова, — она стала такой, когда ему не было еще тридцати лет, — и в темных его глазах на загоревшем лице было выражение печальной рассеянности, которое было характерно для него в те периоды, когда он еще не собирался жениться или был женат в течение сравнительно долгого времени. Я окликнул его. Он быстро подошел ко мне, и у меня было впечатление, что он искренно обрадовался. Через минуту он сидел против меня, пил черный кофе и все посматривал в сторону пианиста, который продолжал играть по-прежнему — небрежно и неутомимо. Я спросил его, давно ли он здесь и как его дела. Он пожал плечами и ответил:

— Ты знаешь, что состояние моих дел меня никогда особенно не волновало. Здесь я около трех недель, но это тоже неважно, — в сущности, не все ли равно, где именно быть?

И в это время, как назло, под пальцами пианиста

20

прозвучал целый отрывок из «Венгерской рапсодии». У Мервиля дернулось лицо — я знал это его движение еще со студенческих лет, — и он тряхнул головой. Я сказал:

— Что делать, мой милый, мне тоже иногда кажется, что мир состоит из напоминаний.

Не глядя на меня, он сказал таким тоном, точно разговаривал сам с собой, не обращаясь к собеседнику:

— Самые грустные периоды в жизни — это те, когда ты ощущаешь непоправимую пустоту.

— Представь себе, что я об этом тоже только что думал, — ответил я, — какое странное совпадение. В противоположность тебе, однако, я склонен считать, что ощущение пустоты — это скорее приятная вещь. Мы с тобой об этом неоднократно говорили и, вероятно, будем еще не раз говорить. Но знаешь, о чем я сейчас, только что, подумал? Что, по-видимому, игра пианиста полна совершенно определенного содержания. Ты видишь, и у тебя и у меня она вызвала одну и ту же мысль. Мы, однако, совершенно разные люди, у нас разная жизнь и разные взгляды на жизнь, и я не видел тебя больше года. Ты давно вернулся из Америки?

В прозрачном потолке сильнее темнело небо, дым папиросы растворялся и исчезал. Мервиль ответил:

— Я ошибся и на этот раз, как я ошибался до сих пор. Я вернулся в Европу три месяца тому назад. Теперь я один, и я спрашиваю себя, на кой черт я вообще существую?

— Извини меня за откровенность, — сказал я. — Мне за тебя неловко. Ты изучал искусство, биологию, астрономию, историю философии, и ты не можешь выйти из очень узкого круга твоих личных чувств и делаешь наивнейшие обобщения, которые тебе непростительны. Что тебе неприятен тот или иной оборот событий или оборот твоего сентиментального фиаско, это совершенно естественно. Но что ты на основании этого склонен строить какую-то отрицательную философскую систему общего порядка — это было бы понятно, если бы ты был двадцатилетней мидинеткой[1], а не тем, что ты все-таки собой представляешь.

Но он был безутешен. Он говорил, что ощущения теряют свою силу, что ему все труднее и труднее вновь находить тот лирический мир, вне которого он не представлял себе счастья, что ему тридцать семь лет и остается мало времени, что душевное богатство, которое ему отпустила судьба, — если это

---

[1] midinett — молодая парижская швея (фр., разг.).

можно назвать богатством, — подходит к концу и этот конец будет катастрофой.

— Ты мне сам говорил, что на похороны всегда останется.

— Ты считаешь это соображение утешительным?

Мы вышли из ресторана. Узкая аллея, обсаженная пальмами, вела к дороге. Под ногами трещала галька. Из стеклянного, освещенного квадрата над морем доносились слабеющие звуки рояля. Когда мы дошли до его автомобиля, он спросил:

— Ты здесь один?

Я утвердительно кивнул головой.

— Поедем ко мне, — сказал он. — Я живу возле Канн. У меня тяжело на душе, и я к тебе обращаюсь за дружеской помощью. Поедем ко мне, побудем вместе несколько дней. Ты мне расскажешь о своей работе.

— Хорошо, — сказал я. — Завтра утром мы вернемся в мою гостиницу, чтобы взять вещи, которые мне необходимы. На несколько дней я в твоем распоряжении.

Он жил один в двухэтажной вилле, и в течение целой недели, до его отъезда в Париж, где у него были дела, мы с ним почти не расставались. Мы вместе купались и обедали, вместе гуляли и вспоминали наших товарищей по давним университетским временам. Мы говорили с ним на самые разные темы, я объяснял ему, как я работаю и как проходит моя жизнь, и мне казалось, что к нему постепенно возвращалось относительное душевное спокойствие, от отсутствия которого он так страдал в тот вечер, когда я его встретил. Я лишний раз убедился в том, что никакие испытания не могли его изменить: смысл его существования заключался в потребности жертвовать своими удобствами, своим спокойствием и своими деньгами для «лирического мира», о котором он говорил и который населяли воображаемые и замечательные женщины, которым никак не удавалось окончательно воплотиться в тех, кого он встречал в действительности. Все остальное имело для него второстепенное значение. Мне со стороны было жаль, что его душевные способности и все другие его качества, чрезвычайно, как мне казалось, ценные, уходили на тщетные попытки достижения этой явно иллюзорной цели. Но это мне казалось непоправимым.

— Я готов с тобой согласиться в пессимистической оценке мира, — сказал я, — но по иным причинам. Я давно не нахожу особенного соблазна ни в чем, и я не представляю себе вещей, которые могли бы мне дать то бурное чувство счастья, о котором ты говоришь как о потерянном рае. Разница в том, что ты веришь, что тебе это счастье может дать какая-то, никогда не существовавшая и нигде не существующая, скажем, леди Лигейя. Я лично в это верю меньше всего. Мне иногда кажется, что все вообще имеет очень ограниченную ценность, которую мы склонны преувеличивать. Может быть, это не суждение, строго говоря, а ощущение. Я его испытываю не всегда, конечно, но довольно часто.

— Если бы все рассуждали, как ты, то не было бы ни войн, ни революций, ни подвигов, ни даже убийств. Дездемона умерла бы естественной смертью в возрасте шестидесяти или семидесяти лет. И никто не испытал бы той непередаваемой внутренней дрожи, которая охватывает тебя, когда перед четвертым актом поднимается занавес и на сцене ты видишь кровать, в которой она будет задушена.

— Другими словами, мы сохранили бы Дездемону, но потеряли бы Шекспира, — сказал я. — Но мы можем быть спокойны: эта опасность миру не угрожает.

Мервиль уехал, я после этого еще долго оставался на Ривьере и вернулся в Париж только в начале октября. Я думал не без некоторого удовольствия о том, как я войду в свою квартиру и снова обрету те привычные удобства, которых я был лишен во время моего отсутствия из Парижа, — мое кресло, мой стол, мои книги над головой, мой диван, расположение всех предметов, каждый из которых я мог найти с закрытыми глазами, все, в чем прошло столько дней моей жизни и в чем не было никакого элемента неизвестности. Это было иллюзорным ограждением от внешнего мира и уходом от всего, что меня иногда так тяготило в отношениях с людьми и в необходимости поддерживать эти отношения. Я видел перед собой книжные полки, стены без гравюр и картин, строгую правильность линий стола, стульев, занавесок на окнах, прямоугольники зеркал в передней и ванной, ту геометрическую стройность, которая в такой совершенной степени отсутствовала в моей внутренней жизни, во всех этих провалах и исчезновениях того, что в течение некоторого времени я склонен был считать самым важным и существенным, и в возникновении чего-то, что я не мог себе представить еще минуту тому назад, — словом, в той бесформенной и неизменно смещавшейся действительности, над которой у меня не было власти, как ее не было ни у кого другого. Я думал о знакомой уютности зимних вечеров, когда за окном льет ледяной дождь и ровным светом горит лампа над креслом или над письменным столом, о белых, туго натянутых простынях моего дивана и о том, как каждую ночь, ложась спать и выкурив последнюю папиросу, я погружаюсь в мягкое небытие, которого я так боялся, когда был ребенком, — потому что мне каждый раз казалось, что я больше никогда не проснусь, и к которому я с тех пор давно привык, как к теплой могиле. Я думал обо всем этом, подъезжая поздним вечером к дому, в котором я жил. Потом я широко открыл глаза от удивления: окна моей квартиры были освещены. Я не понимал, что могло произойти и кто мог там находиться. Я поднялся по лифту и отворил ключом дверь. Знакомый женский голос спросил с интонацией, которую я хорошо знаю:

— Кто там? Это ты?

Эвелина! Я меньше всего ожидал ее появления здесь — как встречи с Мервилем на юге. Я давно и хорошо знал Эвелину, так же, как ее знали Мервиль и еще двое наших университетских товарищей, Андрей и Артур, входившие в наш своеобразный и нерасторжимый союз, которого нельзя было бы себе представить без нее. Она была хороша собой, у нее были черные волосы и синие холодные глаза, она была несомненно умна, очаровательна и, когда она этого хотела, неотразима; но я не мог себе представить более абсурдного и вздорного существования, чем то, которое она вела. Она была наполовину испанка, наполовину голландка. Ее отец был богатым человеком, владельцем каких-то плантаций в Южной Америке, где он жил почти безвыездно, посылая своей дочери в Европу довольно крупные деньги, которых ей никогда не хватало. Время от времени он терял терпение, переставал отвечать на ее письма, приток денег прекращался, и Эвелина оставалась без копейки. Тогда она переезжала к Мервилю или ко мне, и ее пребывание у нас продолжалось ровно столько времени, сколько проходило до того дня, когда ее отец возобновлял свои денежные переводы. Затем снова начинались те нелепые события, которые составляли ее жизнь. Она была артисткой, балериной, журналисткой, переводчицей, — и каждый очередной эпизод ее существования кончался какой-то невероятной путаницей, в которой никто ничего не понимал и в которой все оказывались пострадавшими в той или иной степени, — все, кроме Эвелины. У нее были бурные увлечения, часто казавшиеся нам непонятными, которые кончались так же внезапно, как начинались. Когда она к нам возвращалась, то через некоторое время оказывалось, что мы все были вовлечены в то, что с ней происходило, и каждому из нас приходилось чем-то для нее жертвовать, — Мервилю деньгами и своим спокойствием, мне — тем, что в моей собственной квартире я переставал себя чувствовать дома, так как всюду была Эвелина — в спальне, в ванной в столовой; в моем шкафу висели ее платья, на моем кресле оказывалась ее сумка, в ящиках моего письменного стола ее браслеты, серьги, ожерелья и кольца. Когда она была с нами, все мы, помимо нашего желания, были втянуты в какое-то стремительное движение, и это продолжалось до тех пор, пока она не исчезала опять, — и после этого все медленно начинало приходить в порядок.

— Ее несчастье в том, — сказал мне однажды Мервиль, — что много лет тому назад она взяла какой-то неудержимый разгон и никак не может остановиться. Что ей было бы нужно — это задержаться и задуматься о том, какой смысл имеет это хаотическое и беспорядочное движение ее жизни. — Ее несчастье и наше несчастье, не забывай этого. — Такова, по-видимому, наша судьба, — сказал он. — Ты видишь возможность это изменить?

— Увы, нет, — ответил я — Я не знаю почему, но я твердо убежден, что этой возможности у нас нет.

Я знал в течение сравнительно короткого времени ее близость — и этого нельзя было забыть, глубины ее чувства, непередаваемых интонаций ее голоса, выражения ее глаз, душевной теплоты, мгновенного понимания каждого эмоционального движения, всего, что ее делало не похожей на других. И потом, без того, чтобы этому предшествовали размолвка или охлаждение, все это прекратилось, и на следующий день Эвелина вновь возникла в своем обычном облике — холодные ее глаза, такое впечатление, что между ней и мной никогда ничего не было, стремительность ее решений и поступков и, наконец, ее исчезновение, — «прощай, не забывай меня, мы, может быть, еще встретимся».

Никто из нас никогда не мог ей сопротивляться, и никто не пробовал этого делать. Она могла быть утомительна и несносна, но никто из нас никогда не сказал ей ни одного резкого слова и не отказал ей ни в одном требовании. Никто из нас не понимал, почему мы это делали. По отношению к ней мы все вели себя так, точно мы имели дело с каким-то отрицательным божеством, которое не следует раздражать ни в коем случае — и тогда, может быть, оно растворится и исчезнет.

То, что о ней сказал Мервиль, было верно, но это было не все. В ее глазах, например, была холодность, которая была ей несвойственна, так что они выражали то, чего в ней не было, и это могло ввести в заблуждение всех, кто не знал ее так хорошо, как мы. В ее поведении была нелепость, которая тоже была чужда и подлинному ее характеру, и ее уму. Ее бурные чувства

25

и увлечения были, в конце концов, поверхностными и не задевали ее души. Все, что она делала, и то, как она жила, казалось неправдоподобным и поэтому раздражающим. Но до сих пор никому не удавалось это изменить.

— Я тебя не ждала, — сказала она. — Откуда ты?

— Я приехал с юга. И если я тебе скажу, что я тоже не ожидал тебя здесь встретить, ты, наверное, не удивишься.

— Я не хотела жить у Мервиля, — сказала она. — Знаешь почему? У него слишком много места. Здесь у тебя как-то уютнее.

— Я очень польщен этим предпочтеньем.

— Когда ты излечишься от твоей постоянной иронии?

— Мы об этом поговорим в другой раз, — сказал я. — Если ты ничего не имеешь против, я хотел бы принять ванну.

— Мой милый, это невозможно. Ванна забита. Я вызывала водопроводчика, он обещал прийти на днях.

— Печально, — сказал я.

— Да, еще одно. Тебе придется спать на твоем диване просто под одеялом, в пижаме. Ты помнишь, впрочем, я всегда находила, что спать голым, как ты это делаешь, неприлично. Я отдала в стирку все твои простыни. Они лежали в чистом белье, но были какие-то серые. Осталось только две простыни для меня.

— Эвелина, на твою жизнь никто никогда не покушался?

— Нет, — сказала она с такой теплой и неудержимой улыбкой, которая сразу изменила ее лицо и за которую ей можно было простить все. — Но, повторяю, я тебя не ждала. Я спрашивала Мервиля, когда ты вернешься, он мне сказал: ты знаешь, с ним никогда ничего не известно. — Я так хорошо здесь отдыхала одна. Но я не могу на тебя сердиться, я всегда питала к тебе непонятную слабость.

— Временную и незаслуженную, — сказал я.

— Ты неисправим, — сказала она со вздохом. — Хочешь чаю?

Она оставалась в моей квартире еще три недели, в течение которых я был, в сущности, лишен дома. Только за несколько дней до ее отъезда я заметил некоторые признаки того изменения, которое должно было наступить в ближайшем будущем. Она стала подолгу отсутствовать и возвращалась с оживленными глазами. И когда она спросила меня, понимаю ли я и понимал ли я вообще когда-нибудь, что такое настоящее чувство, я вздохнул с облегчением. Потом она мне сказала, вернувшись однажды в сумерках:

— Мой дорогой, можно тебя попросить об одном одолжении? Ты можешь сегодня ночевать не дома?

— Ты мне разрешаешь вернуться завтра?

— Только не очень рано утром, хорошо?

Я ночевал у Мервиля. Когда я вернулся домой на следующий день, в квартире был необыкновенный беспорядок. Но Эвелины не было. Она оставила записку:

«Мой дорогой, я уезжаю. Я не могу тебе рассказать в двух словах, что произошло. Во всяком случае, я исчезаю — как ты выражаешься — надолго, может быть, навсегда. И если ты вспомнишь обо мне, подумай о том, что я впервые в жизни по-настоящему счастлива».

Я потратил два дня, чтобы вновь сделать мою квартиру такой, какой она была до появления Эвелины. Я стирал с зеркал следы губной помады, которую она почему-то пробовала именно таким образом, и следы пудры с моих книг. В ящике моего письменного стола я нашел чулок, который она там забыла. Мне пришлось купить новый гребешок, потому что мой она сломала, расчесывая свои густые волосы. Умывальник и ванна были опять забиты мокрой ватой, которую она употребляла в неумеренном количестве и в самых разных обстоятельствах. Она даже ничем не прикрыла постель, на которой провела ночь, оставив ее совершенно всклокоченной.

Мне понадобилось время, чтобы окончательно прийти в себя и медленными, постепенными усилиями восстановить то состояние, в котором я находился до тех пор, пока не увидел Эвелину. И я думал, что идея отрицательного счастья, — устранение бедствия, — заключает в себе такое богатство содержания, которого раньше я не мог себе представить.

И я вновь вернулся к той блаженной пустоте, о которой мы говорили с Мервилем на берегу Средиземного моря. После напряженной многомесячной работы, предшествовавшей моему отъезду на юг, мне было необходимо, — так, по крайней мере, мне казалось, — отсутствие какого бы то ни было усилия. Но совершенной пустоты все-таки не могло быть. Время от времени в моей памяти вставали те или иные образы или события, безмолвно возникавшие передо мной в далеком пространстве, — события, образы, некоторые движения, некоторые слова, некоторые интонации, имевшие когда-то значение и потерявшие его теперь. Как это говорил Мервиль? «Исчезновение того лирического мира...» И я вдруг вспомнил, как он рассказывал мне вечером, на юге, накануне своего отъезда в Париж, то, что с ним случилось в поезде и чего он, по его словам, не мог забыть. В тот вечер я слушал его невнимательно и думал о чем-то другом; к тому же история, которую он рассказывал, была как будто списана из какого-нибудь фривольного журнала и то, что с ним произошло, было совершенно не похоже на него. В спальном вагоне он познакомился с миловидной, скромно одетой дамой. Разговор с ней кончился так, как это обыкновенно происходит в фарсах, к которым он питал такое непреодолимое отвращение, которое я всецело разделял.

— Так все это могло казаться, — сказал он мне, — но это было что-то совсем другое.

Он говорил об этом с необыкновенным волнением. Он сказал, что никогда в жизни он не знал ничего похожего на это, не потому, что эта женщина оказалась замечательнее других, а оттого, что он испытал ощущение трагического восторга, которого не знал до этого.

— Почему трагического?

— Я не могу тебе этого объяснить, — сказал он. — Что могло бы быть, казалось бы, подлее и вульгарнее такого дорожного приключения? Но клянусь тебе, что это было совсем не то. Я ничего не знаю об этой женщине. Но по первому ее слову я бы отдал ей все, что у меня есть.

— И ты совершенно не знаешь, кто она такая?

Нет, он этого не знал. Она сошла в Ницце, он поехал дальше. Она дала ему свой ниццкий адрес и свою фамилию и сказала, что он может прийти к ней, когда хочет.

В тот же день, вечером, он явился туда. Он помнил адрес наизусть: такая-то улица, гостиница «Феникс». Но никакой гостиницы там не оказалось, и никто не знал той фамилии, которую ему дала его спутница — мадам Сильвестр. Он провел трое суток в Ницце, ища ее повсюду, но нигде не мог ее найти.

— Ты знаешь это впечатление, которое нельзя смешать ни с чем другим, — когда ты видишь человека первый раз и через несколько минут тебе начинает казаться, что ты знал его всю жизнь. В ту ночь я понял, что никогда не знал счастья до этой женщины и что именно ее я ждал все эти годы. Судьба дала мне самое ценное, что мне было суждено на этом свете, — и я его потерял.

— Какого она была вида?

Он ответил, что она была блондинка с черными глазами, высокого роста, что у нее был непередаваемый взгляд, что она говорила по-французски без южного акцента.

— Я никому не рискнул бы это рассказать, — сказал он. — Но ты хорошо меня знаешь, ты знаешь, что я меньше всего похож на любителя таких вагонных приключений. Даю тебе слово, что это в такой же степени не характерно для нее.

И вот теперь, через несколько дней после отъезда Эвелины, я вдруг вспомнил об этом разговоре с Мервилем. Я знал, что он всегда был склонен к преувеличениям, не в том смысле, что он говорил неправду, а в том, что события, случавшиеся с ним, казались ему полными значения, которого они чаще всего были лишены. Может быть, то, что произошло в поезде и чего он не мог забыть, было для его соседки чем-то обычным, случавшимся с ней далеко не первый раз. Но в конце концов это было не так важно. Существенно было то, как именно это представлял себе Мервиль, который действительно никогда не был искателем таких сомнительных историй. Я подумал о том, куда могло завести этого человека его постоянное ослепление или, вернее, та воображаемая действительность, которой он жил и которая тотчас же возникала, как только происходило какое-нибудь событие, заслоняя его, меняя его облик, как сумеречный свет меняет иногда очертания. Порой я невольно начинал ему завидовать — потому что я давно потерял доступ в тот иллюзорный мир, в котором он жил и которого не могла разрушить никакая очевидность. Вместе с тем я привык к мучительным усилиям воображения, которых требовала моя литературная работа. Но я столько раз заставлял себя переживать чувства моих героев, что под конец у меня не хватало сил для самого главного — преображения моей собственной жизни. И та пустота, в которой я находился теперь, была, в сущности, непосредственным результатом именно этого порядка вещей.

* * *

Была середина ноября, на редкость холодного и дождливого, когда ко мне однажды явился Андрей, один из наших товарищей, с очень неожиданной просьбой — сопровождать его в Перигё. У него был такой расстроенный вид, он находился в таком смятении, что мне стало его жаль. Он был инженер, очень милый человек, отличавшийся необыкновенной чувствительностью, которая, как я всегда думал, объяснялась тем, что его нервная система никуда не годилась. Он боялся всего — темноты, больших пространств, грозы, вида крови. То, что для других людей составляло обычное существование, было для него жестоким испытанием, и каждый поступок, который он должен был совершить, требовал от него особенного усилия. В этом смысле он отличался своеобразным мужеством, потому что ему удавалось побеждать свой постоянный страх, чем-то похожий на разбросанную манию преследования, бесформенную и угрожающую. Эта борьба с самим собой иногда совершенно изнуряла его, у него бывали припадки слабости, обмороки, сердечные перебои. Он пришел ко мне, упал в кресло, выпил чашку горячего кофе — руки его дрожали, губы дергались от волнения — и сказал, что я оказал бы ему большую услугу, если бы согласился поехать вместе с ним в Перигё, к его старшему брату, с которым произошел несчастный случай: он чистил ружье, оно выстрелило и ранило его очень серьезно, он, может быть, при смерти. Его старшего брата мы все знали хорошо по Парижу. Его звали Жорж, он был теперь состоятельным человеком, владельцем нескольких земельных участков возле Перигё, где он постоянно жил и куда он переехал из Парижа после смерти своего отца, сделавшего его своим единственным наследником и ничего не оставившего Андрею, младшему сыну.

Разговаривать с Андреем как с нормальным человеком было невозможно. Он торопился, хотел немедленно выезжать, но категорически заявил, что не поедет поездом, так как у него предчувствие, что случится катастрофа. Он предпочитал ехать на автомобиле, который ждал нас внизу и который ему дал Мервиль.

— У тебя гораздо больше шансов попасть в автомобильную катастрофу, чем в железнодорожную, — сказал я. — Ты только посмотри на себя, ты все время дрожишь. Едем поездом, хотя я не вижу, чем я тебе могу быть полезен.

— Нет, я тебя умоляю, — сказал он. — Я сяду в машину и просто закрою глаза.

— В поезде ты тоже можешь их закрыть.

— Нет, я с тобой буду спокойней. Ты сядешь за руль, — ты понимаешь, в таком состоянии я не могу править, я с трудом доехал от Мервиля к тебе, — и мы прямо поедем туда.

Он был совершенно невменяем, и было ясно, что если я ему откажу, это вызовет истерический припадок. Я пожал плечами и согласился, хотя у меня не было ни малейшего желания ехать в Перигё.

Я сохранил самое отвратительное воспоминание об этой поездке. Дождь лил не переставая, колеса автомобиля скользили на скверной дороге, узкой и взгорбленной, все терялось во влажном тумане — луга, рощи, дома. По дороге мы ночевали в какой-то гостинице, с плохим отоплением и сырыми простынями. И когда мы наконец приехали в Перигё, выяснилось, что сообщение о несчастном случае с выстрелившим ружьем не соответствовало действительности. Не было ни ружья, ни, строго говоря, несчастного случая. Было просто убийство. Жорж был найден в своей кровати с размозженным черепом.

Комната носила следы отчаянной борьбы. Что касается истории с выстрелившим ружьем, то ее придумала экономка Жоржа для того, чтобы постепенно, как она выразилась, подготовить Андрея к истине. Но, не говоря о том, что эта постепенность существовала только в ее воображении, вообще подготовить Андрея к такой истине было совершенно невозможно. Он начал с глубокого обморока, за которым последовал сердечный припадок. Самое удивительное, однако, было то, что он всегда ненавидел своего брата и его судьба мало его трогала. Но на него произвели необыкновенное впечатление чисто внешние обстоятельства — труп в доме, то, что Жорж не просто умер, а был убит, и то, что на него, Андрея, обрушилось это бедствие. Зная его, я понимал, что смерть брата, как таковая, конечно, его волновала меньше, чем удар грома в летнем небе или необходимость пройти одному через пустынное поле. И когда он несколько оправился от своего недомогания, вызванного потрясением, которое он испытал и в котором смерть Жоржа играла далеко не самую главную роль, он сказал мне:

— Знаешь, я продам теперь все эти земли, брошу службу, куплю себе небольшой дом где-нибудь на юге и наконец заживу спокойно. Ты тогда приедешь в гости ко мне, ты обещаешь? Твой отказ меня бы очень огорчил.

— Боюсь, что до этого, то есть до покупки дома на юге, тебе придется пройти через множество формальностей, — сказал я. — Но что ты вообще думаешь обо всем этом?

— Это, конечно, ужасно, — сказал он совершенно спокойным голосом. — Но ты знаешь, я всегда был склонен к религии.

— Я никогда этого не замечал.

— Ты просто не обращал на это внимания. Ты понимаешь, в Евангелии сказано, что без воли Господа ни один волос не упадет с головы человека? Я преклоняюсь перед волей Всевышнего.

Мы сидели перед огромным камином, в котором дымились сырые дрова. Я быстро посмотрел на Андрея и подумал, что странности этого человека не ограничивались его болезненной боязнью событий. На его лице было выражение спокойствия, какого я до сих пор у него не видал. Но это продолжалось недолго, и он снова начал волноваться, когда экономка сказала ему, что его хочет видеть инспектор полиции.

Это был человек средних лет с замкнутым выражением лица, неподвижными глазами и резким голосом, лишенным гибкости. Он спросил, кто мы такие, что мы здесь делаем, кто нас известил об убийстве и что мы об этом знаем.

— Мы только что приехали из Парижа, — сказал Андрей, — и это я должен был бы вас спросить, что вам известно о том, что произошло с моим братом. Я вам никаких указаний дать не могу по той простой причине, что я видел Жоржа последний раз два года тому назад.

— В каких вы были с ним отношениях?

— Извините меня, пожалуйста, — сказал Андрей с резкостью, которая меня удивила, — но это вас совершенно не касается.

— Разрешите мне самому судить о том, что меня касается.

— Сколько угодно, — ответил Андрей. — Но я напоминаю вам, что я брат покойного, что меня вызвали из Парижа, я приехал сюда и узнал о его трагической смерти. Я полагаю, что это достаточное испытание, и хотел бы быть избавленным от неуместных вопросов. Если вы хотите получить подробные сведения обо мне, обратитесь к мэру города: он был личным другом моего отца и знает меня с детства. Не смею вас удерживать.

Инспектор ушел, не попрощавшись.

— Какой бестактный субъект! — сказал Андрей. — Я узнаю трагическую новость, которой, может быть, мои нервы не в состоянии перенести, и сюда вдруг является какой-то фрукт, который собирается устраивать мне допрос, ты себе представляешь? Нет, всякой бесцеремонности есть границы.

— Он на меня произвел впечатление человека не блестящего, — сказал я, — но согласись, что его любознательность понятна. Теоретически говоря, он должен найти убийцу. Ты имеешь какое-нибудь представление о знакомствах и частной жизни твоего брата?

— Нет, — сказал Андрей, — и, по правде говоря, это меня никогда не интересовало.

— Кто-то его все-таки убил, и какая-то причина для этого была.

— Вероятно, — сказал Андрей все с тем же спокойствием. — Но неужели тебя это так занимает?

— Как тебе сказать? Да, в известной мере. Если хочешь,

чисто логически: мы знаем следствие, надо было бы узнать причину.

— Я надеюсь, — сказал Андрей, пожав плечами, — твоя наивность не доходит до того, чтобы предполагать, что все происходящее подчинено законам логической зависимости?

— Нет, — сказал я, — если бы это было так, все было бы слишком просто. Но все-таки даже в чисто эмоциональной области логика нередко играет, как мне кажется, значительную роль. Это не всегда похоже на классический силлогизм, но это все-таки своеобразная логика. Если ты найдешь к ней ключ...

— Как к шифрованной депеше?

— Если хочешь.

Андрей наклонился и бросил в камин небольшую щепку. Потом он поднял на меня глаза и сказал:

— Я тебе скажу откровенно, что я думаю: я не знаю и не интересуюсь знать, как и почему это произошло. Но одно я знаю: этот человек, — я имею в виду моего брата, Жоржа, — не заслуживал ничего другого.

* * *

Я вернулся в Париж на следующий день, оставив в Периге Андрея, который, казалось, совершенно справился со своими нервами. Он долго благодарил меня за «моральную помощь», которую я ему оказал, и обещал, что в Париже он мне расскажет обо всем, что ему удастся узнать. Я не мог отделаться от крайне странного впечатления, которое на меня произвело поведение Андрея. Я убедился, что его страх перед всякими событиями был больше всего метафизическим, он боялся не вещей, а своих собственных представлений, чаще всего произвольных. Его равнодушие к трагической судьбе его брата тоже казалось мне по меньшей мере удивительным. Я знал, что он ненавидел Жоржа, но все-таки я не ожидал от него такого спокойствия, нехарактерного для него ни при каких обстоятельствах вообще. Он вел себя как человек, который присутствует при совершенно естественном явлении, — точно жизнь его брата должна была кончиться именно так, как это произошло, этим «несчастным случаем» — слова, которые упорно повторяла его экономка, от которой нельзя было добиться никакого толка. Ее печальная и спокойная глупость была настолько непоколебима, что разговор с ней по этому поводу, — так же, впрочем, как по всякому другому, — не мог привести ни к чему. Она только повторяла, что все это случилось глубокой ночью и что в доме не было никого, кроме ее хозяина и ее самой.

— Все-таки был еще кто-то, кто его убил, — сказал я.

— Я не знаю, — сказала она, — я никого не видела и не слышала, чтобы кто-нибудь входил. А у меня очень чуткий сон.

Я пожал плечами и отказался от дальнейших вопросов. Когда Андрей приехал в Париж — это было дней через десять — и пришел ко мне, я его спросил:

— Ты что-нибудь выяснил?

— Состояние оказалось несколько меньше, чем я предполагал, — сказал он. — Некоторые неудачные финансовые операции...

— Постой, это не так интересно, — сказал я. — Как подвигается расследование?

— В вечерних газетах ты прочтешь об аресте предполагаемого убийцы, — сказал Андрей. — Это бывший садовник Жоржа Поль Клеман, человек с уголовным прошлым, которого он недавно рассчитал и который неоднократно говорил, что он ему отомстит. Он, между прочим, категорически отрицает свою вину.

— После убийства была обнаружена какая-нибудь кража?

— Бумажник Жоржа, в котором, вероятно, было несколько тысяч франков.

— А какие улики против Клемана?

— Улик, собственно говоря, нет, есть только подозрение.

— Ты лично считаешь его виновным?

Он отрицательно покачал головой. Он очень изменился за эти дни, и от его прежней неуверенности в себе не осталось следа. Казалось, что смерть его брата подействовала на него так благотворно, как не мог бы подействовать никакой курс лечения. Я подумал о том, как плохо мы все знали Андрея, и тотчас же после этого у меня мелькнула мысль, что он сам себя тоже не знал и так же, как мы, не мог предвидеть той перемены, которая с ним произошла.

— Слушай, Андрей, — сказал я, — мне кажется, что у тебя есть какие-то предположения о том, почему Жорж был убит. Может быть, я ошибаюсь, но у меня такое впечатление.

— Есть вещи, о которых трудно говорить, — сказал он. — Но твоя любознательность совершенно праздная. Какое значение для тебя имеет вся эта история? Алгебраическая задача? Что тебе до Жоржа, например? Ты всегда относился к нему отрицательно.

— Да, конечно. Но вот, скажем, арестован его садовник, который, может быть, тут ни при чем.

— Если он, как ты говоришь, ни при чем, то рано или поздно его выпустят. Но представь себе даже, что его приговорят к пожизненному заключению. В этом тоже не было бы никакого несчастья и никакой несправедливости, строго говоря. Это пьяница, ежедневно избивающий свою жену и своих детей, и если он сгниет в тюрьме, то жалеть об этом не стоит.

— У тебя очень, своеобразное представление о правосудии.

— Тут у меня нет особенных иллюзий, — сказал он, — я ему цену знаю.

— Поэтому ты считаешь, что тот, кто действительно убил Жоржа, имеет какое-то право уклониться от ответственности?

— Этот вопрос мне кажется второстепенным, — сказал он. — Я не хочу рассматривать общую систему идей морального порядка, ты понимаешь? Я беру отдельный, совершенно определенный случай, убийство Жоржа. Вот мои заключения. Во-первых, никому решительно, кроме, пожалуй, его экономки, эта смерть не доставила никаких огорчений.

— Ах да, экономки, у которой такой чуткий сон, как она говорит.

— Я не знаю, какой у нее сон, — сказал Андрей, — но могу тебе сообщить, что она каждый день к вечеру мертвецки пьяна. Но я продолжаю.

— Да, я слушаю.

— Во-вторых, есть один человек, которому переход Жоржа в лучший мир оказался очень кстати. Этот человек — я.

— Ты забываешь, что это все-таки твой брат.

— Я ничего не забываю, — сказал Андрей. — Как ты хочешь, чтобы я оплакивал Жоржа, который не дал бы мне корки хлеба, если бы я умирал с голода? Теперь я бросил службу, мне не надо думать о будущем, и я наконец начну жить так, как хотел жить всегда. Я не хочу сказать, что я должен быть благодарен неизвестному убийце.

Он поднялся с кресла, на котором сидел, и стал ходить по комнате.

— Если его найдут и он, как говорится, заплатит свой долг обществу, это будет понятно и законно. Но это дело полиции и судебных властей, а не мое. Дальше. Участь садовника, — ты со мной согласишься, — тоже не заслуживает того, чтобы о ней беспокоиться. Что остается? Праздный, в сущности, вопрос: имел ли право или, вернее, достаточные основания этот неизвестный человек так действовать? Этого мы не знаем. Я тебе могу только сказать, что если бы существовала та справедливость, о которой ты говоришь, то я не знаю, на чьей стороне она оказалась бы — на стороне убитого или на стороне убийцы.

— Ты не думаешь, что это могло быть трагической случайностью?

— Это мне кажется чрезвычайно маловероятным. Но одно мне представляется несомненным: Жорж не ожидал покушения на его жизнь. Все произошло в несколько секунд. Я думаю, что он был убит, когда он спал.

— Это не совсем так, мне кажется. Вспомни, что комната носила следы борьбы.

Он опять отрицательно покачал головой. Я с удивлением посмотрел на него.

— Что ты хочешь сказать?

— Никакой борьбы не было.

— Как не было?

— Рапорт об этом составил тот полицейский инспектор, который, помнишь, приходил меня допрашивать. Ты был бы склонен доверять его заключениям?

— У меня было впечатление, что в смысле умственных способностей он вряд ли ушел далеко от экономки, — сказал я. — Но это только впечатление, может быть ошибочное.

— Я эту комнату видел, — сказал Андрей. — Мебель действительно была перевернута. Но это было сделано с чрезвычайной осторожностью. Стеклянные вещи не были разбиты. Ковер не был помят. Тяжелое старинное кресло, которое при падении должно было сломаться, цело. Ни на одном зеркале нет царапины. Часы, стоявшие на ночном столике, лежали на полу, и ни один винтик не пострадал. Ты понимаешь?

— Другими словами, все это было сделано, чтобы ввести полицию в заблуждение?

— Самым очевидным образом. И пропавший бумажник тоже.

— Стало быть, садовник действительно ни при чем.

— Вне всякого сомнения.

— Ну да, — сказал я. — Мы предполагаем, значит, что убийца вошел в дом ночью, что Жорж был убит во сне и что никакой борьбы не было. Убийца был человеком необыкновенного хладнокровия. Причины, по которым он действовал, неизвестны. Это приблизительно все.

— Может быть, это была ревность, — рассеянно сказал Андрей. — Я имею в виду мужскую ревность, — прибавил он, встретив мой вопросительный взгляд. — В последние годы своей жизни Жорж, кажется, интересовался молодыми людьми, отличающимися некоторыми особенностями... Ты понимаешь?

Я пожал плечами.

— Ты видишь теперь, — сказал Андрей, — что вся эта темная история не стоит того, чтобы мы с тобой теряли время на ее обсуждение. Некоторые ее последствия — другое дело. Я имею в виду дом на юге.

* * *

В течение нескольких недель после моей парижской встречи с Андреем никакие внешние события не нарушали того душевного бездействия, в котором я теперь проводил свое время. Я сравнительно редко выходил из дому, никого не видел и читал случайные книги, которые мне попадались под руку. Несколько раз я вспоминал о поездке в Перигё, но без той вспышки интереса, которая у меня была вначале. Я знал из газет, что Поль Клеман был обвинен в убийстве и что во время допросов он не мог сколько-нибудь связно рассказать о том, где именно он находился в ту ночь, когда Жорж был убит. Он говорил, что был пьян и ничего не помнил. Но так как домой он вернулся только под утро и до этого времени его никто не видел, то его объяснения были признаны недостаточными.

Через некоторое время все это стало казаться мне похожим на тягостный сон: сомнамбулическая экономка с неизменным выражением печальной глупости в глазах, внезапная перемена, которая произошла с Андреем, дом Жоржа с огромными, плохо отапливающимися комнатами, осторожно перевернутая мебель, о которой Андрей мне говорил, и, наконец, то, что я так мало знал моего старого товарища, которого я не считал способным ни к такому поведению, ни к такой наблюдательности. Но все это и не имело особенного значения, как, впрочем, ничто другое. Уже давно я замечал, что не только у меня, но у многих людей моего поколения началась эта потеря интереса к происходящему, которая со стороны должна бы казаться по меньшей мере преждевременной. То, что нас интересовало раньше и что должно было, казалось, сохранить свое значение при всех обстоятельствах, медленно уходило от нас, бледнея и удаляясь. Может быть, это следовало объяснить усталостью, которая незаметно все эти годы проникала в нас, заставляя нас вести какое-то отраженное существование, нечто похожее на механическую последовательность поступков, слов и суждений, которые заменили настоящую жизнь, ту, какую мы

37

должны были бы вести, если бы все было нормально. Я с удивлением вспоминал, как еще не так давно я ночами сидел за книгами, в которых обсуждались те самые проблемы, которые теперь оставляли меня совершенно равнодушным. Но все-таки время от времени я возвращался к вопросу о том, что произошло в Перигё. Я был твердо убежден, что результат судебного процесса не даст ответа на этот вопрос, независимо от того, каким будет решение присяжных.

Суждение Андрея о Клемане казалось мне все-таки слишком жестоким, хотя факты его в общем подтверждали: этот человек действительно был злобным пьяницей, действительно избивал жену и детей и, в сущности, теперь расплачивался именно за это, потому что, если бы он был другим, подозрение в убийстве могло бы его не коснуться. Я понимал, как мне казалось, что соблазн подобного обвинения был слишком очевиден для того, чтобы люди, ведущие следствие, не поддались ему, может быть, искренно полагая, что они правы.

Я думал об этом, однако, не потому, что стремился во что бы то ни стало найти ответ на вопрос о том, что произошло в Перигё, а заставлял себя возвращаться к этим размышлениям потому, что они каким-то образом связывали меня с действительностью, которая все время от меня ускользала. В этом искусственном уединении, в моей квартире, где не было никого, кроме меня, где всегда стояла тишина и не было никакого движения, я сидел часами в кресле с потухшей папиросой во рту, и если бы Андрей мог видеть меня в этом состоянии, он, конечно, не упрекнул бы меня в праздном интересе к чему бы то ни было. Мне ничего не было нужно, и я с недоумением иногда вспоминал о Мервиле и его судорожных поисках лирического мира, без которого жизнь казалась ему пустой.

Всякому факту, который теоретически мог бы произойти, предшествовало мое убеждение в его конечной несостоятельности и в том, что, если бы он не произошел, это тоже было бы неважно, — ощущение, к которому я вначале отнесся как к тревожному признаку душевного разложения, но к которому я давно привык. Это не было, однако, сознательным предпочтением созерцания действию: я был убежден, что даже если бы мне удалось понять до конца значительное количество вещей и если бы годы уединения оказались в этом смысле чрезвычайно плодотворными, это тоже ничего не изменило бы и не вернуло бы мне того бурного ощущения жизни, которое уходило от меня как тень, не оставляя за собой даже сожаления, но увеличивая немой груз ненужных воспоминаний, который я влачил за собой всю свою жизнь, как в прежние времена каторжники свое чугунное ядро, прикованное к ноге, le boulet de trente six², о котором я еще ребенком читал во французских романах начала прошлого столетия.

Что-то когда-то произошло, чего я в свое время не заметил и не понял и что предопределило то состояние душевной пустоты, в котором я теперь находился. Я знал еще несколько лет тому назад притяжение «лирического мира», которое составляло смысл существования Мервиля, но и оно ушло от меня, бесшумно и незаметно, как все остальное. Может быть, существовали вещи, ради которых действительно стоило жить и для достижения которых не было жаль никаких усилий? Вероятно, я смутно все-таки верил в это; вернее, не я, а та совокупность нервов и мускулов, которая составляла меня, — она верила в это, и потому моя жизнь состояла из неопределенного ожидания чего-то, чего я не знал, и это было, быть может, только ошибкой ощущения, чем-то похожей на оптический обман, который заставляет нас видеть в воде согнутое под углом изображение палки, которая пряма, как стрела.

Может быть, это было именно так. Но в том мире и среди тех событий, в которых протекала моя жизнь, я не находил ничего, что стоило бы пристального внимания. И если я продолжал в нем существовать и даже проявлять к нему некоторый внешний интерес, то это объяснялось, во всяком случае, не праздным любопытством, в котором упрекал меня Андрей, а судорожным желанием создать себе какое-то подобие жизни, для которого у меня, казалось, не оставалось внутренних оснований. И так как вещи, которых я был свидетелем, казались мне недостаточно значительными, я старался всячески их дополнить, втиснуть их в какую-то систему идей и убедиться в их соответствии уже существующим законам, которые предопределяли их развитие. Я знал, однако, что и это предположение было, в сущности, произвольным, потому что законы не предшествовали действительности, а следовали за ней и были в какой-то степени ее временным отражением — с той разницей, что она менялась, а они оставались неподвижными.

Я вспомнил, что некоторое время тому назад мне пришлось разговаривать с одним адвокатом, специалистом по уголовным

---

² ядро тридцати шести (фр.).

делам. Его взгляды мне показались слишком упрощенными; может быть, это объяснялось тем, что он принадлежал к крайне левой политической партии и ее примитивные концепции оказали на него известное влияние. Он был убежден, что огромное большинство преступлений объясняются бедностью и недостатком образования. Мне трудно было бы с ним спорить, и это не входило в мои намерения. Его познания в истории преступлений были чрезвычайно обширны. Он сказал:

— Посмотрите: такой-то, такой-то, такой-то. Убийство, ограбление, сведение счетов, снова убийство. Кто эти люди? Один маляр, другой кровельщик, третий сутенер, четвертый каменщик или литейщик, пятый батрак. Если это женщина, то это либо горничная, либо прачка, либо проститутка, либо, наконец, крестьянка.

Я привел ему другие примеры — аптекарь, врач, сын банкира. Он стал доказывать, что социальное соотношение бесспорно: девяносто процентов преступлений совершается людьми «снизу», как он выразился. Он обвинял в этом среду, воспитание или, вернее, отсутствие воспитания, нищету, условия жизни, государство. Он пользовался этими же доводами на процессах, где он выступал. Его речи имели успех у его политических единомышленников и некоторой части аудитории, но очень редко у судей. Однако если они не разделяли его взглядов на вину государства или бытовых условий, которые способствуют тому, что человек становится преступником, то убеждение, что уголовные поступки чаще всего совершаются людьми «снизу», казалось бесспорным. Другими словами, если бы одно и то же обвинение было теоретически предъявлено — с одинаковой степенью недоказанности — рабочему или банковскому служащему, то осужден был бы, вероятнее всего, рабочий. Против него была статистика — те немые цифры, которые вдруг оживали и приобретали значение страшной угрозы.

Поэтому я думал, что положение Клемана, если бы в течение следствия не произошло никакой сенсации, которая изменила бы все, было почти безнадежным. Я знал, что участь Клемана Андрея не интересовала, — прежде всего потому, что Клеман избивал своих маленьких детей, что Андрей считал бо́льшим преступлением, чем убийство. — Что изменится в мире, если будет открыта истина? — сказал он мне во время нашего последнего разговора. — Будет, как ты говоришь, одной несправедливостью меньше? Но у нас разные понятия о справедливости. Представь себе человека, который совершил преступление, оставшееся нераскрытым. Затем, через некоторое время, его осуждают по обвинению в другом преступлении, в котором он действительно не виноват. Ты скажешь, что это судебная ошибка. Хронологически — да, ты прав. Но только хронологически. В остальном люди, осудившие его, поступили совершенно правильно, хотя они сами этого не подозревают. Это другой вид справедливости, и нисколько не менее убедительный. Ты не думаешь?

* * *

Я сохранил в памяти все сколько-нибудь знаменательные даты этого периода времени. Я помнил, в частности, что двадцать четвертого ноября, выходя утром из дому, я встретил Эвелину, о которой ничего не знал с того дня, когда она уехала из моей квартиры. Ее появление было настолько неожиданным, что я остановился как вкопанный на пороге.

— У тебя такое выражение лица, что можно подумать, что ты увидел призрак, — сказала она, улыбаясь. — Я к тебе только на одни сутки. Ты уходишь? Дай мне ключ, я поднимусь сама.

— Нет, я предпочитаю подняться вместе с тобой, — сказал я. — Ты действительно только на один день?

— Да. Я хочу принять ванну, что-нибудь съесть и отдохнуть.

В передней она сбросила шубу, поправила перед зеркалом прическу и сказала, что идет принимать ванну.

— На этот раз она не забита, — сказал я.

— Тем лучше. Ты выйдешь что-нибудь купить к чаю? Масла, ветчины? Купи мне красной икры, пожалуйста.

Я спустился вниз за покупками, потом вернулся и накрыл стол. Через несколько минут Эвелина вышла из ванной в моем купальном халате и села против меня. Когда она отпила глоток чая и съела первый бутерброд с икрой, я спросил ее:

— Что происходит в твоей жизни?

— Если я тебе скажу, ты не поймешь.

— Я все-таки постараюсь.

— Ты знаешь, что такое метампсихоз?

Я сбоку посмотрел на нее. У нее были те же ясные глаза с холодным выражением, которое я хорошо знал.

— Ты, наверное, очень устала, — сказал я неуверенно.

— Я предупреждала тебя, что ты не поймешь.

После некоторого молчания я спросил:

— При чем тут метампсихоз и что все это значит?

— Я счастлива, — сказала она. — Ты понимаешь? Счастлива. У меня нет ни копейки, нет квартиры, и я счастлива, как никогда не была счастлива до сих пор.

Она так настойчиво повторяла это слово «счастлива», что у меня было впечатление, что она сама себя хочет в этом убедить.

— Я понимаю, но почему метампсихоз?

— Я звонила Мервилю, — сказала она, не отвечая, — но его не было дома. Он мне очень нужен. Я позвоню ему через полчаса отсюда, я хочу предложить ему одно дело.

Я бы предложила это тебе, если бы у тебя было достаточно денег.

Я сумрачно на нее смотрел. До сих пор дела, в которых участвовала Эвелина, неизменно кончались катастрофой для всех, кроме нее. Она мне объяснила, что на этот раз она собирается открыть ночное кабаре и извлекать из него некоторый постоянный доход, который позволил бы Котику заниматься метампсихозом.

— Кто такой Котик и что значит заниматься метампсихозом? — спросил я. — Ты говоришь об этом так, точно это профессия или работа.

— Котик? — сказала она, и в глазах ее появилось далекое выражение. — Один из самых замечательных людей, каких я знала в моей жизни.

И она стала мне рассказывать о Котике, который в ее описании выходил не столько замечательным, сколько чрезвычайно странным человеком. До недавнего времени он был инженером, где-то служил и все шло более или менее нормально, пока он не встретил того, кто стал, по его словам, его духовным отцом. Это был — опять-таки по словам Котика — мудрец, погруженный в глубины восточной философии. После долгих разговоров с ним и после того, как Котик прочел книги, которые ему дал мудрец, он понял, что вся его жизнь была чудовищной ошибкой. Он объяснил это Эвелине. Он понял, что в нем, Котике, заключена частица той божественной и бессмертной материи, за которую он несет ответственность перед вечностью, что после его смерти — которую теперь он склонен был рассматривать как короткий этап эволюции, теряющейся во времени, — после его смерти эта частица перейдет в другое существо, после смерти этого существа в следующее и через три тысячи лет она вернется к нему, Котику, и круг будет замкнут. Затем начнется новая эволюция. Никакие материальные соображения не имеют значения. Наша физическая оболочка — это только телесные границы заключенного в нас бессмертного духа. Забота о них недостойна человека.

— Ну да, — сказал я, — этот утомительный бред можно продолжать до бесконечности. Согласись, однако, что это очень странное соединение — метампсихоз и ночное кабаре. И почему у тебя нет ни квартиры, ни денег?

Она начала говорить о пифагорейцах и о Платоне, потом сказала, что в жизни Котика метампсихоз занимает такое место, что у него не остается времени думать о материальной стороне жизни. Поэтому она, Эвелина, должна взять эту заботу на себя, — отсюда идея кабаре. Все это было так нелепо и так по-детски глупо, что я не понимал, как Эвелина, с ее умом и жизненным опытом, могла находить это приемлемым. Я сказал ей об этом.

— Но ты пойми, — сказала она, — я живу теперь в другом мире.

— Все это так на тебя не похоже. В другом мире... А в каком мире ты собираешься открывать кабаре?

— Об этом сейчас будет речь, — сказала она. — Я иду звонить Мервилю. Алло! Да, это я. Я звоню из квартиры нашего друга, — она назвала меня. — Я хотела с тобой поговорить о деле. Ночное кабаре. Да, все буду вести я. Да. Как нет денег? Этого не может быть. Это очень просто, ты отложишь свой отъезд на один день.

Я понимал, что Мервиль пытался защищаться, но я слишком хорошо знал Эвелину и знал, что исход предрешен заранее. Мне хотелось ему помочь, но я не видел, как это можно сделать.

— Завтра, — говорила Эвелина. — Мы обсудим это подробно. Я еще не знаю. Не так много, в конце концов. Хорошо, значит, до завтра. Часов в десять утра.

Посмотрев внимательно на ее лицо, я сказал:

— Ты полна энергии, как всегда, но вид у тебя очень усталый. Как твое здоровье?

— Об этом я забыла тебе сказать. Мне надо делать операцию, и на это тоже у меня нет денег.

— Ты знаешь, — сказал я, — что тут тебе ни о чем беспокоиться не надо. Позвони по телефону, поезжай в клинику и не думай ни о чем. Но какая операция?

— Глупейшая, — сказала она, — аппендицит. Но до этого я, во всяком случае, должна повидать Мервиля. А сейчас я хочу отдохнуть.

Она легла в кровать — и через пять минут уже спала глубоким сном. Я вышел из дому и поехал к Мервилю, с которым у меня был долгий разговор. Я советовал ему сослаться на срочные платежи и сказать Эвелине, чтобы она отправила своему отцу телеграмму, составленную в самых патетических выражениях.

— Почему она вдруг решила открывать кабаре? — спросил Мервиль.

— Это из-за метампсихоза. Не смотри на меня так, спешу тебе сказать, что с ума я не сошел.

И я подробно рассказал ему о том, что мне говорила Эвелина.

— Нет, всему есть все-таки границы, — сказал Мервиль. — Этому надо положить конец.

— Когда у тебя будет уверенность в том, что ты можешь это сделать, не забудь позвать меня, я хотел бы при этом присутствовать.

— Я тебе всегда говорил, что в этом есть какое-то колдовство, — сказал он. — Иначе чем объяснить, что она делает с нами все, что хочет? Почему ты должен уступать ей свою квартиру, из которой она тебя чуть ли не выгоняет? Почему я всегда обязан за нее платить? Мне денег не жалко, это ерунда, но это вопрос принципа. И вот теперь метампсихоз, какой-то Котик, о котором мы не имеем представления, и ночное кабаре. Нет, это слишком. Но когда я вспомню ее глаза... Как ты говорил? Какое в них выражение?

— Неумолимое, по-моему. Но ей нужно теперь отказать без всяких объяснений.

— Ты прекрасно знаешь, что это невозможно. У тебя когда-нибудь хватило мужества отказать ей в пользовании твоей квартирой?

— Нет, но в деньгах, я думаю, я мог бы ей отказать.

— Это ты говоришь только потому, что она к тебе за деньгами не обращалась.

Я сидел и смотрел в окно. Мне всегда нравился дом Мервиля, который он купил несколько лет тому назад у какого-то разорившегося миллионера. Огромные, во всю стену, окна выходили в сад, кончавшийся аллеей, деревянные переплеты которой были густо обвиты плющом. Аллея вела к железным воротам, выходившим на одну из тихих улиц, недалеко от Булонского леса. Ноябрьский дождь шумел за окном.

— Что же делать? — спросил Мервиль.

Он решил, в конце концов, уступая моим настояниям, принять план, который я ему предложил. Эвелина отправит длинную телеграмму своему отцу, объяснив ему, что она собирается открывать коммерческое предприятие и начинать новую жизнь. — К тому же это действительно так, — сказал Мервиль. — В том случае, если отец откажет ей в деньгах, Мервиль постарается найти какой-нибудь другой выход из положения. Это по крайней мере давало ему отсрочку — при условии, что Эвелина согласится ждать. Мервиль настаивал на том, чтобы я непременно присутствовал при его разговоре с Эвелиной.

На следующий день, через час после назначенного времени, Эвелина приехала к Мервилю на такси. Из моей квартиры она ушла рано утром. Она вошла в комнату, где мы сидели, посмотрела на меня и спросила:

— Это что? Заговор? Будь добр, — сказала она, обращаясь к Мервилю, — пошли горничную заплатить за такси. Как ты сюда попал?

Этот вопрос относился ко мне.

— Случайно, — сказал я. — Но это вышло кстати, это дает мне возможность еще раз видеть тебя.

— Оставь нас вдвоем, — сказала она, — мне надо серьезно поговорить с Мервилем.

— У меня от него нет секретов, — сказал Мервиль. — Мы все старые друзья, нам нечего скрывать друг от друга. Я тебя слушаю.

В течение сорока минут — я следил по часам — Эвелина рассказывала нам о том, как она предполагает устроить кабаре, — программа, импровизации, оркестр, цыганские скрипки, столики, освещение, туалеты; это было похоже на прекрасный репортаж. Она даже села к роялю и, аккомпанируя себе, спела испанскую песенку. Голос ее вдруг изменился, и я узнал в нем давно забытые интонации, которые я слышал в тот короткий период времени, когда она действительно питала ко мне слабость, как она выражалась. Потом она перешла к деловой стороне вопроса.

Она ушла поздно вечером, после ужина, унося с собой чек, который ей дал Мервиль. Но первый раз за все время она была не так неумолима, как всегда, и согласилась ждать ответа из Южной Америки. После ее ухода Мервиль сказал:

— Я думаю, что я обязан тебе значительным сокращением расходов. Я был готов к худшему. Я тебе чрезвычайно благодарен.

— Милый друг, — сказал я, — твоя благодарность направлена не по адресу. У меня по этому поводу нет никаких иллюзий, я так же бессилен против Эвелины, как и ты. Ты должен быть благодарен не мне, а Котику.

— Ты думаешь?

— Разве ты не заметил, как она смягчилась, когда она пела, думая о нем?

— Да, может быть, это Котик, — сказал он. — Кстати, что он собой представляет?

— Не могу об этом судить, — сказал я, — я никогда его не видел. Но ты знаешь, что Эвелина выбирает своих любовников только среди так называемых порядочных людей. Тут за нее можно быть спокойным.

— И почему вдруг этот нелепейший метампсихоз?

— Тут я на твоем месте воздержался бы от критики. Вспомни о своих собственных увлечениях. С тобой это тоже могло бы случиться, не в такой карикатурной форме, конечно, но могло бы. Конечно, это нелепо. Эвелина говорила со мной о пифагорейцах и Платоне.

— Интерес к этому мне вовсе не кажется чем-то неестественным.

— Вообще говоря, нет, конечно. Но у Эвелины это случайное отражение тех самых чувств и ощущений, в результате которых она открывает кабаре. Ты видишь, откуда возникает воспоминание о философских доктринах и о том, что мы называем культурным наследством Эллады?

— Если это даже так, то что в этом дурного? — сказал Мервиль. — В конце концов, все это — слепое пантеистическое движение мира, выражающееся в неисчислимом множестве форм, и вне этого нет жизни.

— Я понимаю, — сказал я. — Но некоторые формы мне хотелось бы из этого исключить.

— Мы не можем произвольно их исключать или не исключать. Мы вынуждены принимать мир таким, каким он создан, а не таким, каким мы хотели бы его видеть.

— Я мог бы тебе возразить и на это, — сказал я, — но уже поздно и это завело бы нас очень далеко. Я только должен лишний раз констатировать, что до тех пор, пока ты не впадаешь в твой очередной сентиментальный транс, ты рассуждаешь в общем как нормальный человек. Как обстоят твои дела в том, что ты всегда называл лирическим миром?

— Так же, как это было тогда, когда мы встретились с тобой на Ривьере, — сказал он, вставая. — Все пусто и мертво, и даже музыка звучит так же печально, как она звучала тогда, в этом стеклянном ресторане, где играл на рояле этот круглоголовый импровизатор в смокинге.

Этими долгими зимними вечерами, когда я сидел один в своей квартире в той идеальной душевной пустоте, в которой я находил столько положительного, а Мервиль столько отрицательного, я думал о разных вещах, но думал так, как мне почти не приходилось этого делать раньше, — вне всякого стремления прийти к тому или иному заранее намеченному выводу, который мне лично казался бы желательным. Я убеждался в том, что классическое построение всякой литературной схемы чаще всего бывает произвольным, начинается обычно с условного момента и представляет собой нечто вроде нескольких параллельных движений, приводящих к той или иной развязке, заранее известной и обдуманной. От этого правила бывали отступления, как, например, введение пролога в старинных романах, но это было, в сущности, отступлением чисто формальным, то есть переносом действия на некоторое время назад, когда происходили события, не входящие в задачу данного изложения. Вместе с тем мне теперь казалось, что всякая последовательность эпизодов или фактов в жизни одного человека или нескольких людей имеет чаще всего какой-то определенный и центральный момент, который далеко не всегда бывает расположен в начале действия — ни во времени, ни в пространстве — и который поэтому не может быть назван отправным пунктом в том смысле, в каком это выражение обычно употребляется. Определение этого момента тоже заключало в себе значительную степень условности, но главная его особенность состояла в том, что от него, если представить себе систему графического изображения, линии отходили и назад и вперед. То, что ему предшествовало, могло быть длительным, и то, что за ним следовало, коротким. Но могло быть и наоборот — предшествующее могло быть коротким, последующее — долгим. И все-таки этот центральный момент был самым главным, каким-то мгновенным соединением тех разрушительных сил, вне действия которых трудно себе представить человеческое существование.

Эти рассуждения — в те времена — имели для меня чисто отвлеченный интерес. Но когда впоследствии я возвращался к этим мыслям, я неизменно приходил к одному и тому же заключению, именно, что этим моментом в тот период времени, через который мы все проходили тогда, была декабрьская ночь в Париже в начале суровой зимы. В эту ночь Эвелина праздновала открытие своего кабаре на одной из узких улиц, отходящих от Елисейских полей. В морозном воздухе горели уличные фонари, двигались и останавливались автомобили, светились вывески, на тротуарах, — был второй час ночи, — стояли проститутки, закутанные в меховые шубы, в конце прямой, поднимающейся вверх, незабываемой перспективы Елисейских полей темнела Триумфальная арка. Мы ехали с Мервилем в его машине. До этого мы ужинали с ним у меня дома, он сказал мне, что операция Эвелины прошла благополучно, что Эвелина получила наконец деньги из

Южной Америки и что он лично пострадал гораздо меньше, чем ожидал. Он был благодушно настроен и был склонен рассматривать метампсихоз, о котором Эвелина не переставала говорить, как совершенно невинную, в сущности, вещь, никому не причиняющую особенного вреда. Он подтрунивал надо мной и над тем, как я, по его словам, защищал Платона от комментаторских покушений Эвелины.

— Слава Богу, — сказал он, — что бы ни говорила Эвелина, это ничего изменить не может. А тебе бы хотелось, чтобы в ту минуту, когда она начинает говорить об Элладе, она бы вдруг исчезла и на том месте, где она только что была, возник лоб Сократа с этой необыкновенной вертикальной морщиной, и ты услышал бы блистательную речь о том, что так как мы неспособны представить себе вечность, то боги дали нам ее верное отражение в понятии о времени?

— Я не буду тебе отвечать на цитату из Платона, — сказал я.
— Но ты угадал мое искреннее желание: я бы действительно хотел, чтобы Эвелина исчезла, независимо от ее рассуждений, ты понимаешь, какое это было бы счастье? Ты только представь себе: она начинает говорить, ты с ужасом встречаешь ее неумолимый взгляд — и вдруг она исчезает. И нет больше Эвелины. Увы, это счастье нам не суждено. Кстати, как, ты говорил, называется ее кабаре?
— «Fleur de Nuit»[3].
— Название многообещающее.
Когда мы вошли в кабаре, там было полно народу. Это были обычные посетители таких мест: немолодые дамы с голодными глазами, молодые люди в смокингах, пожилые мужчины с усталыми лицами и представители той трудноопределимой категории, которые говорят на всех языках с акцентом и которые могут с одинаковой степенью вероятности получить на следующий день орден Почетного легиона или вызов к судебному следователю по обвинению в выдаче чеков без покрытия. Первым, кого я увидел, был человек, которого я давно знал, немолодой мужчина с озабоченным лицом, — выражение, которое он сохранял при всех обстоятельствах. Он начал свою карьеру на юге России много лет тому назад с того, что приобрел небольшую типографию, где стал печатать фальшивые деньги. Его дело неизменно расширялось, и, когда он уехал за границу, у него уже был значительный капитал. Затем он перенес свою деятельность в Константинополь и страны Ближнего Востока,

---

[3] — «Ночной цветок» (фр.).

заработал крупное состояние и переселился наконец в Западную Европу, где стал собственником нескольких доходных предприятий и где жил теперь, посещая театры, концерты и кабаре. Но эта жизнь его не удовлетворяла, и он искренне жалел о прежних временах. К тому, чем он заполнял теперь свои многочисленные досуги, он никак не мог привыкнуть. Он любил, как он говорил, искусство, и это действительно было верно, хотя и не в том смысле, который он этому придавал. Речь шла обычно о театре и музыке. Но на самом деле он любил, конечно, другое: гравюры, точность рисунка, безупречность типографской работы, то, что составляло подлинный смысл его жизни и вне чего он никак не мог найти себе применения. Он сидел за своим столиком один перед бутылкой шампанского.

Я обвел глазами небольшой зал и увидел еще несколько знакомых лиц, фамилии которых часто фигурировали в так называемой светской хронике: кинематографические артисты, люди без определенных занятий. У Эвелины были знакомства в самых разных кругах; среди тех, чье присутствие она считала необходимым в этот вечер, было, например, два велосипедных гонщика и один боксер среднего веса, который издали был заметен, потому что его смокинг как-то уж очень резко не гармонировал с его плоским лицом и раздавленными ушами. — Откуда она всех знает? — сказал я Мервилю. Он пожал плечами. На Эвелине было черное, открытое платье и жемчужное ожерелье на шее, и это очень меняло ее.

— Хороша все-таки, — сказал Мервиль.

На небольшой эстраде, освещенной прожекторами, все время сменялись артисты. Программа была не хуже и не лучше, чем во всяком другом кабаре, все было, в конце концов, приемлемо. Каждого артиста представляла Эвелина. В середине спектакля, — был второй час ночи, — после двух русских гитаристов, она вышла на сцену и сказала, что сейчас будет выступать Борис Вернер.

— Он не нуждается в рекламе, — сказала она, — мы все его знаем.

Я переглянулся с Мервилем, он посмотрел на меня удивленными глазами. Я не успел ему, однако, сказать, кто такой Борис Вернер; в зале раздались аплодисменты, и на эстраду вышел тот самый круглоголовый пианист, которого мы слышали летом в этом стеклянном ресторане над морем на Ривьере, где я встретил Мервиля. В эту ночь он играл иначе, без своей тогдашней небрежности, — настолько виртуозно, что невольно возникал вопрос: отчего этот человек выступает в кабаре, а не дает концерты? Я сидел и слушал, и, в отличие от того впечатления, которое у меня было, когда я впервые увидел его за роялем, теперь мне казалось, что вместо пустоты, о которой он играл в прошлый раз, сейчас возникало представление о далеком и прозрачном мире, похожем на удаляющийся пейзаж, — облака, воздух, деревья, влажный шум реки. Он был действительно прекрасным пианистом.

Только тогда, повернув голову, я заметил Андрея, который сидел с какой-то блондинкой, не очень далеко от нас. Я подумал, что в его жизни произошли значительные изменения: в прежние времена его средства не позволяли ему посещать такие места. Но то, что меня поразило больше всего, это его бледность и выражение тревоги в его лице. Я проследил его взгляд и увидел, что он, не отрываясь, смотрел на высокую женщину, сидевшую за одним из крайних столиков, на небольшом расстоянии от столика бывшего фальшивомонетчика. Это продолжалось недолго, Андрей расплатился и ушел, поддерживая под руку свою белокурую спутницу. Я опять посмотрел в ту сторону, где сидела эта женщина. Далекое и смутное воспоминание возникло передо мной. Где я мог видеть эти неподвижные серые глаза? Мне показалось, что я стал жертвой галлюцинации: этого лица, — это я знал твердо, — я не видел никогда и нигде. Но ее спутника я знал. Я встречал его несколько раз, он был любителем искусства не меньше, чем фальшивомонетчик, с той разницей, что он предпочитал литературу всему остальному. Он был настоящим и бескорыстным библиофилом, но, поговорив с ним как-то об этом, я убедился, что он все воспринимал с одинаковым доверием. Он любил литературу вообще, как люди любят природу, а не какого-либо отдельного автора в особенности. В сравнительных достоинствах литературных произведений он не разбирался, и они его, в сущности, не интересовали. Ему было тридцать пять или тридцать шесть лет, у него были покатые плечи, роговые очки и выражение восторженности на лице, не менее постоянное и не менее утомительное, чем выражение озабоченности на лице фальшивомонетчика, с которым у него было вообще какое-то непонятное, на первый взгляд, сходство.

Я смотрел на него, вспоминая, как несколько месяцев тому назад он говорил с дрожью в голосе о каком-то авторе, фамилию которого я забыл, и вдруг почувствовал, что Мервиль сжимает мне руку. Я повернулся в его сторону и увидел, что он был в чрезвычайном волнении.

— Это она, — сказал он. — Мог ли я думать?..

— Кто «она»?

— Она, мадам Сильвестр!

— Та дама, с которой ты познакомился в поезде?

— Боже мой, твоя медлительность иногда так неуместна... Что теперь делать? Как к ней подойти? Неужели она меня не узнает?

Я никогда не видел его в таком состоянии.

— Подожди, все это не так сложно, — сказал я. — Я знаком с человеком, который ее сопровождает.

— Что же ты молчал до сих пор?

Я пожал плечами.

— Извини меня, — сказал он, — ты видишь, я не знаю, что говорю.

Через несколько минут Мервиль сидел с ней за одним столиком и излагал ей что-то настолько бессвязное, что за него было неловко. К счастью, спутник мадам Сильвестр успел выпить один чуть ли не всю бутылку шампанского и сидел совершенно осовелый, глядя перед собой мутными глазами и плохо понимая, что происходит вокруг. С эстрады смуглый мужчина в ковбойском костюме, держа в руках небольшую гитару, на которой он себе аккомпанировал, пел вкрадчивым баритоном по-испански, черное открытое платье Эвелины медленно двигалось между столиками, и в неверном свете зала тускло сверкали ее жемчуга. Фальшивомонетчик сидел, подперев голову рукой, с выражением далекой печали в глазах, и я подумал: о чем он жалеет? О том, что прошли лучшие годы его жизни и ничто не заменит ему того типографского станка, с которого все началось и которого давно не существует? О том, что вялое существование так называемого порядочного человека скучно и тягостно и никогда больше не будет этого магического шуршания новых кредитных билетов, которые были обязаны своим возникновением его вдохновению, его творчеству? Спутник мадам Сильвестр, преодолевая смертельную усталость и дурь, сказал, обращаясь ко мне:

— Джойс...

Но это имя мгновенно вызвало у него спазму в горле. Он взял неверной рукой бокал шампанского, отпил глоток и повторил:

— Джойс...

В ту ночь мне не было суждено узнать, что он думает об авторе «Улисса», потому что после третьей попытки он отказался от надежды высказать свое мнение; его состояние явно не позволяло ему роскоши сколько-нибудь обстоятельных комментариев по поводу какого бы то ни было писателя. Он

51

умолк и смотрел на меня мутным взглядом, и я подумал, что такими рисуют обычно глаза рыбы, глядящей в иллюминатор потонувшего корабля. На эстраде, сменив смуглого мужчину в кожаных штанах, цыганско-румынский оркестр играл попурри из русских романсов, и голос одного из музыкантов, — я не мог разобрать которого, — время от времени выкрикивал в такт музыке слова, имевшие отдаленное фонетическое сходство с русскими; плоское лицо боксера, казалось, еще расширилось, и раздавленные его уши стали пунцовыми. В полусвете кабаре, сквозь папиросный дым и цыганскую музыку, отражаясь в изогнутых стенках бокалов, смещались, строго чередуясь точно в возникающих и исчезающих зеркальных коридорах, белый и черный цвет крахмальных рубашек и смокингов. Потом опять, словно вынесенные на вершину цыганской музыкальной волны, появлялись неувядающие жемчуга Эвелины. Я сидел, погруженный в весь этот дурман, и до меня доходил заглушенный голос Мервиля, который говорил мадам Сильвестр о движении поезда, похожем на путешествие в неизвестность, и о том трагическом душевном изнеможении, которого он не мог забыть все эти долгие недели и месяцы, о том, чего, вероятно, не существует и не существовало нигде, кроме этого движущегося пространства, — летний воздух, стремительно пролетавший в вагонном окне, далекая звезда в темном небе, — ваши глаза, ваше лицо, — сказал он почти шепотом, — то, за что я так бесконечно благодарен вам...

Спутник мадам Сильвестр все так же прямо сидел на своем стуле в состоянии почти бессознательного героизма, и было видно, что он давно уже не понимал смысла событий, которые клубились вокруг него в звуковом бреду, значение которого от него ускользало, и нельзя было разобрать, где кончалась скрипичная цыганская мелодия и где начинался чей-то голос, который то проступал сквозь нее, то снова скрывался за особенно долгой нотой, в судорожном вздрагивании смычка на пронзительной струне, — Мервиль находил даже, что исчезновение мадам Сильвестр и этот воображаемый адрес в Ницце теперь, когда он снова видит ее, что все это было чем-то вроде счастливого предзнаменования, и он это понял только сейчас, глядя в ее лицо... Был пятый час утра. Я поднялся со своего места, пожал руку Мервиля, посмотрел на замершее лицо спутника мадам Сильвестр, сказал, прощаясь с ним, что я совершенно согласен с его суждением о Джойсе, и направился к выходу, у которого меня остановила Эвелина, обняв мою шею своей теплой рукой. Она была пьяна, но я знал ее необыкновенную сопротивляемость алкоголю. Она была пьяна, и поэтому выражение ее неумолимых глаз стало вдруг мягким. Она сказала:

— Спасибо, что ты пришел, я это очень оценила. Ты сволочь, но ты знаешь, что я тебя люблю. И если бы я теперь не любила Котика... Прощай, приходи.

Ее жемчуга мелькнули передо мной последний раз и исчезли. Я вышел на улицу. Была студеная ночь, над моей головой, окрашивая все в призрачный цвет, как сквозь освещенную воду аквариума, горели буквы «Fleur de Nuit». Ко мне тотчас же подошла очень бедно одетая женщина, которая держала в руке маленький букет фиалок: «Monsieur, les violettes...»[4]. Я знал, что этот букет она предлагала всем, кто выходил из кабаре. Она была пьяна, как всегда, и, как всегда, не узнала меня. «Monsieur, les violettes...» Некоторые отворачивались, другие давали ей немного денег, но никто, конечно, не брал цветов, и она рассчитывала именно на это. Ей было около пятидесяти лет, ее звали Анжелика, и я однажды, несколько лет тому назад, просидел с ней два часа в ночном кафе, и она рассказывала мне свою жизнь, вернее, то, как она себе ее представляла в ту ночь. Это представление смещалось в зависимости от степени ее опьянения — и тогда менялись города, названия стран, даты, события и имена, так что разобраться в этом было чрезвычайно трудно. То она была вдовой генерала, то женой морского офицера, то дочерью московского купца, то невестой какого-то министра, то артисткой, и если бы было можно соединить все, что она говорила о себе, то ее жизнь отличалась бы таким богатством и разнообразием, которых хватило бы на несколько человеческих существований. Но так или иначе, результат всего этого был один и тот же, и этого не могло изменить ничье воображение: она была бедна, больна и пьяна, и в том, что ожидало ее в недалеком будущем, не было ничего, кроме безнадежности и перспективы смерти на улице, в зимнюю ночь, перед затворенной дверью кабаре, за которой пили шампанское и слушали музыку. Я дал Анжелике несколько франков и пошел дальше. Было пустынно, тихо и холодно. Я поднял воротник пальто — и вдруг передо мной возникли: теплая ночь на Ривьере, стеклянный ресторан над морем и тот удивительный импровизатор, игра которого теперь в моем воображении была чем-то вроде музыкального вступления к тому, что сейчас происходило, что было предрешено и что уже существовало, быть может, в недалеком будущем, которое ожидало нас всех в

---

[4] «Месье, фиалки...» (фр.)

этом случайном соединении: Анжелику, Мервиля, Андрея, мадам Сильвестр, Котика, Эвелину и меня — в том, чего мы не знали и что, вероятно, не могло произойти иначе, чем ему было кем-то суждено произойти.

Я провел целую неделю один, почти не выходя из дома. Без того, чтобы в этом была какая-либо необходимость, я часами, сидя в кресле, вспоминал события, которые некогда происходили и которых я был свидетелем или участником и соединение которых мне казалось вначале обусловленным только случайностью, и ничем другим. Но потом я заметил, что все эти воспоминания были сосредоточены вокруг нескольких главных идей, нескольких соображений общего порядка. Я вспомнил, в частности, все, что было связано с Жоржем, братом Андрея, — я как-то не думал об этом после его смерти. Теперь мне казалась удивительной эта непонятная и невольная забывчивость. В те далекие времена, когда Жорж жил в Париже и мы все часто встречались с ним, он был молчаливым молодым человеком, плохо понимавшим юмор, так что иногда из-за этого его общество становилось стеснительным. То, что его резко отличало от других, это была его необыкновенная, непобедимая скупость. Я один раз видел слезы на его глазах, это было в тот день, когда он получил письмо из Периге, в котором его отец ему писал, что сгорел сарай, где хранились запасы зерна. Если мы бывали в кафе, он никогда ни за кого не платил и никогда не протестовал против того, что за него платили другие. Он торговался всюду и всегда, особенно с уличными женщинами, к которым его всегда тянуло, и получалось впечатление, что вся его жизнь проходила в судорожном напряжении — не истратить лишнего франка. Я находил в этом нечто вроде проявления морального идиотизма. Мервиль, который был готов платить всегда, всюду и за всех, его презирал, Андрей его ненавидел уже тогда. Но в те времена Жорж был действительно очень беден, его отец посылал ему на жизнь какие-то гроши, хотя ценил, как это позже выяснилось, его склонность к экономии и все состояние оставил именно ему, обойдя в своем завещании Андрея.

И если бы все ограничивалось этим, если бы в душевном облике Жоржа не было ничего другого, это было бы чрезвычайно просто. Но это было не так. У этого убогого и свирепо скупого человека был несомненный поэтический дар, и больше всего остального он любил поэзию, в которой разбирался безошибочно. Его слух в этом смысле был непогрешим, и, недостаточно в общем зная английский язык, он пожимал плечами, слушая восторженные комментарии

54

Мервиля о стихах Китса, которого он понимал лучше, чем Мервиль, знавший английский язык в совершенстве. Жорж, как никто из нас, чувствовал движение гласных, перемещение ударений и все оттенки смысла в каждом стихотворении. То, что он писал сам, мне всегда казалось замечательным. Я помнил его темные глаза, которые вдруг становились восторженными, и те строфы, которые он нам читал своим глуховатым голосом. Никто из тех, кто его слышал, не мог этого забыть. Мервиль мне сказал однажды:

— Подумать только, что у этого животного такой необыкновенный дар! Как ты это объясняешь?

Я объяснения этому не находил, как его не находил никто другой. И странным образом его лирическое богатство, его воображение, железный ритм его поэзии и те душевные движения, которые были заключены в ней с такой чудесной гармоничностью, — все это переставало существовать, как только он кончал свое чтение, и тот же Жорж, скупой и мрачный, который вызывал пренебрежение или враждебность, вновь возникал перед нами. Я много раз пытался узнать от него, как он пишет и как у него это получается, но он неизменно уклонялся от разговоров на эту тему.

— Ты этого не поймешь, — сказал он мне наконец, — потому что ты не родился поэтом. — А ты? — Я — да. — Но поэзия в твоей жизни занимает меньше места, чем, например, соображения о дороговизне, — сказал я с раздражением. Он молча на меня посмотрел и ничего не ответил.

Позже, когда Жорж уехал из Парижа и поселился в Перигё, — это было после смерти его отца, — мы очень редко говорили о нем. Воспоминание о Жорже вызывало у нас чувство тягостной неловкости, точно мы были в какой-то степени ответственны за его недостатки. Я спросил как-то Мервиля:

— Ты думаешь, что его поэзия может быть результатом слепого таланта, не связанного ни с чем другим?

— Что ты хочешь сказать?

— Что возникновению поэзии — теоретически по крайней мере — предшествует какая-то лирическая стихия, движение чувств, какое-то, в конце концов, душевное богатство. Никаких следов этого у Жоржа нет.

— Не знаю, — сказал Мервиль. — Но это все-таки недаром. Я не берусь судить о том, что важнее для его окончательной характеристики — его идиотская скупость или то, что он настоящий поэт. Виктор Гюго тоже был скуп.

— Да, но не в такой клинической степени.

— Это уже оттенок.

55

Теперь все это было неважно, потому что Жорж перестал существовать. — Теперь вы владелец крупного состояния, — сказал нотариус Андрею. И тот автомобиль, в котором Жорж ездил по дорогам южной Франции, стоял у подъезда парижской квартиры его брата. Во всяком случае, так было до недавнего времени, потому что после той ночи открытия кабаре Эвелины Андрей исчез. Я звонил ему по телефону несколько раз, но на звонок никто не отвечал. Я поехал тогда к Мервилю и застал его в том восторженном состоянии, в котором мне неоднократно приходилось его видеть раньше и значение которого я хорошо знал. Он отвечал невпопад на мои вопросы и смотрел перед собой ничего не видящими глазами. Об Андрее он ничего не знал.

— Что вообще у тебя? — спросил я.

Он посмотрел на меня так, как будто только что пришел в себя. Потом он сказал:

— Нет, мой дорогой, ты этого не поймешь.

— Эвелина! — сказал я. — Эвелина мне сказала то же самое, когда говорила о Котике и метампсихозе. Неужели это так неизбежно — впадать в такую умственную несостоятельность при известных и в конце концов не таких уж исключительных обстоятельствах? Две недели тому назад все, что окружало тебя, было бессмысленно, лишено оправдания и бесконечно печально. Таким был мир, в котором ты жил и в котором ты поселил рядом с собой все человечество. И вот теперь ты находишься в лирическом оцепенении и ты забыл все, что ты знал раньше?

Глядя мимо меня, он сказал:

— У нее удивительный, незабываемый голос.

Расставшись с Мервилем и думая о состоянии, в котором он находился, я вспомнил, что в последнее время его романы приобрели несколько сумрачный оттенок, придававший им особенную остроту, которую он со свойственным ему романтическим преувеличением назвал трагическим восторгом — тогда, когда рассказывал мне о своей первой встрече с мадам Сильвестр. Память его должна была бы подсказать ему, что, в сущности, каждая его любовь была последней. Но он об этом забывал. И все-таки, по мере того как проходило время, эта мысль — «моя последняя любовь», «последнее чувство, на которое я способен», — все больше и больше приближалась к истине и, может быть, теперь действительно наступил тот период его жизни, когда ему было суждено пережить в самом деле последнее увлечение.

Нас было пятеро в нашем странном, но неразрывном

союзе: Эвелина, Мервиль, Андрей, Артур и я. Артура я давно не видел. И вот через несколько дней после того, как я был у Мервиля, он явился ко мне.

Жизнь его сложилась очень своеобразно, и это не могло быть иначе: достаточно было посмотреть на его розовое, как у девушки, лицо, его пухлые белые маленькие руки, на всю его фигуру, покачивающуюся, когда он шел, не без некоторой грации, в которой, однако, не было ничего мужского, — чтобы понять, почему это не могло быть по-другому. Но в нем не было ничего отталкивающего. Он был неглупый, культурный и талантливый человек, и его губили две страсти, каждой из которых было бы достаточно, чтобы исковеркать любую человеческую жизнь: его многочисленные романы и непобедимое тяготение к азартным играм. Существование его проходило так же бурно, как беспорядочно. Иногда он жил в прекрасном доме возле Булонского леса, проводил свои досуги в чтении Кокто и Валери и ездил в декоративном автомобиле кремового цвета, иногда возвращался в свою скромную квартиру и обедал не каждый день, иногда он приходил с озабоченным выражением лица, так как ему было нужно, по очень важным причинам, чтобы никто не знал о его местопребывании. В числе тех, с кем его связывали близкие отношения, были самые разные люди. Мервиль рассказывал мне со слезами на глазах от смеха, которого он не мог сдержать, что однажды он вошел в меховой магазин, недалеко от Больших бульваров, и увидел Артура, который стоял за прилавком. — Как ты сюда попал? — спросил Мервиль. Артур оглянулся по сторонам, хотя в магазине никого не было, кроме Мервиля, и сказал, понизив голос, что владелец этого магазина, немолодой, но очень милый человек... и в это время туда действительно явился толстый пожилой еврей. — Его лицо ты знаешь, — сказал Мервиль, — это было нечто среднее между библейским пророком и современным ростовщиком. Через некоторое время после этого меха так же исчезли из жизни Артура, как перед этим автомобиль кремового цвета и квартира возле Булонского леса. Вместо этого возникли матовые стекла огромных электрических шаров в кафе, возле одного из парижских вокзалов, где Артур проводил свое время потому, что меховщика заменил один из гарсонов этого кафе, широкоплечий мужчина с мрачным выражением. После мехового магазина и кафе Артур с облегчением вернулся, как он говорил, в артистический мир, где он мог снова заняться комментариями поэзии Клоделя или пространными рассуждениями о «Коридоне» Андрея Жида — ни в меховом магазине, ни в кафе возле вокзала его собеседники не имели понятия об этой замечательной книге, которая... Он даже полагал, что между метампсихозом Котика и тем, что он, вслед за Жидом, называл уранизмом, было нечто общее, — я с удивлением на него посмотрел, — в том смысле, что и метампсихоз и уранизм показывали нам, каждый со своей стороны, один из аспектов вечности.

У Артура была небольшая квартира, обставленная очень, по его словам, ценной мебелью, в подборе которой, однако, отсутствовало известное единство стиля, — как я ему это заметил. — Разные люди, разные вкусы, — ответил он. Но по мере того, как проходило время, его квартира пустела и под конец у него остались — один диван, очень широкий, очень низкий и совершенно продавленный, маленький столик и прекрасная копия рембрандтовского воина в каске. Исчезновение мебели Артур объяснял тем, что те, кто ему ее дарили, постепенно ее забирали. Может быть, это соответствовало действительности, но могло быть и так, что Артур ее проиграл — потому, что все деньги, которые у него бывали, он неизменно проигрывал в карты или на скачках. В этом он был совершенно неудержим, и никакие соображения не могли его остановить. Он знал каких-то сомнительных арабов, которые покупали у него поношенные вещи; от араба он шел к букмекеру, и деньги держались в его руках ровно столько времени, сколько ему было нужно, чтобы пройти это расстояние от одного жулика до другого. Артура можно было одеть у лучшего портного, дать ему денег и открыть текущий счет в банке — и через две недели от всего этого не осталось бы ничего.

Он отличался еще одной особенностью, за которую Мервиль, например, был готов простить ему все: у него всегда была собака, чаще всего небольшая, о которой он трогательно заботился, — и в его несчастной, судорожной жизни эта забота была, кажется, единственным неизменным занятием. В течение последних двух лет у него был Том, желтая такса с необыкновенно выразительными глазами. Менялись люди, места и обстоятельства, но Том всегда был с Артуром и так же знал нас всех, как его хозяин.

— Вот мы пришли. Том и я, — сказал Артур. — Я к тебе по делу. Эвелина мне говорила... — Эвелина, оказывается, рассказала ему о романе Мервиля с м-м Сильвестр и показала ему ее фотографию.

— Постой, ты что-то путаешь, — сказал я. — Откуда у нее может быть фотография м-м Сильвестр?

— Групповой снимок в ночь открытия кабаре.

— Да. И что же?

— Я пришел тебе сказать, что Мервиля надо предупредить.

— В каком смысле?

— Надо, чтобы он с ней расстался.

— Ты знаешь, что к так называемым приключениям Мервиль не склонен, так что каждый раз это носит более или менее серьезный характер.

— Тем более необходимо его предупредить, пока не поздно.

— Что ты рассказываешь? Почему?

— Ты понимаешь, — сказал Артур, — то, что я тебе скажу, может показаться неубедительным, я в этом прекрасно отдаю себе отчет. Мне кажется, что я уже где-то видел это лицо, и это воспоминание связано с преступлением или опасностью. Я не помню, где и когда, может быть, даже моя память меня обманывает. Но когда я увидел фотографию, которую мне показала Эвелина, это произвело на меня такое впечатление, что я решил — надо предупредить Мервиля, ему грозит опасность.

— Милый мой Артур, — сказал я, — ты знаешь, что напугать Мервиля трудно, это тебе не Андрей. Кроме того, согласись, что твои доводы не могут на него подействовать — и ты сам мне сказал, что понимаешь их неубедительность.

— А какое впечатление она на тебя произвела?

— Если ты хочешь знать правду, скорее отрицательное, не знаю, собственно, почему.

— Может быть, в конце концов, я преувеличиваю, — сказал Артур. — Но у меня на душе неспокойно.

Я никогда не отличался способностью предчувствовать наступление какой-либо катастрофы. Я знал очень хорошо, что тоска, которую я так часто испытывал, ставшая для меня почти естественным состоянием, всегда объяснялась отвлеченными причинами и не была связана с внешними событиями. Но с недавнего времени, — после моего возвращения в Париж, — я стал ощущать непонятное томление, от которого не мог отделаться и для которого не было, казалось бы, никаких причин. Я просыпался и засыпал со смешанным чувством сожаления и тревоги. И то, что окружало меня, постепенно приобретало вздорный характер предостережения или напоминания. Даже мои нервы, на которые я до сих пор никогда не мог пожаловаться, стали сдавать: я начал вздрагивать от неожиданного звука хлопнувшей двери, стал прислушиваться ко всякому шуму, на который я раньше не обратил бы никакого внимания. Иногда я просыпался ночью, и мне вдруг начинало казаться, что из глубины комнаты по направлению ко мне приближается безмолвный человеческий силуэт, и абсурдная убедительность этого движения была так сильна, что я зажигал лампу над моим изголовьем и тотчас тушил ее с чувством неловкости и стыда за себя. Я неоднократно перебирал в памяти все события, происходившие за последнее время, все, что случилось со мной или с окружающими, — и никогда не находил в этом ничего, что могло бы объяснить то тягостное состояние, в котором я находился, ту непонятную и беспредметную тревогу, которую я испытывал. Я думал об этом после ухода Артура. Мне почему-то не нравился, — я бы, впрочем, никогда не решился признаться в этом Мервилю, — неподвижный взгляд м-м Сильвестр. Но никакого страха она мне не внушала, и то, что говорил о ней Артур, могло объясняться только его повышенной — в некоторых случаях — чувствительностью.

Я редко видел Мервиля в течение этой зимы. Я обедал с ним два или три раза, он всегда при этом торопился. — Точно тебе остается жить только сегодня, — сказал я ему однажды. Он только раз вскользь сказал мне:

— Я знаю, ты думаешь, как всегда, что это моя очередная иллюзия. Уверяю тебя, что на этот раз ты ошибаешься.

В холодный мартовский день я получил открытку от Андрея, который писал мне из Сицилии. В нескольких словах он объяснял свой отъезд из Парижа тем, что его нервная система была в очень плохом состоянии и что ему был необходим длительный отдых на юге.

«Ты знаешь, что в прежние времена я не мог позволить себе таких путешествий. Но теперь, когда эта возможность есть, зачем я стал бы себя лишать этого южного неба, этой сицилийской сладости бытия?» Прочтя эти строчки, я пожал плечами: еще несколько месяцев тому назад кто бы мог себе представить Андрея, который бы говорил о южном небе и сладости бытия?

Я нашел его открытку, вернувшись из города. Было около девяти часов вечера, я сидел за письменным столом и держал ее в руках, когда раздался звонок. Я отворил дверь с некоторым удивлением, — в тот день я никого не ждал, — и увидел Мервиля. Он был нагружен свертками, — как это бывало всякий раз, когда он без предупреждения приходил ко мне ужинать. Я внимательно на него посмотрел; в выражении его лица я впервые увидел счастливое спокойствие, которое до сих пор было ему совершенно чуждо. Он бывал либо мрачен, либо находился в состоянии судорожного восторга, — как герой Достоевского, — сказала о нем Эвелина.

— У меня сегодня свободный вечер, — сказал он, — и я вспомнил о тебе. Я принес с собой ужин.

— Рад тебя видеть, — сказал я, — как ты поживаешь? Ты совершенно пропал.

— Если бы ты был на моем месте, с тобой было бы то же самое.

— Я этого не отрицаю. Только вряд ли я мог бы оказаться на твоем месте, ты знаешь, что в этом мире наши места распределены раз навсегда.

— Я тоже так думал до последнего времени, — сказал он. — Теперь я в этом не уверен. Но давай ужинать, я голоден как собака.

Он начал говорить, когда мы пили кофе. Я ждал этого все время, я был убежден, что он ко мне пришел для этого разговора, — я слишком хорошо его знал, чтобы предположить, что его приход ко мне носил только случайный характер.

— Ты помнишь, — сказал он, — когда мы были студентами и когда я был так влюблен в Нелли, мы были ночью в верхнем зале какого-то кабачка на Монпарнасе втроем: она, ты и я — потому что она не хотела идти вдвоем со мной и я пригласил тебя. Ты помнишь это?

— Да, да, — сказал я. И я вспомнил летнюю ночь, темные деревья на бульварах, мутноватые стекла окон в этом верхнем зале, шум голосов, доносившихся снизу, печальную физиономию гарсона, Нелли, ее белокурые волосы и огромные черные глаза с насмешливым выражением, — она потом вышла замуж за архитектора и уехала с ним в Канаду. — Да, помню.

— Я заказал шампанского, и ты произнес очень короткий тост. Присутствие Нелли действовало на меня сильнее, чем любое шампанское, конечно, я отдаю себе отчет в том, что это было совершенно очевидно и тебе, вероятно, было жалко меня. Во всяком случае ты сказал: — Я пью за исполнение наших желаний.

— Тут меня трудно было бы обвинить в намерении сказать что-либо оригинальное.

— Я не об этом. Но я недавно вспомнил этот тост и подумал, что этого исполнения желаний у меня никогда не было в жизни — до самого последнего времени.

— Вероятно, тебе так казалось всякий раз — до того момента, когда ты начинал переживать очередной период иллюзорного счастья.

— Нет, все-таки я всегда знал, что это не то.

— Зато теперь у тебя нет никаких сомнений?

— Не может быть, — сказал он, — нет, это, конечно, невозможно, чтобы ты никогда не представлял себе в воображении, когда ты не стеснен ни временем, ни обстоятельствами, ни соображениями правдоподобности, — чтобы ты не представлял себе какой-то идеальный роман с идеальной женщиной. Это делали мы все, я думаю.

— Вероятно. И ты, в частности, больше, чем другие.

— Может быть. И вот сейчас, если бы я обладал самым могучим воображением в мире, то, что происходит, не могло бы быть прекраснее, чем оно есть. Ты знаешь, что всякая попытка описать это обречена на неудачу. Я не буду этого делать. Я только скажу тебе, что я никогда не предполагал, что может существовать такая мягкость, такое доверие к тебе и такое очарование, объяснение которого ты тщетно старался бы найти. Я закрываю глаза и вижу ее движения, слышу ее голос, которого нельзя забыть, и мне кажется, что возможность приближения к ней есть такое незаслуженное счастье, на которое я никогда не был бы вправе рассчитывать. И это счастье рядом со мной.

Он подошел ко мне и сжал мое плечо.

— Ты помнишь, — сказал он, — ты помнишь, как в нашей юности мы читали стихи? Ты помнишь, как писал Жорж? Ты думаешь, что оттого, что мы стали старше, поэзия потеряла свою свежесть и силу? Я тебе могу сказать, что я никогда не чувствовал ее, как теперь, после стольких душевных катастроф и такой усталости, которая мне казалась непоправимой. У меня не то представление о мире, какое было тогда. Но оттого, что я знаю, что все, в сущности, бесконечно печально, — ты мне это так упорно доказывал на юге, — от этого ощущение счастья еще сильнее. Ты помнишь?

> Si le ciel et la mer sont noirs comme de l'encre,
> Nos œeurs que tu connais sont remplis de rayons![5]

Он стоял рядом с моим креслом. Потом он наклонился ко мне и сказал:

— И если бы завтра, ты понимаешь, завтра я должен был бы умереть, я знаю, что я недаром прожил жизнь, что это стоило делать.

Он выжидательно смотрел на меня. Я ощущал тягостную

[5] Пусть мрачны небо и море, Ты знаешь, что светом наполнены наши сердца! (фр.)

неловкость, мне было ясно, что если бы я стал говорить ему обо всем, что я думал в последнее время, это было бы совершенно неуместно — и он просто не понял бы этого. Я сказал:

— Милый друг, я искренне за тебя рад. Что я могу еще тебе сказать? Я мог бы тебе напомнить начало строфы, которой ты цитируешь только вторую половину. Я мог бы тебе изложить всякие соображения логического и материального порядка. Какой это имело бы смысл? Но меня интересуют — просто по-дружески — некоторые вещи. Как и где до сих пор жила м-м Сильвестр, что она собой представляет вне ее, так сказать, лирического облика, каковы твои планы на будущее?

Он ответил, что она рассказала ему свою жизнь, что она вдова, что родом она из Ниццы и что с той ночи, когда она встретила его в поезде, она ни на минуту не переставала думать о нем, но дала ему несуществующий адрес потому, что боялась своего собственного чувства. Насколько я понял, в том, что она говорила Мервилю, были значительные пробелы, но ему, конечно, она могла рассказать все, что угодно. У меня создалось впечатление, что она все переходила, каждый раз, когда это ей представлялось нужным, к монологу о своих чувствах, что ее ни к чему не обязывало и избавляло от необходимости давать сведения фактического порядка.

— И когда я встречаю взгляд ее глаз, — сказал Мервиль, прерывая себя, — мне кажется, что до меня доходят далекие звуки рояля, лирические и прозрачные, такие, которых я, конечно, никогда не слышал в действительности.

Я пристально посмотрел на него, — я искренно любил этого человека, — и сказал:

— Ты слышал эту музыку в стеклянном ресторане над морем, прошлым летом. Это были те же самые звуки, и тогда тебе казалось, что они оттеняют твою душевную пустоту. Этого импровизатора зовут Борис Вернер, и ты слышал его последний раз в ту ночь, на открытии кабаре Эвелины, когда ты встретил вторично м-м Сильвестр.

Мне казалось, что Мервиль глух сейчас ко всему, что не касается его собственных чувств, и что никакие другие соображения не могут его занимать. Но это было не совсем так, потому что он сказал:

— Ты смотришь на меня, и тебе, может быть, почти что жаль меня — за мое ослепление и мое иллюзорное, как ты говоришь, счастье. Я думаю все-таки, что прав я, а не ты. Вспомни, что ты не всегда был таким.

— Мир меняется, мой дорогой, и мы меняемся вместе с ним.

— Да, и если бы это было иначе, то не стоило бы жить. Я сейчас уйду и пожелаю тебе спокойной ночи.

Он вышел в переднюю и вернулся уже в пальто и в шляпе. Я сидел в кресле и смотрел перед собой на тот угол комнаты, где несколько лет тому назад висел портрет, который я снял. Мервиль подошел ко мне и пожал мне руку.

— Спокойной ночи, — сказал он. — И когда я выйду и закрою за собой дверь и ты останешься один, вспомни Сабину.

И он ушел. Я просидел несколько минут в кресле, не думая ни о чем. Потом я поднялся и сделал несколько шагов по комнате. Мне не нужно было напоминания Мервиля, чтобы думать о Сабине. Я никогда о ней не забывал. Я видел перед собой ее ледяные глаза, ее тонкие брови, ее губы. У нее были мягкие и сильные пальцы и тяжелая, стремительная походка. Я вспомнил, как однажды я ждал ее ночью зимой на пустынной набережной Сены — она была приглашена к каким-то знакомым, которых я не знал, и сказала мне, что рассчитывает уйти оттуда около часу. Я долго ждал ее, подняв воротник пальто и стоя за углом, так как она не хотела, чтобы кто-либо знал о моем присутствии. Было уже без четверти три, когда я услышал ее звонкие и тяжелые шаги. Она поравнялась со мной, я сразу забыл о том, что прождал ее на морозе три часа, и сказал:

— Твою походку нельзя не узнать. Если бы я слышал ее в первый раз, не имея представления о том, кто идет, я бы сказал, что это шаги командора.

— Ты был бы, в конце концов, не так далек от истины, как ты думаешь? — ответила она. — В том смысле, скажем, что, может быть, было бы лучше, если бы ты меня не знал.

Она всегда говорила именно такие вещи. В те дни я встречался с ней перед этим целый год и мои отношения с ней были такими же, как в самом начале нашего знакомства, — в те дни, когда я почувствовал, что в них наконец наступает перелом, на который я почти перестал надеяться, в последние минуты перед тем, как произошло то, что не могло не произойти, она сказала мне вдруг, впервые перейдя на «ты», — и когда я услышал это, у меня потемнело в глазах:

— Может быть, лучше, чтобы этого не было? Потом тебе будет тяжелее.

В этом, конечно, она была права: если бы я не знал, что значит ее близость, я, может быть, мог бы забыть о ней. Но она всегда и во всем, сознательно или случайно, действовала так, как будто то, что происходило, было, в сущности, преодолением невозможности.

64

Я знал, что, когда она мне назначала свидание поздним вечером, это ровно ничего не значило. Она встречала меня, одетая в черное закрытое платье, и говорила:

— Мой дорогой, я хотела тебе позвонить в последнюю минуту и сказать, чтобы ты не приходил. У меня весь вечер болит голова, и я мечтаю только о том, чтобы лечь в постель и заснуть. Ты меня извинишь? Я знаю, ты ждал этот вечер десять дней, но что же делать, мой милый, обстоятельства против тебя.

Но когда она наконец давала волю своим чувствам, ее эмоциональное богатство казалось неисчерпаемым, она очень хорошо это знала и сказала однажды, лежа рядом со мной:

— Интересно знать, для кого я тебя всему этому учу?

Но эта наука мне стоила дорого. Я мало спал, плохо питался, мне приходилось слишком много работать, наверстывая то время, которое я проводил с ней в ожидании того, что вдруг окажется, что у нее не болит голова, или что она не занята в этот вечер, и что она никого не ждет, — кроме меня, — и она говорила:

— На сколько времени у тебя хватит сил для такой жизни? Ты действительно какой-то двужильный.

Но Мервиль был прав. В этот период моей жизни я тоже не представлял себе существования без мысли о Сабине, и это тоже был, конечно, лирический мир, где слова некоторых стихотворений приобретали магическое значение, понятное только ей и мне и еще, может быть, тому умершему поэту, который в случайном вдохновении сказал именно то, что должны были бы сказать мы. Я никогда, ни до, ни после этого, не испытывал чувств такой разрушительной силы — и я запомнил на всю жизнь, например, ту ночь в далеком кабаре где-то возле Больших бульваров, когда я танцевал с ней под томительную музыку цыганского оркестра и вдруг увидел, как таяли ее ледяные глаза и как шевелились ее губы, произнося слова, которых она никогда не говорила вслух, но значения которых я не мог не знать. Но она создавала искусственное и неизменное представление, вне которого ничего не могло быть и повелительность которого не допускала никаких возражений, представление о том, что все происходящее — результат необыкновенной и счастливой случайности и что это, конечно, не может быть длительным, как путешествие в поезде, как полет в аэроплане. И в том, что происходит сейчас, уже есть тень конца, неизбежного и неотвратимого. И оттого, что эта тень неудержимо приближается к нам, все приобретает печальный и неповторимый оттенок, которого не было бы, если бы мы этого не знали. Иногда, сделав необыкновенное усилие, чтобы избавиться от мысли об этой властной и, быть может, в конце концов, мнимой неотвратимости, я задавал себе вопрос: почему, в сущности, это непременно должно быть именно так?

Я сказал ей однажды об этом. Она посмотрела на меня пристально и спросила:

— Ты хотел бы оказаться на месте моего будущего мужа?

— Разве это так невероятно? Почему?

И тогда, первый и последний раз за все время, она сказала мне то, что было для нее совершенно нехарактерно:

— Потому, что я тебя люблю и думаю, что ты заслуживаешь лучшего — того, что есть сейчас и чего он никогда не будет знать.

Она поднялась со стула — мы сидели в кафе, была летняя ночь, на небе светили звезды, — сжала мою руку своими сильными и теплыми пальцами и сказала:

— Теперь проводи меня домой. Потом ты мне постелешь кровать, разденешь меня, отнесешь меня в ванную, потом принесешь обратно и пожелаешь мне спокойной ночи. Хорошо?

Она имела жестокость, почти непонятную и ненужную, как мне казалось, настоять на том, чтобы я присутствовал на ее свадьбе. Это была, как она сказала, ее последняя просьба. Несмотря на то что это мне казалось самым тягостным испытанием, какое могло выпасть на мою долю, я тогда еще был лишен душевной возможности отказать ей в чем бы то ни было. Я пришел в мэрию, где это должно было происходить, — и туда же явился Мервиль; я знал, что он был верным другом и что я мог рассчитывать на него во всех обстоятельствах. Когда мы с ним вышли на улицу после того, как кончилась церемония, я спросил его, не удержавшись:

— Ты пришел сюда как на мои похороны?

— Она вышла замуж за фабриканта мебели, — сказал он, не отвечая на мой вопрос. — Откровенно говоря, я полагаю, что ты этого все-таки не заслужил. Это похоже на финал какой-то пьесы дурного вкуса. Но в чем я убежден, это в том, что счастлива она не будет.

Сабина исчезла из моей жизни, и я был готов иногда проклинать свою память, сохранившую все, что было с ней связано. С тех пор прошли годы, я очень хорошо знал, что все это совершенно непоправимо и что, может быть, это не заслуживает сожаления. Но каждый раз, когда мое внимание не было отвлечено тем, чем я был занят в тот или иной момент, передо мной возникали ее сначала ледяные, потом тающие глаза — и тогда все, что окружало меня, становилось похожим на безмолвное напоминание о том, что вне этого исчезнувшего теперь мира остается только та же самая идея смерти и конца, явная во всем, — будь это каменная симфония готического собора, музейное великолепие Лувра, ночной пейзаж южного моря или книга, которую я читал. Зачем Мервиль еще раз напомнил мне об этом?

В течение всей весны, дождливой и холодной, и начала лета я не видел ни одного из моих друзей. Мервиль был всецело погружен в то, что происходило теперь в его жизни, Эвелина была занята Котиком, метампсихозом и кабаре, Андрей был в Сицилии, о том, где был Артур, я не имел представления. И в начале лета я уехал на берег моря, на юг Франции. Перед отъездом я позвонил Мервилю. Он попросил меня сообщить ему с юга мой адрес и сказал, что в ближайшем будущем он тоже думает вернуться в ту виллу, возле Канн, где я прожил у него несколько дней прошлым летом.

Я поселился в маленьком местечке недалеко от Канн, отправил Мервилю открытку с моим адресом, но чувство облегчения, которое я испытал от того, что был в тысяче километров от Парижа, продолжалось недолго. Через три дня после приезда я увидел в вечерней парижской газете сообщение о том, что в Перигё, где мы были с Андреем, в этом маленьком городе, который возникал в моей памяти, окутанный туманом и дождем, начался процесс Клемана, садовника Жоржа. Читая отчеты о заседаниях суда, я убедился еще раз, что, в сущности, обвинение не располагало никакими неопровержимыми уликами, что тщетно подчеркивал защитник Клемана. Он не мог, однако, не отдавать себе отчета в том, что казалось очевидным со стороны, а именно что приговор Клеману был вынесен заранее и вне зависимости, как это ни дико звучало, от его подлинной виновности или невиновности. На суде излагалась его биография: он был батраком, был чернорабочим, наконец, садовником. У него была жена, изображавшаяся во всех газетах как несчастная, забитая женщина, у которой не хватало денег, чтобы накормить детей, потому что Клеман пропивал все свои заработки. Многочисленные свидетели и соседи подтверждали, что он часто избивал и жену и детей. В его прошлом было несколько краж, правда, не очень значительных. В газетах я неоднократно видел его фотографию, всегда почему-то одну и ту же, где он был представлен в своей рабочей куртке и в кепке. Наружность его тоже, конечно, не располагала к себе: у него было тупое лицо, отяжелевшее, по-видимому, от хронического пьянства, и маленькие глаза. Он упорно отрицал свою вину, но простодушно признавался, что ненавидел Жоржа и что известие о его смерти его нисколько не огорчило.

Я знал со слов Андрея, что Клеман не совершал убийства, в котором его обвиняли. И оттого, что я ничем не мог ему помочь, меня охватывало тягостное чувство своей смутной ответственности за то, что происходило. Может быть, Андрей был по-своему прав и Клеман не заслуживал лучшей участи. Но в конце концов его судили — по крайней мере теоретически — не за то, что он пил и бил жену и детей, а за убийство, в котором он не был виновен. Обвинению, которое было предъявлено ему следователем и прокурором, которые привыкли к логическому мышлению, он мог противопоставить только отрицание своей вины и свое убогое простодушие, которое могло лишь повредить ему. Во время следствия он несколько раз выходил из себя и кричал, что его не имеют права держать в заключении, что он жертва судебного произвола. Он выражался иначе, но смысл его протеста был именно таков. Тогда его обвинили в оскорблении представителей министерства юстиции. Его судьями были люди, хорошо знавшие его, жители этого же города, и каждый из них относился к нему отрицательно. Его жизнь стала известна во всех подробностях, и некоторые из них не могли не показаться удивительными. Он, как это выяснилось, имея известный успех у женщин, этот маленький, грязный и свирепый человек, был крайне мстителен и, в частности, однажды чуть не убил местную гадалку, обещавшую ему, что одна из этих женщин, которая его бросила, его опять полюбит, — и не выполнившую своего обещания. В жизни его, — насколько можно было себе составить о нем представление, читая газеты и не видя его самого, — главную роль играли две черты его характера, друг друга, казалось бы, взаимно исключающие: алкоголь и стяжательство. Когда он на некоторое время переставал пить, он начинал копить деньги, лишая по-прежнему жену и детей необходимого. Я невольно задумался, прочтя об этом. Откуда у этого темного человека, жившего всегда в убогой лачуге, носившего круглый год одно и то же рабочее платье, возникла мечта о каком-то будущем богатстве и что бы он стал с ним делать? Впрочем, жестокая скупость Жоржа была так же преступно бессмысленна, как стремление его садовника к богатству. Жорж ему платил четыреста франков в месяц, и я подумал, что иначе это быть не могло. Клеман заплатил пятьдесят франков гадалке за то, чтобы она заставила его бывшую любовницу, здоровенную крестьянку тридцати лет, оставившую его для соседа, вернуться к нему. И когда выяснилось, что гадалке это не удалось, он чуть ее не задушил, ее спасли подоспевшие соседи. Гадалка тоже была на суде в качестве свидетельницы.

Я отложил газеты. В каком бедном и темном мире все это происходило! Клеман верил, что за пятьдесят франков гадалка может сделать так, чтобы его бывшая любовница вернулась к нему и согласилась бы выйти за него замуж и он стал бы хозяином ее фермы, коров и земли, — в этом, собственно, и заключался его план, и он доверил его выполнение пожилой женщине в черном платье, которая, как он думал, имела власть над чувствами людей и могла заставить их поступать так, как она находила нужным. Но и она, эта профессиональная гадалка, тоже верила в какие-то оккультные силы, заговоры, кофейную гущу и комбинации игральных карт, она была твердо убеждена в своем призвании, и ее деятельность была жульнической, в сущности, только наполовину. Ее клиентки и клиенты, невежественные люди, платили ей деньги за ее воображаемую власть над событиями и человеческими чувствами. И она сама, немногим отличавшаяся от них и такая же малограмотная, как они, не могла им сказать, что это вздор и обман, и не могла даже сама этого подумать: в это верили, стало быть, это было так. Жена Клемана была поденщицей, и он отнимал у нее деньги, которые она зарабатывала. Дети его были одеты в лохмотья, маленькая девочка и два мальчика, старшему из которых было восемь лет. — Он нам всегда говорит гадкие слова, и он очень страшный, — сказал этот мальчик журналисту, который разговаривал с ним. Я начинал понимать Андрея: может быть, такого человека действительно не стоило защищать. В эти же дни, во время процесса, я получил из Сицилии письмо от Андрея, отправленное в Париж, откуда мне его переслали.

«Я вспомнил о тебе, потому что один из моих соотечественников, постоянно живущий здесь и получающий парижскую газету, передал мне несколько номеров, в которых напечатаны отчеты о деле Клемана. Я не сомневаюсь, что ты их тоже читал. Ты помнишь наши разговоры об этом? Теперь, когда ты знаешь, что представляет собой Клеман, склонен ли ты по-прежнему утверждать, что твоя идея правосудия имеет в данном случае какое бы то ни было моральное основание? Ты был готов поставить мне в вину то, что я отнесся к участи этого человека с таким недопустимым, как ты сказал, равнодушием. Продолжаешь ли так думать теперь? Защищал бы ты его на моем месте? Думаешь ли ты, что отвлеченное представление, сколько бы оно ни казалось положительным, можно противопоставить той животно-человеческой мерзости, в которую ты погружаешься, когда читаешь отчеты об этих судебных заседаниях? Спроси об этом Мервиля, — ты знаешь, что он лучше нас всех, — и он первый скажет тебе, что прав был я, а не ты.

Мне кажется, что с того времени, когда мы сидели с тобой в Перигё перед сырыми дровами, так плохо разгоравшимися в камине, в этой огромной гостиной Жоржа, прошло чуть ли не целое столетие. Солнце Сицилии! Я прожил всю жизнь в какой-то душевной дрожи от внутреннего холода. Мой брат ненавидел меня, мой отец меня презирал, я никогда не знал ни удачи, ни спокойствия, ни даже той минимальной обеспеченности, которая была бы естественна для человека моего происхождения. Теперь все это кончено. Я медленно согреваюсь здесь и живу, стараясь не думать и особенно не вспоминать ни о чем. Еще немного времени, — может быть, несколько месяцев, — и мы снова увидимся с тобой в одном из тех кафе Латинского квартала, где прошла наша молодость.

Теперь еще одно. Артур мне писал, что ты отнесся к тому, что он говорил о м-м Сильвестр, скорее иронически. Что касается меня, то я верю его интуиции, тем более что эта женщина произвела на меня такое же впечатление, как на него. Вряд ли это только случайное совпадение. Подумай об этом, пока не поздно, и не забывай, что на тебе лежит известная ответственность за то, что может произойти».

Я ответил ему, что я не могу убеждать Мервиля при помощи таких доводов, как интуиция и впечатление, что и у Артура и у него, Андрея, повышенная чувствительность, отчего вещи могут казаться им не такими, каковы они в действительности, и я не думаю, что Мервилю угрожает опасность.

На следующий день в газетах было сообщено, что Клеман приговорен к двадцати годам каторжных работ.

Я должен был себе признаться, что — как бы жестоко или несправедливо это ни казалось — я предпочитал те периоды жизни Мервиля, когда он терял на время то, что называл лирическим миром, или думал, что он его потерял. В действительности потери этого мира не было, было только то, что представление Мервиля о нем оказывалось не таким, как представление тех, с кем его связывала судьба, и это в свою очередь объяснялось его умственным и душевным превосходством над всеми его спутницами в том сентиментальном путешествии, которое продолжалось всю его жизнь. Но когда он был несчастен, он был способен понимать то, о чем в наиболее бурные периоды его романов он совершенно забывал, точно это переставало для него существовать. Когда он был несчастен, он был прекрасным и внимательным собеседником — качество, которое он неизменно терял всякий раз, когда погружался вновь в свой лирический мир.

— Моя жизнь, — сказал он мне как-то, — проходит в судорожных, но чаще всего неуспешных попытках найти какое-то гармоническое эмоциональное равновесие, которое иногда кажется мне недостижимым. Поверить до конца в эту недостижимость я не могу. Если бы я в нее поверил, то не стоило бы жить. Но я часто думал — в чем состоит твоя жизнь? Я знаю тебя давно, и если бы меня спросили о тебе, я мог бы сказать многое. Но на этот вопрос я не мог бы ответить.

Этот разговор происходил у него на квартире зимой в Париже. Я выпил за ужином несколько бокалов вина, к которому я не привык, и находился в приподнятом настроении, и мне было легче говорить в тот вечер, чем обычно. — У меня такое впечатление, — сказал Мервиль, — что ты как будто немного размяк душевно, ты понимаешь? И в том, что ты можешь сегодня сказать, не будет, я надеюсь, той какой-то геометрической логики, которая составляет главный недостаток твоих рассуждений. Ты все пытаешься анализировать, и всякий отдельный случай ты склонен рассматривать как своего рода эмоциональную алгебраическую задачу. Но не все можно анализировать, ты это знаешь, ты только делаешь вид, что вот с высоты твоей беспристрастности это представляется так-то и так-то, а в самом деле ты вряд ли в это веришь. Почему ты так смотришь на меня? Ты считаешь, что я не прав?

— Нет, дело не в этом. Ты сказал, что твоя жизнь состоит из поисков эмоциональной гармонии, и спросил, из чего состоит моя жизнь. Я тебе постараюсь ответить.

Я закрыл глаза. Передо мной проходили разрозненные, беспорядочные эпизоды и пейзажи — снежные поля, южное море, леса, холод и зной, далекие воспоминания, глаза Сабины и желание, не менее повелительное, быть может, чем у Мервиля, — найти во всем этом какой-то смысл, который связывал бы все это в понятную последовательность, характерную для одной человеческой жизни.

— Если ты спишь, то я хотел бы знать, что тебе снится? — спросил Мервиль.

— Я стараюсь найти ответ на твой вопрос, — сказал я. — Ты знаешь, чего мне хотелось бы больше всего? Моя жизнь тоже проходит в поисках. Я хотел бы найти наконец возможность воплощения, ты понимаешь? Я хотел бы быть портным, сапожником, депутатом парламента, архитектором, то есть найти что-то определенное раз навсегда и не теряться в тех бесконечных блужданиях, в которых проходит мое существование. Я чувствую себя иногда старухой, у которой отвисает нижняя челюсть и трясется голова, или чернорабочим, язык которого состоит из четырехсот слов, бухгалтером или приказчиком мебельного магазина, социалистическим оратором, произносящим речь о прогрессе и демократии, солдатом на войне или влюбленной девушкой, цирковым акробатом или взломщиком несгораемых шкафов — и вот это многообразие, к которому я, по профессиональной обязанности, принуждаю свое бедное по природе воображение... Во всем этом, ты понимаешь, я давно себя потерял. И вот я иногда встряхиваюсь, мне хочется забыть о всех этих людях и стать наконец самим собой. Но самого себя я придумать не могу, так как если я это сделаю, то окажется, что это не я, а опять-таки какой-то воображаемый персонаж. Я знаю, что со стороны это не может не казаться странным, но это именно так. И должен тебе сказать, что это очень тягостная вещь.

— Это похоже на жизнь актера.

— Если хочешь, да, но с той разницей, что актер говорит слова, которые написал автор пьесы, а я должен быть и автором и актером. Мне иногда удается от всего этого избавиться на некоторое время, обычно после того, как я кончаю книгу, которую я писал. Но те разрушительные усилия, которые я должен делать, утомляют меня настолько, что у меня не хватает сил вернуться к самому себе и построить для себя какую-то утешительную и положительную схему. И в лучшем случае я погружаюсь в пустоту, где нет ничего. Это то, что тебя всегда пугало и что я, напротив, готов приветствовать каждый раз, когда у меня появляется эта возможность.

— Нирвана? — сказал Мервиль.

— Во всяком случае состояние, которое не требует от тебя никаких усилий, в котором вообще нет таких понятий, как необходимость, желание, стремление, действие. Это уход от всего, что обычно наполняет твою жизнь. Но это в то же время не похоже на погружение в небытие. У тебя в этом состоянии остается самая ценная, по-моему, возможность, которая дана человеку, — созерцание. Ты видишь жизнь, которая проходит перед тобой, но не принимаешь в ней участия. Перед тобой начинается беззвучное движение, за которым ты следишь и смысл которого тебе становится яснее и понятнее, чем когда бы то ни было.

— Я знаю ощущение пустоты, — сказал Мервиль, — но, по-моему, это самая печальная вещь, какая только может быть.

— У тебя не это ощущение, у тебя другая пустота, кажущаяся. Это не пустота, потому что она наполнена сожалением о том, что должно было бы быть и чего не было или что оказалось не таким, как ты думал. Это другое.

— Но такое состояние у тебя бывает сравнительно редко, — сказал Мервиль. — А в остальное время?

— В остальное время, милый мой, это блуждания и невозможность воплощения.

— В сапожника или депутата парламента?

— Хотя бы. Ты никогда не думал о том, что в упорном и постоянном занятии литературой есть что-то почти клинически неестественное? Где ты видел нормальных людей, которые занимаются литературой?

— Сколько угодно, — сказал Мервиль. — Они этим зарабатывают деньги и делают это так же, как если бы они торговали обувью или промышленными изделиями. Но ты, конечно, не их имеешь в виду.

— Нет, я имею в виду, как ты понимаешь, нечто другое. Писатель, вообще говоря, это человек с каким-то глубоким недостатком, страдающий от хронического ощущения неудовлетворенности. Его личная жизнь не удалась и не может удаться, потому что он органически лишен способности быть счастливым и довольствоваться тем, что у него есть. Он не знает, что ему нужно, не знает, что он собой представляет, и не верит до конца своим собственным ощущениям. Вся его литература — это попытка найти себя, остановить это движение и начать жить как нормальные люди, без неразрешимых проблем, без сомнений во всем, без неуверенности и без понимания того, что эта цель недостижима. Когда он пишет книгу, у него есть смутная надежда, что ему удастся избавиться от того груза, который он несет в себе. Но эта надежда никогда не оправдывается. В этом его несчастие и его отличие от других людей.

— Ты забываешь о тщеславии.

— Тщеславие — это тоже неуверенность в себе.

— Одним словом, все отрицательно?

— Нет, — сказал я, — в конце концов, это можно себе представить так. Ты пишешь книгу. Зачем? Почему? Потому что тебе кажется, что ты понял и увидел какие-то вещи, которых не поняли или не успели понять и увидеть другие, и ты хочешь с ними поделиться своими соображениями, которые тебе кажутся важными. Ты стремишься понять мир, в котором ты живешь, и передать это понимание другим, — это понимание и это видение мира. Это, конечно, не все, есть другие побуждения, которые заставляют тебя писать, — графомания, которой страдают все литераторы, тщеславие, о котором ты говорил, та или иная степень мании величия и периодическая атрофия твоих аналитических способностей, — потому что если бы этой атрофии не было, ты бы понимал, что книгу, которую ты пишешь, вообще писать не стоит.

— Значит, большинство книг, по-твоему, написано напрасно?

— Несомненно.

— А те книги, которые ты пишешь?

— Тоже.

— Зачем же ты это делаешь?

— Если бы ты мог мне это объяснить, я был бы тебе благодарен.

— Это на тебя вино так подействовало, — сказал Мервиль. — Если бы ты был в нормальном состоянии, ты говорил бы об этом иначе.

— Может быть, — сказал я. — Но есть еще другая причина — никому, кроме тебя, я бы этого не сказал.

— Почему именно меня?

— Во-первых, потому, что ты полон благожелательности. Во-вторых, потому, что это собственно тебе следовало бы писать романы, а не мне, у тебя для этого больше данных, в частности воображения.

— Откуда ты это взял?

— Ну, милый мой, вся твоя жизнь это доказывает. Ты встречаешь какую-то женщину, и через некоторое время она перестает быть такой, какой была до этого, с ней происходит необыкновенное превращение. Выясняется, что она всегда любила Рильке, что она предпочитала Ван Гога Гогену, что она, как никто другой, поняла гений Донателло, что она не может оторваться от книг Паскаля. Но все это результат твоего восторженного бреда. И потом вдруг в какое-нибудь холодное осеннее утро, — если оставаться в традициях классического романа, где погода должна соответствовать чувствам героев, — ты вдруг начинаешь понимать, что все это — твое воспаленное воображение, что она не способна отличить Рильке от Жеральди, Рембрандта от Мейсонье и Донателло от

74

Ландовского. Но и это еще не самое важное. Ты награждаешь ее душевными качествами, которых у нее нет и никогда не было. И ты все это называешь исканием эмоциональной гармонии.

— Ты знаешь, почему ты не прав? — сказал Мервиль. — И ты знаешь, в чем ты не прав? Ты хочешь, чтобы я тебе это объяснил?

— Нет, — сказал я, — я знаю, что ты скажешь или, вернее, что сказал бы я, если бы я был на твоем месте. Я бы ответил, что действительности, вообще говоря, нет. Действительность создаем мы, такую, какой она нам нужна, какой она должна быть. И если факты этому не соответствуют, тем хуже для фактов. Женщина, которую я люблю, не может не понимать того, что понимаю я, в том числе Рильке, Донателло и Паскаля. И пока у меня хватает душевной силы и чувства, я вижу ее именно такой, и это не может быть иначе.

— В конце концов, эта эмоциональная гармония и мир, в котором она заключена, это не бред и не воображение, это существует, только надо это найти. Конечно, нет ничего легче, как сказать, что только наивные и восторженные люди в это могут верить. Но это неверно, это нечто вроде душевной капитуляции.

— Другими словами, лучше быть Дон-Кихотом, чем Гамлетом. Но я тебе скажу еще одну вещь. Вот у нас с тобой расхождение. Я считаю, грубо говоря, что ты теряешь время напрасно, стремясь к явно недостижимой цели. Ты считаешь, что я упускаю из виду и исключаю из своей жизни лучшее, что может быть. Получается приблизительно так?

— Да, но очень приблизительно.

— Теперь я тебе скажу, мой милый, что я действительно думаю. Я полагаю, что в этом споре, — опять-таки если это можно назвать спором, — прав ты. Я говорю это не для того, чтобы доставить тебе удовольствие, а потому что я действительно в этом убежден. И лучше тысячу раз ошибаться, чем не ошибиться ни разу, но ни к чему не стремиться. Это звучит как плохой афоризм, но это именно так.

* * *

Я сидел на террасе небольшого кафе над морем, которое было внизу, и на обрыве, спускавшемся к нему, росли пальмы, кипарисы и эвкалипты. Был конец жаркого дня, медленно приближались сумерки, сверкало солнце в безоблачном небе, на море была легкая зыбь. Вечером меня ждал ужин в приморском ресторане — красное вино, до которого я не дотрагивался в Париже, но которое я пил на юге каждое лето, так, точно в зависимости от этого географического перемещения те же самые вещи изменяли свою природу и свой вкус; рыбные блюда с острой приправой, от которой я тоже отказался бы в Париже, но которую здесь я находил совершенно необходимой; крепкий кофе, потом долгая прогулка вдоль моря и, наконец, глубокий сон в комнате, где, засыпая и просыпаясь, я слышал легкий плеск волн, разбивающихся о берег. От всего этого я испытывал постоянно раздваивающееся ощущение — того, что это доставляет мне долгожданное удовольствие, и того, что я вижу себя со стороны, слежу за всеми этими впечатлениями и испытываю одновременно нечто вроде зависти к самому себе, зависти, за которой идет сознание, что все это временно и случайно, — запах деревьев под солнцем, горячий воздух, особый вкус вина и рыбы и глубокий сон ночью. Я точно не верил до конца тому, что все это действительно так и что это вообще могло бы не быть иначе. И я жалел о том, что за долгие годы я никогда не научился жить без постоянной оглядки назад, что, помимо моего желания, память неизменно возвращала меня к тому, о чем следовало бы забыть, и влачила за собой ненужный груз образов, представлений, чужих жизней, печальной судьбы несуществующих людей, которые возникли однажды в моем воображении и потом не покидали меня, сопровождая меня, как безмолвная толпа созданных мной призраков, от которых я не мог уйти. Но это все-таки не было самым главным. Главным было то, что на вопросы, которые я ставил себе, не было и не могло быть ответа. Иногда я начинал завидовать авторам некоторых книг, которые я читал и где излагались совершенно бесспорные, по мнению этих людей, истины о том, что вне материалистического метода не существует возможности понять мир или что только приближение к христианским откровениям может спасти человека от бездны, на краю которой он стоит. Я вспоминал споры с моими товарищами о воображаемых и недоказуемых законах истории и о длительном бреде старого и несчастного в личной жизни человека с длинной бородой, бесчисленные и бесполезные портреты которого были теперь развешаны в общественных учреждениях и в кабинетах людей, многие из которых ничего не поняли в его архаических теориях. Но христианство...

Наступали сумерки, пора было идти ужинать, но мне не

хотелось уходить, и мне вдруг стало казаться что вот еще одно усилие, еще несколько, быть может, минут, и все станет ясно, и я наконец пойму... По длительному опыту я знал, что это могло быть только иллюзией и что я никогда не найду одного определенного смысла в том нагромождении чувств, ощущений, мыслей, воспоминаний, видений, из которого состояла моя жизнь.

Мне хотелось есть, и было что-то унизительное в сознании, что судьбы христианства или размышления о той или иной философской системе имели меньше значения сейчас для меня, чем вопрос о сегодняшнем меню ужина. И уже когда, расплатившись, я направился к выходу, я вдруг вспомнил высокого, худого человека с выражением ненависти и страдания в глазах, который был членом крайне левой политической партии и в своих речах говорил о необходимости физического истребления тех классов, которые эксплуатируют труд, и иногда его охватывала настоящая дрожь, вызванная его непонятной злобой. Но и его политические взгляды и его ненависть объяснялись, как я это узнал потом, не длительным изучением и анализом социальных проблем, а мучительной болезнью и связанными с ней личными неприятностями; незадолго до начала его короткой политической карьеры девушка, в которую он был влюблен и которой он сделал предложение, ответила ему со спокойной и неумной жестокостью, что о браке не может быть и речи, так как друзья ей сказали, что у него язва желудка, которая, судя по всему, переходит в рак, и что было бы нелепо, если бы она согласилась на предложение человека, которому остается жить, может быть, несколько месяцев. Именно после этого он стал говорить о необходимости физического истребления класса эксплуататоров. И когда он произносил свои речи, он испытывал нечто вроде мрачного и косвенного удовлетворения, совершенно иллюзорного, — чего он, впрочем, не понимал. Через некоторое время, однако, его политическая карьера кончилась так же неожиданно, как началась. Когда его страдания стали невыносимы, его отвезли в клинику, где его оперировали и выяснилось, что никакого рака у него не было. Он выздоровел, перестал испытывать боли, поступил на службу в банк, вскоре после этого женился, забыв о девушке, которой он делал свое первое предложение, и через три или четыре года после всего этого, ужиная иногда с друзьями в ресторане, он высказывал весьма умеренные взгляды и говорил, что право собственности вносит в человеческое общество тот необходимый фактор равновесия, вне которого нельзя себе представить ни прогресса, ни повышения жизненного уровня. Я встретил его как-то в этот период его жизни, и его нельзя было узнать: он пополнел, отяжелел, глаза его стали невыразительными и почти сонными и от прежнего его политического воодушевления не осталось следа. В том, что с ним произошло, был, конечно, какой-то назидательный элемент, и когда я думал об этом, у меня невольно возникал соблазн обобщений и аналогий: в конце концов, кто знает, если бы судьба более милостиво отнеслась к Марату, если бы он не был дурно пахнущим и покрытым прыщами человеком, может быть, его жизнь сложилась бы иначе, он не мстил бы своим современникам за то, что к нему трудно было не питать отвращения, — и мог бы умереть от несварения желудка или просто от старости, без ножа Шарлотты Кордэ в груди, не оставив в истории Франции ни следа, ни воспоминания о своем дурном запахе, своих преступлениях и своей трагической судьбе, — трагической не потому, что его было бы жаль, а оттого, что обстоятельства его смерти казались зловеще убедительными и при воспоминании о них возникала идея возмездия, чрезвычайно спорная. Я успел подумать обо всем этом, пройдя то небольшое расстояние, которое отделяло кафе, откуда я вышел, до ресторана, куда я пришел ужинать и где я собирался заказать себе буйабес.

В этом ресторане все говорило о юге, начиная от пряных запахов и кончая акцентом, с которым говорили все служащие. Недалеко отсюда была Ницца, где родилась и выросла м-м Сильвестр, — и я опять вспомнил о Мервиле. В сущности, я был искренно рад за него, независимо от того, что представляла собой в действительности м-м Сильвестр и что скрывалось за неподвижным взглядом ее глаз. И я подумал, что я даже не слышал ее голоса. В тот вечер, когда я видел ее в кабаре Эвелины, я слышал только прерывающуюся от волнения речь Мервиля, в ответ на которую она молчала, сознавая, быть может, что в конце концов слова не могут быть такими же выразительными, как ее глаза и движения. Она могла не думать об этом, но безошибочным своим инстинктом она знала, что дело было не в том, что она скажет или чего она не скажет. То, что приближало ее к Мервилю, было похоже на немую симфонию, в которой слова были только далеким и неверным отзвуком чего-то, что не укладывалось в последовательность фраз и что было в эти минуты важнее всего другого. Я подумал, что в своем споре со мной Мервиль был, может быть, прав: ощущения, которые он испытывал, создавали целый мир — и созерцание этого мира давало ему

78

представление о той идее совершенства, возникновение которой в человеческом сознании Декарт считал неопровержимым доказательством существования Бога. Все это началось с той памятной декабрьской ночи, когда мы приехали с Мервилем на открытие кабаре Эвелины. С тех пор прошло много времени, и я ни разу после этого не видел ни Эвелины, ни Андрея, ни Анжелики, никого из тех, кто был там, кроме Мервиля. И только раз, поздней весной, на террасе одного из кафе на Елисейских полях я встретил спутника м-м Сильвестр, любителя литературы. Он пригласил меня за свой столик. После первых слов разговора я сказал ему: — Я помню, что одним из ваших последних увлечений был Джойс, о котором вы столько говорили, когда мы с вами были в кабаре возле Елисейских полей зимой прошлого года.

— Да, да, прекрасно помню, — сказал он. — Джойс один из гениев нашего времени, который... — Кстати, — сказал я, — кто была дама, которую вы сопровождали в тот вечер? — Какая дама? — спросил он с удивлением. — Дама? Я был один, насколько я помню. — Но во всяком случае вы сидели с ней за одним столиком.

Он делал мучительные усилия, чтобы вспомнить это, но, по-видимому, он тогда был настолько пьян, что все происходившее в кабаре представлялось ему неверным и расплывчатым; он, оказывается, плохо переносил шампанское и даже был удивлен, что говорил со мной о литературе. В сущности, думал я, что можно было от него требовать? Он жил среди книг, содержания которых он не понимал или понимал не так, как следовало. Что касается живых людей, то они его мало интересовали, даже если занимались литературой, — и в этом смысле одно из его высказываний было чрезвычайно характерным; он как-то сказал, говоря об одном известном писателе, что тот, к сожалению, еще жив, и объяснил при этом, что мы можем составить себе окончательное суждение о творчестве того или иного автора только после его смерти, которую он рассматривал как нечто вроде решающего и необходимого критерия или литературной оценки. И в его длительном путешествии через воображаемый мир героев и авторов-героев, которых не существовало, и авторов, которые умерли, — в этом путешествии появление м-м Сильвестр, о которой он не мог вспомнить, было, конечно, совершенно незначительным эпизодом, не заслуживавшим внимания. Словом, он был последним человеком, который мог бы мне дать какие-либо сведения о ней.

Я ужинал один в просторном ресторане. С моря дул легкий

ветер, горячий буйабес был таким, каким он бывает только на юге Франции, и между ним и тем буйабесом, который я иногда зимой ел в Париже, была такая же разница, — это сказал мне как-то Мервиль, — как между оригиналом картины и ее копией. Но даже в Париже вкус буйабеса сразу и с необыкновенной силой возвращал меня к этому южному пейзажу моря, сосен на песке, пальм, кипарисов, эвкалиптов, зарослей мимоз, раскаленного воздуха, легкой ряби на синеватой или зеленоватой воде. Прошлым летом я говорил Мервилю, который был в безутешном настроении: — Как понятно, что эллинская культура, наследством которой мы живем уже больше двух тысяч лет, возникла именно на этих берегах. — С другой стороны Средиземного моря, — мрачно сказал он, — география не допускает произвольных толкований. — Все представлялось ему тогда печальным, обманчивым и несущественным, и упоминание о чем бы то ни было — будь то эллинская культура, римская цивилизация или расцвет Возрождения, — все это непонятным, но неудержимым образом пробуждало вдруг в его памяти интонации умолкнувшего для него голоса, выражение глаз или движения той, в которой он так жестоко ошибся. — Выражение, вероятно, не изменилось, интонации тоже, — сказал я, — и что делать, если они обращены теперь не к тебе? Они остались такими же, какими были раньше, и если они тебе тогда казались замечательными и неповторимыми, то они не менее замечательны и неповторимы теперь. Попробуй отказаться от эгоцентризма, — тебе не хватает склонности к созерцательному мышлению. — Если бы я тебя не знал, — ответил он, — то, выслушав твою тираду, я бы мог подумать, что ты не способен понять что бы то ни было в том, что мы условно называем эмоциональным миром. Но я тебя знаю давно и хорошо, и вся твоя логика и твой беспристрастный, как ты говоришь, анализ меня убедить не могут. Ты выдумал себе совершенно воображаемое и неверное представление о своем собственном облике — все иллюзия и обман, наши чувства случайны и непостоянны, единственное, что имеет ценность, это правильное, по мере возможности, суждение о том, что происходит или произошло, суждение, основанное на якобы неопровержимом сравнительном методе, — все, что ты так хорошо понимаешь, жалея тех, кто это понимает иначе, чем ты, то есть, ошибочно, тех, кто придает некоторым вещам преувеличенное значение. Но все это, милый мой, только ширма, и я мог бы тебе доказать, как дважды два четыре, что ты так же уязвим, как другие, если не больше. Но ты с бесплодным усердием продолжаешь играть роль, которую себе сам придумал. Меня, во всяком случае, ты в заблуждение не введешь. — Я никогда не собирался вводить тебя в заблуждение, — сказал я. — Но ты не делаешь никакого усилия, чтобы понять некоторые вещи не только так, чтобы твое суждение всецело зависело от твоего чувства, положительного или отрицательного. Ты понимаешь, что это не может быть так просто: все хорошо, если ты счастлив, и все плохо, если ты несчастлив. Искусство, музыка, поэзия, лиризм — все расцветает, когда ты смотришь в единственные в мире глаза, чудесно отражающие твое чувство, — и все увядает, когда ты больше не видишь этих глаз. Но в конце концов искусство имеет какую-то постоянную ценность, которая не меняется от того, что ты в такое-то время испытываешь те или иные чувства. Этого ты отрицать не можешь. — Кто говорит об отрицании самой бесспорной из истин? — сказал он. — Но вот все это великолепие, которое возникает передо мной, как блистательное подтверждение моих чувств тогда, когда они, как ты их скучно называешь, положительны, — это великолепие только усиливает мое ощущение эмоциональной катастрофы или провала, — тогда, когда эти чувства отрицательны. Ценность искусства, может быть, остается неизменной. Но в одном случае это подтверждение счастья, в другом это напоминание о его потере. — Нет, ты неисправим, — сказал я.

В чем была замечательность этого буйабеса? Его вкус неуловимым образом переходил из физиологического, в конце концов, ощущения в нечто трудноопределимое и почти отвлеченное, заключавшее в себе этот южный пейзаж и возвращение к мыслям об эллинской культуре, и мне казалось, что, где бы я ни был, воспоминание об этом вкусе будет всегда содержать в себе те представления, которые — именно в этом соединении — не могли бы возникнуть при других обстоятельствах. И холодный воздух той декабрьской ночи, когда в кабаре Эвелины произошла вторая встреча Мервиля с мадам Сильвестр, начинал мне казаться бесконечно далеким — так трудно мне было его себе представить. Я закрыл на секунду глаза, думая об этом, — и тогда, из да́ли и холода, передо мной появилась бедная Анжелика, с ее фиалками на морозе и наивно выдуманной историей ее жизни, в которой она так давно и безнадежно запуталась, с этой нелепой ложью о прошлом, которого не было нигде, кроме ее воображения, возбужденного алкоголем. Она точно всплывала передо мной с парижского дна, из этого мира людей, давно погрузившихся в пьяное небытие, ночных бродяг, странников и нищих, — мира, который я видел в Париже и потом в Нью-Йорке, на улицах Баури, где я обходил тела в лохмотьях, лежавшие на мостовой или на тротуаре, не зная — трупы это или спящие, где на растрескавшейся двери убогой гостиницы была надпись «Только для мужчин». Таков был мир Анжелики, призрачный и трагический, в котором люди двигались как сквозь смертельный сон. Фиалки — и ледяной ветер зимней ночи, эти мутные глаза и почти омертвевшая гортань, в которую вливалось красное вино, вылезший мех на воротнике порванного манто, заколотого в разных местах английскими булавками, холодный чердак или сырой подвал, где она жила и куда она возвращалась почти вслепую на рассвете, — как далеко все это было от той жизни, которую вели мы и которую могла бы вести она, если бы обстоятельства сложились иначе. И ничто не могло помочь ни Анжелике, ни ее сестрам и братьям по несчастью в этом Богом забытом мире — и я подумал, что только, быть может, в последний день над деревянным ее гробом хор русской церкви будет петь эти незабываемые и торжественные слова «со святыми упокой» — если ей не будет суждено быть похороненной в братской могиле муниципального кладбища, откуда в объятиях ангела с лебедиными крыльями ее бедная душа вознесется туда, где «несть ни печали, ни воздыхания, но жизнь бесконечная», — как это давно, в моем детстве, объяснял нам отец Иоанн, наш законоучитель, высокий человек в рясе, с лицом пророка и картинной черной бородой. Славянские глаголы в их архаическом великолепии медленно струились в его речи, и он всегда оставался для нас живым образом того библейского и евангельского мира, о котором он говорил на своих уроках и в своих проповедях в церкви: Иисус Навин останавливал солнце, пророк Даниил стоял, окруженный львами, горела и не сгорала неопалимая купина, апостол Павел писал свои послания, и на Царских Вратах нашей церкви, освещенные огнем восковых свечей, горели слова: «Приидите ко Мне вси труждающиеся и обремененные и Аз упокою Вы».

В тот вечер я прошел большое расстояние вдоль моря. После знойного дня воздух стал свежим, по временам поднимался небольшой ветер, шипела пена волн, откатывающихся от берега, шуршала галька, и не было вокруг ничего, кроме темного моря и неба. Я шел и думал о людях, которых я знал и которые были мне близки в разные периоды моей жизни, — большинство из них были теперь отделены от меня временем и расстоянием. Я вспомнил, как давно, в бурную осеннюю ночь в России мы сидели — трое моих товарищей и я — в жарко натопленном доме на севере Крыма и когда ужин подходил к концу, один из нас предложил — что бы ни случилось и где бы мы ни были — встретиться ровно через пять лет, в четыре часа дня, в Париже, возле обелиска на площади Конкорд. Через пять лет, в назначенный день и час я пришел к обелиску и, конечно, никого из моих товарищей там не было. Этого следовало ожидать — как можно было рассчитывать на верность этой юношеской клятвы? Но в тот день я впервые почувствовал, что мир, в котором я живу, постепенно и безвозвратно уходит от меня и никакая сила этого изменить не может.

Значительно позже я узнал о судьбе моих товарищей: один остался в России, другой умер от туберкулеза в Германии, третьего судьба занесла в Южную Америку, где он бесследно исчез. Я остался один, — с ненужной верностью этому обещанию встречи, которой не могло быть, потому что у нас не было власти над нашей судьбой и только случайное стечение обстоятельств позволило мне одному дойти до обелиска площади Конкорд оттого, что на моем пути не было ни невозможности покинуть Россию, ни смерти, ни океана, отделявшего Францию от Южной Америки. Все было результатом миллионов случайностей — смерть, условия жизни, понимание или непонимание самых важных вещей, листок бумаги, на котором Эйнштейн впервые записал свои формулы — и оттого, что он это сделал, через сорок лет после этого на другом конце света сотни тысяч людей с желтой кожей погибли от взрыва атомной бомбы и весь облик мира изменился, но не стал ни понятнее, ни лучше.

Я продолжал медленно идти вдоль моря. Была странная двойственность в отчетливости воспоминаний, возникавших передо мной, и в призрачности моей собственной судьбы и судьбы тех, кого я знал, и мне начинало казаться, что это похоже на длительный бред во сне, который все не может прекратиться. Я видел себя солдатом, рабочим, бродягой, студентом в Париже, наконец, автором романов и рассказов, которые я позже перечитывал с тягостным чувством неловкости и удивления, и мне казалось, что их писал кто-то другой, а не я, — настолько все в них было нелепо и неубедительно. Я понимал причину этого: книги оставались такими же, какими были годы и годы тому назад, а я успевал за это время измениться. Кроме того, от приблизительного соответствия между содержанием книг и литературными намерениями, которые были у меня, когда я их писал, не оставалось больше ничего или почти ничего. Оно, впрочем, всегда носило характер только иллюзорного приближения к тому, что я хотел сказать, и мне никогда не удавалось его выразить сколько-нибудь полно. Но время уничтожало даже эти иллюзии, и каждая законченная вещь имела только одну ограниченную ценность — я еще раз понимал, как не нужно писать, это было чисто отрицательным и бесполезным знанием: я не повторял потом прежних ошибок, но делал другие, не менее непростительные. Это продолжалось много лет, и не было как будто никаких оснований думать, что это когда-нибудь может измениться.

Было уже около одиннадцати часов вечера, когда я вернулся в свою гостиницу. Молодой человек, стоявший внизу, за конторкой, сказал мне:

— Вам только что звонили из Парижа и просили передать, что позвонят опять через четверть часа.

— Я буду у себя в комнате, — сказал я. Я не успел раздеться, как раздался телефонный звонок. Голос Мервиля сказал;

— Куда ты делся? У тебя все благополучно?

— Ты боялся, что я утонул? Нет, все обстоит нормально. Что у тебя?

— Я хотел тебя предупредить, что приеду дней через десять, глупейшие дела, которые меня задержали. Как идет твоя жизнь?

— Юг, солнце, буйабес, прогулки и размышления о разных вещах, — сказал я. — Ничего интересного, но в общем лучше, чем в Париже. Ты знаешь, я всегда мечтал быть адмиралом в отставке и жить на берегу Средиземного моря. При небольшом усилии воображения я могу себе это представить. Значит, жду тебя через десять дней.

Каждое утро я шел к пустынному месту берега, где среди невысоких скал была узкая полоска каменистого пляжа. Расстелив там циновку, я ложился на нее и лежал так часами под знойным солнцем. Потом, когда становилось невыносимо жарко, я бросался в воду с плоского, покрытого мхом камня, и ощущение блаженной прохлады охватывало меня. Отплыв от берега, я ложился на спину, потом нырял, затем опять поднимался на поверхность воды и через некоторое время возвращался на берег. Это я повторял несколько раз каждое утро. Кончив купанье, я шел в гостиницу, где обедал, а после обеда ложился спать. Через час или полтора я вставал, выпивал чашку крепкого кофе и опять шел купаться. Потом я снова возвращался в гостиницу, принимал ванну и шел в кафе пить ледяной оранжад. Потом был ужин и прогулка вдоль моря. В одиннадцать часов вечера я уже был в постели.

Так проходили дни. — Так нужно было бы жить, — думал я, — без обязательств, без проблем, без вопроса о личных отношениях, без происшествий, в этом своеобразном небытии, из которого я возник и в которое мне суждено было вернуться через некоторое время после этого эпизода — моего пребывания на поверхности земли, в таких-то и таких-то странах, в таких-то и таких-то обстоятельствах. И если бы можно было ограничить свою жизнь только таким времяпрепровождением, это было бы лучше всего. Но каждый раз, когда я просматривал газету, я, помимо своего желания, погружался в тот мир, от которого трудно было отгородиться, мир, в котором играли такую значительную роль невежественные фанатики, убийцы, деспоты и их министры, голодающее население азиатских стран, нищие арабы, американские негры, наркоманы, преступники, проститутки, — и весь тот человеческий мусор, который всегда всплывает на поверхность событий. Это было неизбежной и наиболее отвратительной частью каждого человеческого существования, — во всяком случае в известном кругу людей, — но от этого все-таки можно было держаться вдалеке, не принимая в этом никакого участия. Но был другой мир, в котором я жил, — мои друзья, лучшее, что у меня было, — и о них я не мог забыть и не хотел забывать.

Прошло около двух недель после моего разговора с Мервилем. И вот однажды утром он позвонил мне из той же виллы, где я жил у него в прошлом году, и я приехал к нему обедать. Только тогда я впервые увидел как следует мадам Сильвестр и узнал ее имя — ее звали Маргарита. Она была по типу южанкой — густые волосы, темные глаза, смуглая кожа. Но холодное выражение ее лица резко противоречило этому ее южному облику. У нее был низкий голос, точные и быстрые движения; она была чрезвычайно сдержанна, очень далека от всякой экспансивности и по своей манере держаться напоминала скорее северную женщину. Она говорила мало, но внимательно слушала Мервиля. В ней чувствовалась, как мне показалось, несомненная сила, одновременно душевная и физическая. По ее голосу было слышно, что она умна. И я заметил еще одно, то, чего я не заметил, когда видел ее в первый раз, — и я вспомнил Артура. Она возбуждала очень далекое, очень смутное ощущение какой-то опасности или угрозы, и я не понимал, чем оно могло быть вызвано.

После обеда она сказала, что не очень хорошо себя

чувствует, и ушла в свою комнату, на второй этаж. Мы с Мервилем остались вдвоем. — Какое она на тебя произвела впечатление? — спросил он. — Она не похожа ни на одну из тех женщин, с которыми я тебя видел раньше, — сказал я. — Но хорошо это или плохо, об этом я не берусь судить. Что ты знаешь о ее жизни? — Не очень много, — сказал Мервиль, — она об этом говорит неохотно. Родилась в Ницце, кончила лицей, вышла замуж, через год ее муж умер. Родителей ее нет в живых, семья буржуазная, отец морской офицер, мать в молодости была преподавательницей. — Все это как-то невыразительно, — сказал я, — и, конечно, не в этом дело. Как она жила после смерти мужа? Откуда она приехала, когда ты ее встретил в поезде? Как она попала в Париже на открытие кабаре Эвелины? Какое отношение она имела к любителю литературы, с которым она сидела за одним столиком? — Ты знаешь, — сказал он, — я ее, собственно, ни о чем не расспрашивал. — Да, я понимаю, это твой стиль, — сказал я, — полное доверие во всем, при всех обстоятельствах. Но все-таки, неужели тебе не хотелось бы знать, как проходила ее жизнь до встречи с тобой? Даже в том случае, если она была такой, что ей ничего нельзя поставить в упрек? — Да, конечно, — сказал он, — но рано или поздно она, вероятно, заговорит об этом сама. — Я в этом не уверен, — сказал я. — И может быть, не потому, что ей надо что-то скрывать, а просто потому, что она не расположена к душевным излияниям. Но это, конечно, только мое впечатление, и, может быть, я в этом жестоко ошибаюсь.

Что я сразу же заметил, это то, что в мадам Сильвестр, несмотря на ее южный тип, не было той теплоты, которая сразу определяет отношение к женщине всех, кто ее встречает. В ней не было также, как мне показалось, ни притягательности, ни душевного очарования, и в глазах ее не отражалось ни одно из чувств. Оставаясь наедине с Мервилем, она, вероятно, становилась другой, это не могло быть иначе. Но в разговорах со мной, коротких и всегда касавшихся незначительных вещей, она продолжала быть такой же далекой, как в первые минуты. Никакие мои слова или интонации голоса не могли этого изменить. Эта невозможность человеческого контакта была чрезвычайно тягостной и раздражающей, и под разными предлогами я уклонялся от встреч с ней, несмотря на настойчивые приглашения Мервиля.

Однажды утром, когда я был в Каннах и шел по набережной Круазет, я увидел мадам Сильвестр, выходившую из цветочного магазина. Я еще не дошел до магазина, и она меня не видела. В эту минуту к ней приблизился высокий мужчина, который на очень плохом французском языке — он был американец — спросил ее, местная ли она жительница и знает ли она, в каком ресторане можно лучше всего пообедать. Он говорил с таким акцентом, что его трудно было понять, и его запас французских слов был чрезвычайно ограничен. Она пожала плечами и ответила, что никаких ресторанов она не знает. Он не понял того, что она сказала, и опять повторил свой вопрос. Она посмотрела на него и быстро заговорила по-английски. В этом не было ничего удивительного. Удивительно было то, что она говорила так, как говорит толпа в Нью-Йорке, и это не имело ничего общего с академическим английским языком. — Я так рад встретить соотечественницу, — сказал американец. — Я этой радости не разделяю, — сказала она, — оставьте меня в покое и избавьте меня от глупейших вопросов. — Он был явно растерян и изумлен. Он пробормотал — прошу у вас прощения — и пошел в обратную сторону. Я боялся, что мадам Сильвестр может обернуться и увидеть меня, — поэтому я остановился перед витриной ювелирного магазина и подождал, пока она отойдет на известное расстояние.

То, что произошло, показалось мне чрезвычайно странным. Откуда у мадам Сильвестр были эти нью-йоркские интонации? Вряд ли она могла им научиться в ниццком лицее. На следующий день я спросил Мервиля, воспользовавшись удобным предлогом — он всегда, где бы он ни был, привозил с собой несколько его любимых английских книг и почему-то толстые тома Финнея о Византии. — Я знаю, что это устарело, — говорил он, — но в этом есть приятность и простодушие. — Ты считаешь, что это так ценно, когда речь идет об историческом труде? — Нет, нет, но это очень отдохновительное чтение, не говори. — Я спросил его, не ознакомил ли он мадам Сильвестр со своей передвижной библиотекой, если, конечно, она знает по-английски. — Да, мы с ней кое-что просматривали, — сказал он, — и она неплохо читает вслух. — По-английски или по-американски? — По-английски, — сказал он. — Об Америке у нее только географическое представление, она там никогда не бывала. — Ты в этом уверен? — Она сама мне это сказала. Почему ты спрашиваешь? — Просто так, пришлось к слову.

Прошла неделя, в течение которой я ни разу не видел ни Мервиля, ни мадам Сильвестр. Потом, поздно вечером, когда я поднялся в свою комнату, мне позвонили по телефону снизу и попросили спуститься. Я сошел с лестницы и увидел Мервиля. У него был крайне расстроенный вид. — Что случилось? —

спросил я. — Мне нужно с тобой поговорить. — В чем дело? — Это трудно сказать в двух словах.

Мы пошли в бар гостиницы, совершенно пустой в этот час, и сели за столик. Мервиль заказал себе рюмку коньяку, которого он обыкновенно не пил, а проглотил ее содержимое с гримасой отвращения.

— Я тебя слушаю, — сказал я.

— У меня к тебе просьба, — сказал он. — Я должен лететь в Нью-Йорк, где мне надо провести дней пять. Маргарита категорически отказывается меня сопровождать, она говорит, что не выносит полета. Она остается здесь одна. Я буду тебе благодарен, если ты ею немного займешься. — Откровенно говоря, — сказал я, — я думаю, что мое общество ей не доставляет удовольствия. — Она знает, что ты мой друг, и было бы странно, если бы ты даже не поинтересовался тем, что она делает. — Да, да, — сказал я, — но ты знаешь, она меньше всего похожа на девочку, за которой надо смотреть. Она прекрасно может обойтись без меня, тем более что никакой симпатии ко мне она явно не питает. — Это все не так просто, — сказал Мервиль. — Я это вижу, но объясни мне, в чем дело? — Что-то очень странное и тревожное, — сказал он. — Не знаю, как это сказать. Происходит что-то, чего я не понимаю. Несколько раз...

Он остановился и опять заказал себе коньяк. Я покачал головой. — Коньяк тебе не поможет, я думаю, — сказал я. — Ты сказал: несколько раз... — Несколько раз я видел на ее глазах слезы. — Слезы? — спросил я с удивлением. — Это на нее, мне кажется, мало похоже. — Тем более, — сказал он, — что для этого нет решительно никаких оснований. И иногда, ты знаешь, она смотрит на меня так, как будто мы с ней должны через несколько минут расстаться навсегда, — по крайней мере у меня такое впечатление. На мои вопросы она отвечает, что все хорошо, что я напрасно беспокоюсь... Но ты понимаешь? Я чувствую, я знаю, что за всем этим есть что-то очень важное, о чем она не говорит. Я не знаю, что это может быть. Но я думаю, что если бы я ее потерял, это было бы непоправимой катастрофой. Теперь ты понимаешь, в чем дело? — Не больше, чем ты, — сказал я. — В общем, ты боишься, что ты уедешь и когда ты вернешься, то ее здесь не будет? — Что делать? — сказал он. — Я могу отменить поездку в Нью-Йорк, черт с ней. И если бы я думал, что это может чему-нибудь помочь, я бы это сделал. Но я в этом не уверен. И теперь я все чаще думаю о том, что после нашей первой встречи в поезде она дала мне фальшивый адрес — ты помнишь, в Ницце? И только счастливая случайность — кабаре Эвелины — позволила мне ее найти. — Да, да, — сказал я, — все было странно с самого начала.

Мервиль не дотронулся до коньяка и стал спокойнее, как человек, который принял важное решение и именно то, которое нужно принять. — Я могу рассчитывать на тебя? — спросил он. — Может быть, будет лучше, если я буду отсутствовать несколько дней. Ты удержишь ее, если она действительно захочет опять так исчезнуть, как она исчезла в Ницце? — Ты понимаешь, что я не могу тебе этого обещать, — сказал я, — силой ее удержать нельзя. Но я постараюсь убедить ее в некоторых вещах, если она захочет меня слушать.

Мы условились, что на следующее утро я приду к нему, мы втроем поедем на аэродром, затем я вернусь на его машине вместе с мадам Сильвестр на виллу и проведу там весь день, если она на это согласится, конечно, в чем Мервиль не сомневался, но в чем сомневался я.

* * *

Был ветреный день, дул мистраль. На аэродроме, несмотря на горячее солнце, было прохладно. Когда аэроплан, на котором улетал Мервиль, поднялся в воздух, мы вернулись к машине в молчании. Я довез мадам Сильвестр до виллы — за всю дорогу она не произнесла ни слова. Потом она вышла из автомобиля и невыразительным голосом сказала, что ждет меня к обеду. Было ясно, что она это обещала Мервилю, так же как то, что она будет вести себя по отношению ко мне иначе, чем до сих пор. Но это ей плохо удавалось.

В половине первого я приехал на виллу. Пожилая женщина, которую Мервиль нанимал для услуг по хозяйству каждый раз, когда приезжал на Ривьеру, подала нам обед. Стол был накрыт на террасе, и пришлось есть на ветру, в чем не было никакой необходимости и что было очень неприятно. Только тогда, когда мы перешли в гостиную, куда был подан кофе, у меня стало понемногу проходить раздражение — оттого, что все это мне казалось бесполезным, оттого, что мадам Сильвестр все время молчала, оттого, что дул мистраль и на террасе некуда было от него укрыться. Я не знал, с чего начать разговор, которого требовало элементарное приличие, и молча пил кофе.

Потом я наконец сказал:

— Насколько я знаю, вы уроженка юга и вам, вероятно,

неизвестно ощущение, которое здесь испытываем мы, то есть люди, живущие обычно в другом климате. Я хочу сказать, что я, например, приезжая сюда, начинаю думать, что именно здесь всегда нужно было бы жить, далеко от туманов, холода и дождей. И у меня впечатление, что я возвращаюсь на родину, которую я давно покинул.

— Да, конечно, у меня этого ощущения нет, — сказала она, глядя не на меня, а в окно.

— Вы знаете, в Париже... — сказал я. И я стал рассказывать ей о наших студенческих годах в Латинском квартале, о том, как мы проводили ночи в кафе, рассуждая о философии и поэзии, о том, как Мервиль увлекался то живописью, то литературой, то музыкой, о наших ночных прогулках. — Мы все с тех пор изменились, — сказал я. — Но Мервиль как был, так и остался романтиком.

У нее было совершенно мертвое выражение лица. Она никак не реагировала на то, что я говорил, и ни разу даже не улыбнулась, когда я рассказывал о наших студенческих шутках, и через некоторое время я почувствовал необыкновенную усталость от этого напрасного монолога. Затем она наконец спросила:

— Хотите еще кофе?

— Нет, благодарю вас.

Опять наступило долгое молчание. Мне казалось, что я никогда еще не был в таком глупом положении; она даже не давала себе труда хотя бы сделать вид, что она меня слушает. Потом она сказала, что не очень хорошо себя чувствует, что у нее болит голова от мистраля. Это была явная ложь: по ее глазам было видно, что никакой головной боли у нее не было. Я поднялся со своего кресла и спросил, когда я могу ей позвонить, чтобы узнать, как ее здоровье? — Когда хотите, как-нибудь на днях, — сказала она. — Хорошо, — сказал я, — постараюсь не слишком часто вас беспокоить.

И когда я вышел из виллы, мне стало легко и я даже подумал, что когда дует мистраль, то в этом может быть несомненная приятность. Мервиль был неисправим, и никакой опыт не мог его предохранить от психологических ошибок: почему бы мадам Сильвестр вдруг почувствовала ко мне такое доверие, что я ее мог бы в чем-то убедить или удержать от чего бы то ни было?

Мервиль позвонил мне по телефону из Нью-Йорка на следующий вечер и спросил, как дела.

— Ты с ней, наверное, уже говорил, — сказал я, — она тебе должна была рассказать. — Она сказала, что обед прошел очень мило. — Тем лучше. — Я хотел знать, какое впечатление осталось у тебя? — Ничего, все было нормально. — Ну, я очень рад. Я тебе позвоню.

И он повесил трубку.

Через день он опять вызвал меня. На этот раз он был обеспокоен тем, что звонил на виллу в разные часы и ответа не было. — Это может быть просто случайность, — сказал я. — Я тебя очень прошу все-таки, узнай, в чем дело. Я тебе позвоню завтра в это же время.

Но на мои телефонные вызовы тоже не было ответа. Тогда я поехал туда на автомобиле. Стоял полуденный зной, узкая улица, на которой находилась вилла, была ярко освещена солнцем, листья деревьев были неподвижны. Ворота сада, окружавшего виллу, были заперты. Сквозь железные прутья был виден дом с наглухо затворенными ставнями. Я долго звонил у ворот, но они не отворялись. Я пожал плечами и уехал.

Я еще раз вернулся на виллу вечером, когда было темно. Ни в одном окне не было света. Я приехал в гостиницу, поднялся в свою комнату, и через несколько минут после этого зазвонил телефон и голос Мервиля спросил:

— Ты был там? Что происходит?

— Я был два раза, там никого нет.

— Что это может значить?

— Не знаю. Она, может быть, уехала в Ниццу по своим делам или куда-то надолго отлучилась.

— Но надо что-то сделать, ты понимаешь?

— Понимаю.

— Ты помнишь, я этого боялся, когда уезжал?

— Я не вижу, что можно сделать. В полицию обращаться, по-моему, нелепо и во всяком случае преждевременно.

— Я завтра вылетаю из Нью-Йорка и приеду прямо к тебе.

— Хорошо, буду тебя ждать.

От всего этого у меня был чрезвычайно неприятный осадок, точно я был в чем-то виноват или не поступил так, как должен был поступить, хотя я прекрасно отдавал себе отчет в том, что мои возможности в этом смысле были очень ограничены. Кроме того, я не питал к мадам Сильвестр никакого доверия. Вся эта история — ее исчезновение после встречи в поезде, ее появление на открытии кабаре Эвелины, ее отказ сопровождать Мервиля в Нью-Йорк, — для всего этого должны были быть причины, о которых ни Мервилю, ни мне ничего не было известно. Я был к тому же убежден, что ее биография, которую она в нескольких словах рассказала

Мервилю, — то, что она родилась в Ницце и кончила там лицей, что ее отец был французским морским офицером, — в действительности была совершенно другой. Я был уверен, что она американка или что она выросла в Нью-Йорке и что все, что она о себе рассказывала, было вымыслом или фальсификацией.

Я был погружен в эти размышления утром, когда мне снизу позвонили и сказали, что меня хочет видеть полицейский инспектор. Это меня очень удивило, и я ответил, что я его жду. Через несколько минут раздался стук в дверь.

— Войдите, — сказал я.

Вошел человек в синем костюме с галстуком, несмотря на жару. У него было замкнутое выражение лица и серые глаза. Он был высокого роста и широк в плечах. Он явно не был местным жителем, так как говорил без южного акцента.

— Садитесь, пожалуйста, — сказал я. — В чем дело?

— Ваша профессия? — спросил он.

— Литератор и журналист, — сказал я.

— Литератор? — переспросил он. — Вы можете это доказать?

Я снял с полки одну из моих последних книг, вышедшую несколько месяцев тому назад, и дал ему ее. Он ее перелистал и вернул мне. Мне показалось, что мой ответ на его вопрос о профессии был для него неожиданным.

— Вы живете в Париже?

— Большую часть времени.

— Вы снимаете комнату или живете в гостинице?

— Ни то ни другое, — сказал я. — У меня собственная квартира.

— И ваше постоянное занятие — это литература?

— Да.

— Где вы получили образование?

— В Парижском университете.

— Хорошо, — сказал он. Потом без перехода, прямо глядя мне в глаза, он спросил:

— Когда вы были в последний раз в Соединенных Штатах?

— Восемь лет тому назад.

— Сколько раз вы там были?

— Один раз, — сказал я, — я провел там три месяца.

— У вас там обширные знакомства?

— Нет, не очень, — сказал я. — Знакомства, ограниченные главным образом литературными и издательскими кругами.

— В каком городе вы жили?

— В Нью-Йорке.

— Вы не были в Калифорнии?

— Нет, не успел и очень жалею. А теперь можно вас спросить в свою очередь — чем вызван ваш интерес к моей биографии?

— Вопросы задаю я, — сказал он с совершенно безличной интонацией.

— В таком случае разрешите вам напомнить, что вы мне не можете предъявить никакого обвинения в чем бы то ни было, что я не нахожусь под следствием и тот факт, что я с вами веду разговор, есть только доказательство моей доброй воли. Я бы не хотел, чтобы у вас по этому поводу были какие-либо заблуждения.

— Вы меня не так поняли, — сказал он. — Это не имеет ничего общего ни с допросом, ни со следствием. Я просто рассчитываю на вашу помощь.

— Если это так, то вы неправильно подошли к делу, чисто диалектически, если хотите, — сказал я. — Надо было действовать иначе. Я вам ответил на ваши вопросы, потому что я так же ответил бы кому угодно и потому что мне нечего скрывать. Но я не вижу смысла в дальнейшем разговоре, если не буду знать, с какой целью вы меня спрашиваете о разных вещах. Вряд ли это может объясняться с вашей стороны совершенно бескорыстной любознательностью.

В это время раздался телефонный звонок, и через секунду я услышал голос Мервиля, который говорил из Нью-Йорка.

— Что происходит? Есть что-нибудь новое?

Я ответил ему по-английски.

— К сожалению, я тебе ничего сообщить не могу. Я повторяю только, что я был на твоей вилле, она пуста и там никого нет. Что произошло, я не знаю, боюсь, что это похоже на ниццкую историю. Когда ты вылетаешь?

— Почему ты вдруг заговорил по-английски?

— У меня есть для этого некоторые основания, — сказал я. — Я тебе это потом объясню.

— Я рассчитываю сегодня вечером тебя увидеть.

— Очень хорошо. Простите, — сказал я, обращаясь к моему посетителю, — это был звонок из Нью-Йорка, и я не мог сказать, чтобы меня вызвали позже.

— Ваш собеседник был американец?

— Ваша профессия приучила вас думать вопросами, по-видимому? — сказал я. — Нет, это мой товарищ по университету, ваш соотечественник. Но я жду ваших объяснений.

Он вынул из своего портфеля большую фотографию,

протянул ее мне — и тогда я убедился, что мои подозрения не были напрасны. На фотографии, снятой при ярком солнечном свете, была мадам Сильвестр в купальном костюме, стоявшая рядом с широкоплечим, смеющимся человеком. Внизу была указана дата — лето позапрошлого года и место — Лонг-Айленд.

— Вы знаете эту женщину?

— Знаю, — сказал я. — Ее зовут мадам Сильвестр, она француженка, родилась и выросла в Ницце, была замужем и недавно овдовела.

— Это то, что вы о ней знаете?

— Я с ней едва знаком, — сказал я, — более подробных сведений о ней у меня нет, и должен вам сказать, что они меня не очень интересуют.

— Если бы вы располагали этими сведениями, то вы бы убедились, что они заслуживают интереса.

— Почему?

— Потому что она не мадам Сильвестр и не француженка. Она американка, родившаяся на сто двадцать третьей улице в Нью-Йорке, и ее разыскивает американская полиция.

— По какому поводу?

— Человек, который снят рядом с ней и с которым она жила, был убит несколькими револьверными выстрелами. По подозрению в убийстве был арестован один из его товарищей, субъект с уголовным прошлым, так же, впрочем, как убитый. На следствии он заявил, что его друга застрелила именно эта женщина, которая бесследно исчезла. Все это произошло два года Фому назад. Ее зовут Луиза Дэвидсон и называют Лу.

— Маргарита Сильвестр, — сказал я.

— Луиза Дэвидсон, которая подозревается в убийстве Боба Миллера — это фамилия человека, который снят рядом с ней. Как видите, моя любознательность объясняется вполне конкретными причинами.

— Я понимаю, — сказал я. — Я приезжал на виллу, где она жила, несколько раз. Отсюда тот вывод, что я каким-то образом связан с этой женщиной. Но должен вам сказать, что ее исчезновение было для меня неожиданностью, и я понятия не имею, где она может сейчас быть.

Он пожал плечами.

— Вы с ней разговаривали, — сказал он, — у нее нет американского акцента?

— Ни малейшего.

— По сведениям, которые нам сообщила американская

полиция, она может себя выдавать за француженку или за испанку.

— За француженку, во всяком случае.

Он встал, собираясь уходить. Потом он спросил:

— Мы можем рассчитывать на то, что, если вы узнаете, где она, вы нам дадите об этом знать?

— Вы это говорите серьезно?

— Вполне. Почему?

— Потому что на это рассчитывать вы не можете, — сказал я, — у меня нет никаких полицейских функций, и я не хотел бы также вводить вас в заблуждение. Я думаю, однако, что это забота праздная, — вряд ли у меня будут подобные сведения.

— Откровенно говоря, я тоже так думаю, — сказал он. — Но имейте в виду, что если бы это произошло и вы бы об этом не сообщили, вы рискуете быть обвиненным в укрывательстве злоумышленницы, а это уж уголовный проступок.

— Я готов за него отвечать, — сказал я, — но, повторяю, я не думаю, что это может случиться.

Я провел день как обычно — был на море, купался, потом обедал, после обеда читал у себя в комнате. В пять часов дня явился Мервиль, приехавший ко мне с аэродрома. На нем лица не было.

— Ты не заезжал на виллу? — спросил я.

— Нет, я прямо приехал к тебе.

— Хорошо сделал.

— Почему?

— Потому что за твоей виллой следят.

— Следят? Что с тобой?

— Садись и слушай, — сказал я. И я подробно рассказал ему обо всем, начиная с того, как я слышал разговор г-жи Сильвестр с американским туристом, и кончая тем, что было утром.

— Я должен установить, — сказал я, — что г-жа Сильвестр, — будем ее называть так, хотя ты знаешь теперь, что это не ее настоящая фамилия, — по-видимому, с самого начала почувствовала мое недоверие к ней, — именно почувствовала, а не поняла. В этом случае интуиция ее не обманула.

— Ты хочешь сказать, что ты к ней относишься враждебно?

— Нет, никакой враждебности у меня не было и нет.

Он внимательно на меня посмотрел.

— Подожди, дай мне подумать, — сказал он, — у меня голова идет кругом. Считаешь ли ты, что на основании некоторых фактов, даже если эти факты действительно были, можно себе составить совершенно правильное представление о ком-либо?

— Далеко не всегда, мне кажется. Это зависит от того, какие факты. Если это донос, шантаж или анонимные письма, тогда ты знаешь, что имеешь дело с мерзавцем. Но в других случаях... Вот тебе два примера, два человека. Один из них был вор, другой убийца. Не смотри на меня с таким удивлением. Первый находился одно время в крайне бедственном положении, ему нечего было есть. У него была жена и двухлетняя девочка — и он воровал для них картошку в продовольственных магазинах до тех пор, пока не получил наконец работу. Второй был мой товарищ, которого я знал всю жизнь. Во время гражданской войны в России его отряд — он был в кавалерии — занял небольшое село, где жили главным образом евреи. Он увидел, что один солдат, который вообще был профессиональным бандитом, насиловал еврейскую девочку лет десяти-двенадцати. У нее было посиневшее лицо, и она даже не могла кричать. Мой товарищ слез с лошади и из револьвера убил этого солдата. Потом он оттолкнул ногой его труп, взял девочку на руки и внес ее в ближайший дом. И ты знаешь, что он мне сказал? — Если бы я должен был еще раз это сделать, я бы не колеблясь убил его как собаку, и это один из поступков, о которых я никогда не жалел. Вот тебе, мой милый, совершенно неопровержимые факты: воровство и убийство. Какой прокурор мог бы осудить этих людей?

— Мне иногда кажется, что ты похож на машину, которая регистрирует события и потом из них получаются какие-то архивы воспоминаний, — сказал Мервиль. — Но вернемся к г-же Сильвестр. Я отказываюсь верить в подозрения американской полиции. Я знаю ее лучше, чем кто-либо другой, я знаю, что она не способна на убийство. Надо сделать все, чтобы оградить ее от опасности, которая ей угрожает.

— Откуда ты знаешь, на что она способна иль не способна? — сказал я. — Как ты можешь об этом судить? Ты мог подумать, что она американка?

— Нет, но это неважно.

— Я не говорю, что это имеет какое-нибудь значение, я только говорю, что ты не можешь судить о некоторых вещах. Я знаю о ней немного, но то, что я знаю, позволяет все-таки сделать известные выводы.

— Ах, опять твои выводы!

— Но, милый мой, согласись, что если ты хочешь что-либо понять, то выводы необходимы.

— Самое смешное — это то, что если я найду г-жу Сильвестр

и попрошу тебя помочь ее спрятать, то я уверен, что ты это сделаешь, несмотря на всю твою логику.

— Одно другого не исключает, — сказал я. — Она производит впечатление очень холодной и сдержанной женщины, несмотря на свой южный тип. Но это впечатление обманчиво, мне кажется — ее поведение во время первой встречи с тобой доказывает, что ни холодности, ни сдержанности в известных обстоятельствах у нее нет. Я не берусь судить о ее нравственном облике. Но что при некоторых условиях или, выражаясь юридически, в состоянии аффекта она способна на крайности, это, я думаю, вполне допустимое предположение.

— Но что это за история в Америке?

— Может быть, тебе дадут более обстоятельные сведения об этом, чем мне, — сказал я, — потому что тебе, по всей вероятности, предстоит полицейский допрос. Как только ты появишься на вилле, это сразу станет известно и тебе придется иметь дело с тем же мужчиной, который приходил ко мне сегодня утром. Не забывай, что он прекрасно знает, что вилла принадлежит тебе и что г-жа Сильвестр жила у тебя.

— Это меня совершенно не устраивает, — сказал Мервиль, — я предпочитаю уехать в Париж, где я буду вне досягаемости.

— Я думаю, что субъект, который приходил ко мне, вероятно, приехал из Парижа.

— Может быть, но в Париже его легче нейтрализовать.

— В конце концов, тебе решительно ничто не угрожает, ты ни в чем не виноват.

— Я хочу быть свободен в своих действиях, ты понимаешь? В Париже я могу это устроить, здесь это сложнее — да и зачем мне оставаться здесь?

— Что ты, собственно, собираешься делать?

— Разыскать ее во что бы то ни стало.

— Я бы хотел тебе напомнить, что во Франции около сорока пяти миллионов жителей. И кроме того, американской и французской полиции потребовалось два года усилий, чтобы напасть на след г-жи Сильвестр.

— Ты упускаешь из виду, что от полиции она скрывалась, а от меня скрываться не будет.

— Я знаю, что тебя бесполезно убеждать, — сказал я, — но мне кажется, было бы, может быть, лучше, чтобы ты забыл о ее существовании. Ты не думаешь, что Лу Дэвидсон может продолжать свой жизненный путь, — выражаясь метафорически, — без тебя? Нью-Йорк, этот район — сто двадцатая, сто тридцатая, сто сороковая улицы, ты их помнишь, эти мрачные дома? Эта жизнь, с которой у тебя нет ничего общего, — зачем тебе все это? Этот мир тебе совершенно чужд, ее мир, ты понимаешь?

— Во-первых, нельзя бросать людей в беде.

— Но ведь не ты ее бросил, а она тебя.

— Нет, ты прав, ты меня не убедишь. Впрочем, ты сам в этом не уверен.

— Знаю. Ты опять скажешь — лирический мир.

— На этот раз единственный и неповторимый, — сказал Мервиль. — Это мой последний шанс. Лу Дэвидсон или Маргарита Сильвестр — это для меня только фонетические сочетания, больше ничего. Нью-Йорк или Ницца — какое это имеет значение? Важно то, что ни одна женщина в мире не может мне дать то, что может дать она, как бы ее ни звали. Я никогда не знал этого ощущения — блаженного растворения, чем-то напоминающего сладостную смерть, — и потом неудержимого возвращения к жизни. И ты хочешь, чтобы я обо всем этом забыл?

Он встал с кресла и подошел близко ко мне.

— Даже если она убийца, ты понимаешь? Но я в это не верю, я не могу верить, я не должен верить, этого не было и не могло быть, а если это было, то этого все равно не было, понимаешь?

— Черт его знает, может быть, ты и прав, — сказал я.

* * *

Мервиль уехал в Париж в тот же вечер, не зайдя в свою виллу. На следующий день утром я проснулся и подумал, что следовало бы теперь забыть о том, что происходило со времени приезда Мервиля и г-жи Сильвестр, и вновь погрузиться в ту жизнь, которую я вел до этого. Но мои размышления прервал телефонный звонок. Неизвестный мужской голос спросил по-английски, я ли такой-то. После моего утвердительного ответа голос сказал:

— Мне необходимо вас видеть. Приходите, пожалуйста, — он назвал одну из больших гостиниц в Каннах, — комната номер четыреста двенадцать, я буду вас ждать.

— Простите, пожалуйста, — сказал я, — кто вы такой и в чем дело?

— Я действую по поручению американских судебных властей, — сказал он, — и мне нужны ваши показания.

Я вас жду сегодня утром, в одиннадцать часов. У меня

рассчитано время, я уезжаю сегодня вечером, так что отложить это я не могу.

— Я очень об этом жалею, — сказал я, — но сегодня утром у меня нет времени и это свидание совершенно не входит в мои планы. Если вы непременно хотите меня видеть, то приезжайте сюда — я дал ему мой адрес — часов в пять вечера.

— Нет, это невозможно, — сказал он, — я не могу ждать до этого времени, я вам уже сказал, что я должен уезжать сегодня вечером.

— Тогда мне остается пожелать вам приятного путешествия.

— Но мне необходимы ваши показания, вы должны приехать.

— Я решительно ничего не должен, — сказал я с раздражением, — у меня нет никаких обязательств по отношению к американским судебным властям, если вас не устраивает то, что я вам предлагаю, то я помочь вам не могу. Если вы не можете приехать сюда в пять часов, то желаю вам всего хорошего.

— Я приеду, — сказал он после короткого молчания.

В пять часов вечера он явился. Это был высокий человек редкого атлетического совершенства, с открытым лицом, ясными глазами и точными движениями. То, что его отличало от других людей, это были его уши, очень большие, с необыкновенным количеством извилин внутри, что было похоже на какие-то своеобразные кружева из человеческой кожи. Он принес с собой портативную пишущую машинку и портфель. Я предложил ему сесть. Он начал с того, что показал мне свое удостоверение личности, где были обозначены его профессия, адрес и фамилия — Колтон. Потом он вынул из портфеля фотографию и протянул ее мне — совершенно так же, как это сделал накануне его французский коллега, и фотография была та же самая: г-жа Сильвестр в купальном костюме рядом со своим тогдашним спутником.

— Я так и думал, — сказал я. — Я уже видел эту фотографию.

— Под какой фамилией вы знаете эту женщину?

— Вы хотите сказать — эту даму?

— Она не дама, она женщина, — сказал он. — Но это неважно. Какую фамилию она носила, когда вы ее встречали?

— Маргарита Сильвестр.

— Вы не знаете ее другого имени?

— У вашего французского коллеги вчера со мной был такой же разговор, и он мне сказал, что ее зовут Луиза Дэвидсон.

99

— Совершенно верно. Но вы этого не знали?

— Нет, я считал ее француженкой.

— Вы не знаете, где она находится в данный момент?

— Понятия не имею.

— Когда вы видели ее в последний раз?

— Несколько дней тому назад.

— Она вам не говорила, что собирается уезжать?

— Нет.

— Что она вам говорила о себе?

— Решительно ничего. Я ее, впрочем, ни о чем не спрашивал.

— Какое отношение она имеет к Мервилю?

— Об этом надо спросить его, а не меня.

— Но вы это должны знать.

— Это меня не касается.

— У вас есть какие-нибудь коммерческие дела с Мервилем? Вы зависите от него материально?

— У меня нет никаких коммерческих дел ни с Мервилем, ни с кем бы то ни было другим, я никогда не занимался делами и не завишу материально ни от какого коммерсанта.

— Каковы источники ваших доходов?

— Это не имеет отношения к предмету нашего разговора.

— Вы отказываетесь отвечать на этот вопрос?

— Мне это было бы нетрудно сделать, но этот вопрос мне кажется праздным. Насколько я понимаю, речь идет не обо мне, а о вашей соотечественнице, Луизе Дэвидсон. Какая связь между ней и источниками моих доходов? Вы можете мне это объяснить?

— Я хотел бы иметь представление о человеке, который встречался во Франции с Луизой Дэвидсон.

— Я ее едва знаю.

— Где вы с ней познакомились?

— Здесь, на Ривьере, я видел ее два раза.

— Вы были уверены, что она действительно француженка?

Я вспомнил разговор г-жи Сильвестр с американским туристом. Но я не находил нужным ставить об этом в известность моего собеседника.

— У меня не было оснований в этом сомневаться и вообще задавать себе этот вопрос.

— Я должен констатировать, что вы не очень стремитесь нам помочь.

— Помочь в чем?

— В том, чтобы найти эту женщину.

— Почему я вам должен в этом помогать?

— Это ваш долг.

— По отношению к кому?

Он с удивлением на меня взглянул и ответил:

— По отношению к обществу.

Я посмотрел на него внимательно. На его лице было выражение непоколебимой уверенности в том, что он действительно выполняет свой долг и что он убежден в совершенной своей непогрешимости. Он существенно отличался в этом от своих французских коллег: те делали свою работу, а он именно выполнял долг. Тот факт, что и он и они действовали одинаковыми методами и задавали приблизительно одинаковые вопросы, — это было второстепенно. Мне казалось очевидным, что никаких сомнений или проблем психологического порядка у этого человека не было.

— Когда вы уезжаете? — спросил я.

— Завтра утром, — сказал он. — Я хотел ехать сегодня вечером, но выяснил, что не успею. Почему вы меня об этом спрашиваете?

— Потому что, если вы свободны сегодня вечером, я приглашаю вас ужинать.

— Ужинать? — сказал он с удивлением.

— Если вы ничего не имеете против.

— Я должен признаться, что ваше предложение застало меня врасплох, я этого не ожидал.

— Я думаю, вы теперь выяснили, что я не могу вам дать тех сведений, на которые вы, может быть, рассчитывали. Но мы можем поговорить о разных вещах за ужином, как вам кажется?

— Да, конечно, — сказал он неуверенным голосом.

— Видите ли, — сказал я, — я надеюсь, что вы относитесь ко мне без враждебности, потому что я не имею никакого отношения к Луизе Дэвидсон, почти ничего о ней не знаю и мне нечего от вас скрывать. Я со своей стороны хотел бы поговорить с вами как человек с человеком, а не как свидетель с представителем американского министерства юстиции. Риска тут нет никакого ни для вас, ни для меня, так же как выгоды или заинтересованности.

— Я плохо знаю Европу и европейцев, — сказал он, — но они существенно отличаются от нас.

— Может быть, меньше, чем вам кажется.

— Нет, нет, здесь все по-другому, — сказал он, — по крайней мере такое у меня впечатление.

— Вы в Европе первый раз?

— Два года тому назад я был в Англии. Но во Франции я никогда не был. Мне кажется, что я попал в другой мир. Здесь все идет в замедленном темпе, никто никуда не спешит и не боится опоздать и живет так, как будто мир неподвижен. Я был в Ницце, пришел в контору моего французского коллеги в три часа дня. Во всем здании было пусто. Знаете, когда он вернулся? В половине пятого. И пригласил меня в кафе, где мы с ним разговаривали. Я должен сказать, что у него был рассеянный вид и Луиза Дэвидсон его не очень интересовала, хотя он знал о ней все, что ему полагалось знать. Может быть, кстати, — сказал он, взглянув на меня, — вам тоже было бы интересно иметь представление о том, кто такая в действительности женщина, которую вы знали как Маргариту Сильвестр?

— Мне сказали, что она родилась в Нью-Йорке на сто двадцать третьей улице и что она принадлежит, в сущности, к уголовному миру.

— Вы были в Нью-Йорке, вы помните эту улицу?

— Я помню этот район, да.

— Она родилась двадцать семь лет тому назад, ее отец был владельцем магазина готового платья. Ее мать, француженка, до замужества был артисткой мюзик-холла. Женщина она была очень способная и неглупая, но отличалась исключительным темпераментом, и это вызывало постоянные драмы в семье. Выбор ее друзей, чаще всего кратковременных, носил случайный характер, и в числе их были такие, которых следовало бы избегать. Дочь свою она любила, пока та была маленькой, позже она перестала о ней заботиться. Это она научила Луизу говорить по-французски. Луиза была в школе, как все. Но она, по-видимому, унаследовала от матери некоторые ее особенности — и в пятнадцать лет исчезла из дому. Ее нашли в Калифорнии через полгода, она жила с человеком, которому было тридцать шесть лет и у которого было тяжелое уголовное прошлое. Когда к нему явилась полиция, он думал, по-видимому, что это было по другому делу, он оказал полицейским вооруженное сопротивление и случайным выстрелом был убит. Все это произошло на глазах Лу. Как видите, начало ее карьеры было многообещающим. Ее вернули домой. Но там ее приняли плохо, отец сказал, что он знать ее не хочет, мать ее не защищала, — к тому же тогда она уже сильно пила и часто бывала просто невменяемой. Через месяц Лу опять ушла из дому — и на этот раз ее даже не разыскивали. И вот начались ее странствия. Она была всюду — в Сан-Франциско, в Чикаго, в Детройте, Вашингтоне, во

Флориде, где хотите. Мы не знаем, где и когда она изучила стенографию, но она прекрасная секретарша, и все, у кого она работала, отзывались о ней очень хорошо. Но она нигде долго не оставалась. Она была в связи с разными субъектами, и уголовный мир — это тот мир, который она лучше всего знает. Надо еще сказать, что одно время она работала в цирке. Она отличается исключительной физической силой и очень хорошо знает современные приемы борьбы и защиты. Однажды случилось так, что один из ее малопочтенных знакомых пытался заставить ее делать то, чего она не хотела. Это был очень крупный, крепкий человек, крайне жестокий вдобавок, и он начал с того, что дал ей пощечину. Знаете, чем это кончилось? У него были сломаны руки и плечо, а его лицо было похоже на кровавую массу. Он провел в госпитале три месяца и вышел оттуда слепым инвалидом. Лу очень опасная женщина, это знают все, кому пришлось с ней близко познакомиться. Об этом, однако, не думал Боб Миллер, тот самый, который снят рядом с ней на фотографии. Это было то, чего он не принял во внимание, и это стоило ему жизни. Потому что, что такое огнестрельное оружие и как с ним обращаться, это Лу тоже хорошо знает. Вы понимаете теперь, почему ее разыскивает американская полиция? Мы не все знаем о ней. Кроме того, она слишком умна, гораздо умнее большинства тех, с кем она имела дело, и в ее прошлом нет ни одного судебного преследования. Единственное обвинение, которое, может быть, ей можно будет предъявить, это убийство Боба.

— Насколько я понял, оно основано на показаниях уголовного преступника, которому трудно верить. Вы считаете, что факт этого убийства установлен и что именно она убила Боба?

— Нет, мы хотим допросить ее в качестве свидетельницы. Но мы уверены, что в результате этого ей было бы предъявлено формальное обвинение. Она это прекрасно знает, и именно этим объясняется ее исчезновение. Во всяком случае, скажите Мервилю — он ведь ваш друг, — кто такая Маргарита Сильвестр. Это действительно ваш долг.

— Хорошо, — сказал я, — я это сделаю.

— Но помните, что это опасно.

— Этого я не думаю, — сказал я.

* * *

Мы ужинали с ним на террасе ресторана, выходившей в

море. Нам подали прекрасно приготовленную рыбу и местное вино, за кассой ресторана сидела рыжая красавица с ослепительной улыбкой и теплыми черными глазами. Где был теперь Мервиль? Где была г-жа Сильвестр? И что было самым главным в ней? Г-жа Сильвестр с ее несравненным очарованием, о котором с таким волнением говорил Мервиль, или Лу Дэвидсон, подозревавшаяся в убийстве одного из своих любовников в Америке? И что было для нее более характерно? Ривьера и французский язык или Нью-Йорк и американский сленг?

— Вы не думаете, — сказал я моему собеседнику, — что есть люди, у которых только одна жизнь и одно лицо, и есть другие, у которых может быть две или три жизни?

— То, что вы задаете такой вопрос, меня не удивляет, — сказал он. — Мой французский коллега сообщил мне, что вы занимаетесь литературой.

— Какая связь между этим вопросом и моей профессией?

— Самая непосредственная. Ваша профессия предрасполагает вас к тому, чтобы представлять себе вещи сложнее, чем они есть.

— Вы считаете, что все это проще?

— Нет, — сказал он, — но эта сложность нередко бывает чисто внешней. Даже если допустить, что у человека может быть две или три жизни, то только одна из них настоящая, это та, которая характеризуется его нравственным обликом. Убийца может быть банкиром, бандитом, портным — кем угодно. Но самое главное это то, что он убийца. Все остальное неважно или, если хотите, менее важно.

— С точки зрения интересов общества?

— С любой точки зрения.

— Можно вас спросить, — сказал я, — что вас заставило выбрать именно тот вид деятельности, которым вы занимаетесь?

— Я родился и вырос в одном из самых бедных районов Нью-Йорка, — сказал он, — и я с детства знал, что такое уголовный мир. Когда мне было двадцать лет, я стал проповедником. Но я убедился в том, что проповедь действует главным образом на людей, которые и без того верят в Бога. Есть другие, которые слишком испорчены, чтобы их можно было в чем-либо убедить. Таких людей следует нейтрализовать — во что бы то ни стало. Напоминание о заповедях блаженства их изменить не может.

— Таким образом, вы не видите противоречия между

началом вашей деятельности и тем, что произошло потом? Другими словами, вы продолжаете то же самое, но иным способом?

— Нет, это, конечно, не совсем точно, но в общем действительно противоречия здесь нет. Вам кажется, что это не так?

— Есть слова, которые тотчас же вспоминаются в этом случае, — сказал я. — Они поставлены как эпиграф к одному из самых замечательных романов нашей литературы. Господь говорит: «Мне отмщение и Аз воздам».

— Ваш довод, на первый взгляд, может показаться убедительным. Вы, однако, согласитесь со мной, если я скажу, что с вашей стороны это просто диалектический прием. Господь говорит, что Он воздаст. Но здесь вопрос идет о вечности и о последнем, Страшном Суде. А на земле мы выполняем волю Божью, то есть делаем все, чтобы человечеству не мешали жить по тем нравственным законам, которые дала нам религия и вне которых спасения нет.

— Я бы вам не возражал, если бы вы говорили о необходимости оградить нас от действий тех, кто нарушает законы, и о том, что соблюдение этих законов нужно для сохранения общества в том виде, в каком оно существует, — довольно непривлекательном, тут, я надеюсь, вы не будете спорить. Но при чем здесь религия, в частности христианство? Если в данном случае вы ссылаетесь на христианство, то это значит, что вы сводите его до пределов полицейской системы. Смысл христианства — это всепрощение.

Вспомните еще раз разбойника, распятого вместе с Христом, и то, что Он обещал ему Царство Небесное.

— Он искупил свою вину, умирая на кресте, — сказал он, — и как вы хотите, чтобы Спаситель решил еще раз наказать его?

— Спаситель простил его потому, что он покаялся, — сказал я. — Христос понимал неизбежность несовершенства человеческого общества, оно не может быть другим. «Блаженны плачущие, яко тии утешатся». В идеальном человеческом обществе, где все идет по предписанным свыше законам — как вы это считаете, плачущих не должно быть, во всяком случае целой категории людей, которых Господь определяет этим словом. «Блаженны нищие духом, яко тих есть Царство Небесное» — еще одна категория несчастных. В представлении христианства земное существование — это тягостное ожидание того дня, когда мы перейдем в другой мир, мир вечный, а не временный. Вот к чему нас зовет христианская религия. Государственное принуждение во всех его видах — это идея антихристианская. Где вы видели служителя церкви, преследующего преступника? Кто может себе представить епископа в составе суда, который приговаривает нарушителя нравственного закона к смерти?

Уши моего собеседника покраснели — это был единственный признак его волнения.

— Я напомню вам один из вечных вопросов, — сказал я. — Почему Господь допускает то, что происходит в мире, — преступления, убийства, войны? Почему? Потому что пути Господни неисповедимы и нашим слабым человеческим разумом мы не можем постигнуть Его божественной мудрости? Но если это так, то мы и остального понять не можем, и, впрочем, Господь, может быть, не требует от нас понимания, зная, что оно нам не по силам? Я готов принять всякое объяснение христианства, я только продолжаю думать, что ни в каком случае оно несовместимо с уголовным преследованием.

— Я не могу себе, однако, представить, — это было бы чудовищно, — что всякое преступление может быть ненаказуемо потому, что христианство проповедует всепрощение. Не допускаю, что вы это думаете.

— Нет, я очень далек от этой мысли. Я не согласен только с одним: со ссылкой на этику, которой учил Христос. Пресекайте преступления, делайте все, что для этого нужно, но не говорите при этом о религии.

— Как можно было бы прекрасно жить, — сказал он, не отвечая мне, — если бы человечество состояло только из порядочных людей. Вычеркните из человеческой жизни преступления — какие необыкновенные перспективы открылись бы перед нами.

— У меня очень бедное воображение, — сказал я, — я себе это плохо представляю. Я думаю, однако, что если мы исключим из человеческого существования всякое отрицательное начало, — что на первый взгляд кажется желательным, — то через некоторое время жизнь потеряет интерес. Вы верите в дьявола?

— Конкретно — нет. Метафизически — да, то есть в дьявола именно как олицетворение этого отрицательного начала мира.

— Но вы знаете, что для торжества христианства дьявол необходим, тот самый дьявол, который искушал Спасителя. «Отойди от Меня, Сатана!» Надо ли еще раз напоминать, что если бы его не было и не было зла, то как бы мы знали, что такое добро? Если бы не было ни страданий, ни преступлений, то не было бы, может быть, ни христианства, ни необходимости религии. Вы все это знаете так же хорошо, как и я, это азбучные

106

истины. Но оттого, что они азбучные, они не перестают быть истинами.

— Есть еще один вопрос, — сказал он, — который я ставил себе много раз: почему жизнь так нелепа? Вам он, наверное, покажется по-американски наивным.

— Нет, я думаю, что это вопрос не американский и не наивный. Я полагаю, что очень немногие люди могут с уверенностью считать, что они созданы для той жизни, которую они ведут, и это чаще всего люди неумные. Возьмите большинство профессий, — они носят явно искусственный характер, и мне приходит в голову такая мысль: думал ли Господь Бог, создавая мир, что рано или поздно начнут существовать кассиры, агенты страховых обществ, служащие того или иного министерства, администраторы и так далее? Все это, вероятно, необходимо, но все-таки люди не рождаются контролерами или бухгалтерами. Но вот каждый человек втиснут в какие-то рамки и он действует в их пределах, независимо от того, нравится ему это или нет. И если он начинает думать об этом, — что, правда, делают далеко не все, — то он, конечно, понимает то, о чем вы говорите, что жизнь сложилась нелепо.

— Вы считаете, что нет вообще естественных профессий, то есть в которых есть соответствие человеческой природе?

— Есть, я думаю.

— Например?

— Воин, судья, учитель, врач, проститутка, архитектор, поэт, скульптор, художник, музыкант, ученый. Есть, вероятно, и другие, я говорю только о тех, мысль о которых сразу приходит в голову.

— Вот мы говорили о христианстве, — сказал он. — Знаете, что меня больше всего поразило в истории, которая связана с христианством? Вы, конечно, помните это. Когда Аттила со своими войсками подошел к Риму и Рим был лишен возможности защищаться, то из ворот города, направляясь к палатке Аттилы, вышел босой старик, папа Лев Первый. Он разговаривал с Аттилой несколько часов и потом вернулся в Рим. И Аттила отдал своим войскам приказ отступать. Ничто не мешало ему взять город и разграбить его бесчисленные богатства. Что мог сказать Лев Первый этому варвару, предводителю свирепых и диких гуннов? Может быть, за плечами Льва Первого стояла тень Христа? Во всяком случае, это торжество непобедимого христианства.

— Да, несомненно, — сказал я. — Это мне тоже всегда казалось необъяснимым. Но не забывайте, что Аттила, вопреки обычным представлениям о нем, не был варваром в подлинном смысле слова. Он учился в Риме, и в нем Лев Первый нашел, вероятно, достойного собеседника.

— Но все-таки это тот же Аттила, который сказал, что там, где пройдет его конь, не растет трава.

— Это, я думаю, фраза апокрифическая.

— Может быть, но это на него похоже.

Я по временам взглядывал на моего собеседника и убеждался, насколько мое первое представление о нем было неправильным. Выражение его глаз изменилось, и он перестал быть таким, каким казался мне вначале, — человеком, не знающим сомнения и уверенным в своей юридической и этической непогрешимости. И я подумал, что, может быть, христианство ему было необходимо, чтобы как-то сохранить свое душевное равновесие и оправдать свою жизнь и работу, это было нечто вроде стены, на которую он мог опереться. Но эту работу он вел добросовестно. Я судил об этом потому, что он мне сказал, что с Ривьеры он возвращается в Соединенные Штаты, — в то время как я был совершенно уверен, что следующий этап его путешествия — это Париж и что следующим его собеседником должен быть Мервиль.

Мы с ним расстались у входа в его гостиницу, куда я его довез на автомобиле. Он поблагодарил меня, сказал, что не забудет этого вечера и нашего разговора, просил меня непременно дать ему знать, если я приеду в Америку, пожал мне руку, толкнул вращающуюся стеклянную дверь гостиницы — и исчез. Я вернулся к себе, разделся, лег в кровать, вспомнил еще раз удивительные узоры ушей моего случайного собеседника и заснул крепким сном.

* * *

На следующее утро я проснулся и вдруг почувствовал, — я никогда не мог понять до конца, почему именно, — что Ривьера, Канны, Средиземное море, буйабес — все это внезапно потеряло для меня ту прелесть, которую я с такой силой ощущал еще накануне. Я позвонил в Париж Мервилю, чтобы сказать ему, что я уезжаю в Италию.

— Что у тебя нового? — спросил я.

— Я ее ищу.

— Каким образом? Где?

— Я дал объявление в газетах, французских и

108

американских. Я чувствую, что она должна откликнуться. Остается только ждать этой минуты, ты понимаешь?

— Я понимаю, — сказал я, — теоретически, конечно. Но я хотел тебя предупредить, что, вероятно, завтра к тебе явится некий Колтон, из американского министерства юстиции, который был у меня вчера и с которым я ужинал. У него, между прочим, необыкновенные уши, обрати внимание. Он будет тебя расспрашивать.

— Если он надеется...

— Я не думаю, чтобы у него были особенные иллюзии, он человек неглупый, — сказал я. — Но вопросы тебе он будет ставить.

— Что ты ему сказал, когда он с тобой разговаривал?

— Моя задача облегчалась тем, что мне действительно нечего было ему рассказывать. Ты — это дело другое.

— Ты его не предупредил, что не стоит ехать в Париж?

— Нет, потому что он мне сказал, что возвращается в Америку первым аэропланом. Я не очень убежден, что он думал, что я ему поверю, но ставить меня в известность о своих планах он, конечно, не мог, это понятно. Хотя бы для того, чтобы я тебя не предупредил о неизбежности его визита.

— Если все его расчеты так же правильны, как этот... Значит, ты едешь в Италию? Не забудь мне сообщить твой адрес. Я тебе позвоню и сообщу, что происходит.

Я уложил вещи, расплатился в гостинице, сел в автомобиль и поехал к итальянской границе. Я проехал через Сан-Ремо, затем свернул с итальянской Ривьеры к Адриатическому побережью и, переночевав в Генуе, приехал в Венецию. Затем, поставив автомобиль на паром, я пересек лагуну и поселился на Лидо. Опять было море, освещенное солнцем, — лошади на соборе святого Марка, крылатые львы, виллы и дворцы над каналами, и опять, в который раз, я смотрел на этот единственный в мире город, и мне снова казалось, что когда-то, в давние времена, он медленно всплыл со дна моря и остановился навсегда в своем последнем движении: застыл каменный бег линий, образовавших его дома, влилось море в берега каналов и возник этот незабываемый пейзаж лагуны, мостов, площадей, колонн и церквей. И без всякого усилия с моей стороны я чувствовал это необычайное артистическое богатство, к которому я становился как будто причастным, так, точно я давно, всегда знал, на что способен человеческий гений, так, точно часть моей души была вложена в эти картины, статуи, дворцы, так, точно, попадая туда, я переставал быть варваром и ощущал наконец все великолепие раз навсегда и безошибочно найденной гармонии, непостижимой для меня ни в каких других обстоятельствах. В это время года — был конец июня — туристов в Венеции было еще не так много, и вечерами я сидел в кафе на площади Святого Марка, слушая оркестр, игравший иногда самые неожиданные вещи, вплоть до русских романсов в особой, итальянской интерпретации, скрывавшей их неизменную славянскую печаль, растворявшей в итальянском звучании эти снега русских полей и эти зимние российские пейзажи, которые как-то не вмещались в южное венецианское пространство, — и думал о самых разных вещах, чрезвычайно далеких от моих недавних размышлений по поводу Мервиля и мадам Сильвестр.

Я написал ему короткую открытку, в которой сообщал, что приехал на Лидо и живу в такой-то гостинице. Проходили дни за днями, звонка из Парижа не было, и через некоторое время я потерял представление о том, где он находился и что он делал. Это меня несколько удивляло, хотя за время моей многолетней дружбы с ним иногда случалось, что я долгие месяцы не знал, что происходит с Мервилем. Но рано или поздно это всегда кончалось одинаково: телефонный звонок или телеграмма, его появление и очередной рассказ о том, что он никогда не думал... что он не понял... что теперь он знает лучше, чем когда-либо... И мне казалось, что каждый раз, когда Мервиль вновь входил в мою квартиру, неизменно печальный, после расставания с той, которая... — он возвращался в мир, где не могло быть ни неожиданностей, ни трагедий, ни сколько-нибудь значительных изменений, мир анализа и комментариев и попыток понять по-иному то, что происходило и произошло. В этом, на первый взгляд, была некоторая парадоксальность, так как Мервиль всегда начинал с того, что повторял истину, в бесспорности которой он был, по его словам, твердо убежден: логика и анализ, выводы и заключения неизменно оказываются несостоятельны, когда речь идет о движении человеческих чувств. Но как это ни казалось странно, он все-таки каждый раз возвращался именно к этому. Было, конечно, и нечто другое — уверенность в незыблемости этого мира: нас было несколько, и каждый из нас всегда был готов прийти другому на помощь, в чем бы она ни заключалась. И без этой помощи, например, я не знаю, что стало бы с Артуром, который нередко оказывался без пристанища и без копейки денег, и тогда он являлся к Мервилю или ко мне, зная, что все будет устроено и что его не оставят в беде. Совершенно так же поступала Эвелина — с той разницей, что у нее был такой вид, будто она нам делает одолжение и мы должны ценить то, что она обращалась к нам, а не к кому-нибудь другому. У Мервиля было иное положение — он был богат, но моральная поддержка была ему не менее необходима, чем материальная помощь была — Артуру или Эвелине. Ему было нужно что-то, что не может измениться, на что можно рассчитывать всегда. Конечно, об этом никогда не было речи, конечно, об этом никто никогда не думал, но это было именно так. И когда, после долгого отсутствия и путешествий — Америка, Канада, Испания — Мервиль входил в мою квартиру и садился в кресло, он говорил:

— Есть что-то утешительное в этом, ты знаешь? Все те же книги на тех же полках, тот же диван, тот же стол, ничто не меняется. Удивительно, как ты можешь жить в этой неподвижности?

— У тебя в твоем парижском доме обстановка тоже не меняется.

— Нет, я говорю — психологически, ты понимаешь?

— Обстановка психологически меняться не может, это то, что в физике называется твердыми телами.

— Нет, я хочу сказать, фон, на котором ты возникаешь. Да, я знаю, это неподвижность, так сказать, бытовая и даже не географическая, потому что ты все-таки не всегда живешь в Париже. Но каждый раз, когда я возвращаюсь в эту квартиру и сажусь против тебя, мне кажется, что мы только вчера расстались и что все может продолжаться по-прежнему. Ничего не может быть обманчивее этого впечатления, но оно именно такое. И я невольно задаю себе вопрос: где подлинная реальность? В этом обманчивом ощущении или в том, что ему предшествовало?

— Вероятно, и там и здесь, — сказал я, — но только это реальность разная. Я уверен в одном: во всех твоих эмоциональных катастрофах ты виноват только в той степени, в какой твое воображение и твое чувство не дают тебе возможности применять те суждения и тот анализ, значение которых ты так упорно отрицаешь. Ты ищешь эмоционального богатства и находишь душевную бедность, ждешь бескорыстного чувства и наталкиваешься на расчет, и это все отличается обидной простотой. А здесь, у нас, тебе не нужны никакие усилия воображения, ты знаешь заранее все. Ты возвращаешься домой, если хочешь. Ты очень хорошо знаешь, что если после долгого отсутствия ты явишься к нам, потеряв все свое состояние, усталый и отчаявшийся во всем, — мы тебе все устроим, и ты будешь спокойно жить, не нуждаясь в самом необходимом и ожидая наступления лучших времен. Потому что нам не нужны ни твои деньги, ни твое положение, и если завтра ты станешь нищим или миллиардером, то ни то, ни другое не изменит нашего отношения к тебе.

Была еще одна причина того, что Мервиль неизменно возвращался к нам. После каждой его неудачи, которую он переживал как катастрофу, ему казалось, что все погибло и что он, в сущности, конченый человек. Это представление, явно ошибочное, казалось ему, несмотря на его несомненный ум, соответствующим истине. И вот, когда он вновь появлялся у нас, в этом неподвижном, как он говорил, мире, где за это время ничто не изменилось, он начинал думать, что, может быть, в конце концов, не все так безнадежно, как он думал. Это бывало началом его медленного и постепенного возвращения к самому себе — такому, каким он был всегда и каким мы его знали. Потом он опять исчезал, и Андрей насмешливо называл это Perpetuum mobile[6].

Где был Мервиль? В Париже, в Нью-Йорке, в Италии, в Калифорнии? Возвращаясь время от времени к этому вопросу, на который не могло быть ответа до тех пор, пока не раздастся его телефонный звонок, я продолжал жить на Лидо в бездумном и блаженном ничегонеделании, как я жил на Ривьере до приезда Лу. С некоторого времени я чаще всего вспоминал это односложное имя — может быть потому, что в моем представлении возникала теперь вместо Маргариты Сильвестр, француженки из Ниццы, американская авантюристка Луиза Дэвидсон, просто Лу — и в этом одном слоге было заключено больше событий и было больше содержания, чем во французской звуковой фальсификации — мадам Маргерит Сильвестр. Я был к тому же уверен, что Лу, такая, какой она была в Америке, была не похожа на мадам Сильвестр — не по чертам лица, росту и фигуре, а по общему выражению. Я помнил удивительное изменение ее голоса, когда она говорила резким тоном с американским туристом в Каннах. Вероятно, в Америке у нее было другое выражение глаз и лица, может быть, даже другая походка и, несомненно, другая манера себя держать. В этом смысле ее перевоплощение во Франции могло бы, наверное, ввести в заблуждение тех, кто знал ее в Америке. Самым странным, однако, мне казалось то, что она меньше всего была похожа на женщину, у которой была такая бурная жизнь. Неизменно холодное выражение ее лица никак не предрасполагало к желанию завязать с ней знакомство и уверенности, что эта попытка увенчается успехом.

---

[6] Вечный двигатель (лат.).

Конечно, это было впечатление обманчивое, и, судя по тому, что рассказал мне мой американский собеседник, Лу можно было упрекнуть в чем угодно, но не в холодности, если речь шла о возможности сближения с ней. Но чем больше я думал о ней, тем больше мне казалось, что американская полиция далека от истины — не в вопросе о том, кто убил Боба Миллера, а в своем представлении о Лу Дэвидсон, вполне определенном и крайне несложном: опасная женщина, которая провела свою жизнь в уголовной среде и которая способна на всякое преступление. Это было далеко не так просто, и если в этом была часть истины, то этим все не исчерпывалось, и, может быть, вторая часть истины была совершенно другой и именно она была самой важной.

Но все это были чисто теоретические догадки; это могло быть так и могло быть иначе. Тем более что Лу, по-видимому, обладала такой способностью исчезать, когда она это считала необходимым, которая не уступала ее удивительному дару перевоплощения.

* * *

Из каких глубин моего сознания возникла во мне эта любовь к Венеции? Почему, когда я первый раз попал в этот город, у меня было впечатление, что я наконец вернулся туда, хотя я там никогда до этого не был? У меня не было такого ощущения ни в Генуе, ни в Вероне, ни в Риме, ни во Флоренции, ни в других городах и странах. Мне казалось, что я всегда знал эти повороты каналов, эти площади и мосты, этот незабываемый воздух летних венецианских вечеров, это море, эту лагуну. Это был пейзаж, который поглощал и растворял в себе все, что ему предшествовало в пространстве и времени, в нем тонули все воспоминания о других местах, все города разных стран — громады Нью-Йорка, улицы Парижа, озера, реки, моря, все, что я знал раньше. И вот, возникая из всего этого в неудержимом движении, освещенная солнцем, окруженная морем, передо мной была Венеция, самое гармоническое из всех моих видений.

Мервиль знал Венецию лучше, чем я. В числе его увлечений тем или иным периодом истории или культуры на одном из первых мест была итальянская живопись, о которой он мог говорить часами, и я помнил, как при мне он спорил с Артуром, который показывал нам свое последнее приобретение, историю искусства в трех томах с прекрасными

113

репродукциями. Мервиль утверждал, что книги историков искусства — это чаще всего та или иная система классификации, к которой прибавлено несколько суждений общего порядка, неопровержимых, но лишенных глубины личного восприятия и попытки проникновения в тот исчезнувший мир, где возникало непостижимое вдохновение Тинторетто или Карпаччио.

Почему ни одна из тех женщин, которые в разное время пересекали жизнь Мервиля, не могла стать его спутницей в этих его постоянных уходах то в эллинскую философию, то в английскую поэзию, то в итальянский Ренессанс? Единственным исключением могла бы быть Эвелина, которая при всей своей раздражающей вздорности отличалась непогрешимым эстетическим вкусом. Но она всегда была настолько занята своей личной жизнью и создаванием того абсурдного мира, которого она была смещающимся центром, что у нее, казалось, не оставалось времени ни на что другое. И вдруг мы с изумлением узнавали, что она помнила наизусть стихи Китса или Леопарда и те обстоятельства, в которых писал свои картины Джотто или Беллини.

Но Эвелина никогда не играла в жизни Мервиля роли его спутницы. Те женщины, которые играли эту роль, все до одной отличались неспособностью что-либо понять в области отвлеченных представлений, философских систем и эстетических концепций, которая была неотделима от существования Мервиля. Те из них, которые были умнее, делали вид, что они следуют за ним в его рассуждениях и тирадах, но это не могло даже его привести к сколько-нибудь длительному заблуждению по поводу их возможности что-то действительно понять в этих его увлечениях, которые им казались в одинаковой степени праздными и непостижимыми.

Что в этом смысле могла дать ему Лу? Если мой американский собеседник более или менее правильно описал ее жизнь, если она действительно провела ее среди уголовных субъектов, то там, конечно, она не могла почерпнуть какие бы то ни было сведения о философии или искусстве. И в этом случае трудно было себе представить, как Мервиль мог бы найти с ней общий язык.

Он по-прежнему не давал о себе знать. Его надежда разыскать Лу казалась мне неосуществимой — и в конце концов, может быть, было бы лучше, чтобы она действительно исчезла без следа. Но, конечно, убедить его в этом было бы невозможно.

* * *

Была уже вторая половина июля, и мне казалось, что я живу здесь так давно, что Париж, мои друзья, моя работа — все это бесконечно далеко от меня. У меня было впечатление, что я все больше и больше ухожу от себя самого — такого, каким я видел себя обычно. Больше как будто не оставалось неразрешимых вопросов, не было ни моих любимых книг, ни моих любимых авторов — и только один раз в Венеции, в ресторане, где подавал к столу неприятного вида официант, у которого на лице было смешанное выражение лакейской угодливости и наглости, я вдруг вспомнил беспощадные слова Сен-Симона о Людовике XIV, то место в его воспоминаниях, где он говорит, что Людовик XIV очень хорошо обращался со своими лакеями и что именно в их обществе он чувствовал себя лучше всего. Но это было несколько строк, которые вдруг всплыли перед моими глазами, — и больше ничего. Мне казалось, что все, что было лишним и тягостным в моей жизни, точно растворялось в этом адриатическом воздухе, что я теряю самого себя и потом вновь возникаю из неизвестности и небытия, так, точно этому ничто не предшествовало. В этом ощущении было избавление от той бытовой тяжести, которая сопровождала меня всю жизнь — национальность, возраст, биография. Все это теряло всякое значение.

Так прошло больше полутора месяцев, и мне надо было сделать усилие над собой, чтобы вспомнить о Париже, куда мне все-таки предстояло вернуться в ближайшем будущем, и наконец наступил день, когда я уехал из Венеции.

Я ехал на автомобиле не спеша через Бреннер, Мюнхен, Штутгарт и Страсбург, останавливаясь несколько раз по дороге, и через четыре дня я въезжал в Париж, пустынный и тихий в эти августовские дни. Я вернулся в свою квартиру, где нашел все в идеальном порядке — на этот раз Эвелины там не было. Ее кабаре было закрыто на летние месяцы и должно было открыться только двадцатого сентября. В Париже не было никого из моих друзей, мой телефон безмолвствовал, и писем тоже не было. И как только я вернулся в свою квартиру, у меня опять возникло то чувство, которое я так давно знал, — что все идет не так, как должно было бы идти, и что в этом есть что-то непоправимое. Я никогда не мог вспомнить, где, когда и почему это чувство появилось и осталось во мне, как я думал, навсегда.

Я несколько раз звонил по телефону Мервилю, но на звонок никто не отвечал. То, что его не было в Париже в августе месяце, было естественно, но события последнего времени в его жизни развивались так, что трудно было себе представить, где он мог быть и что он делал. Через несколько дней я узнал, что Мервиль был в Париже еще в конце июня и уехал в начале июля.

Я узнал об этом совершенно случайно, так как через неделю после моего приезда ко мне явился Артур со своим таксиком, Томом, — Артур растерянный, взъерошенный и несчастный. Он рассказал мне о том, как он жил некоторое время на Ривьере со своим другом, — он привел при этом чрезвычайно звучную испанскую фамилию, которую я тотчас же забыл, я помнил только, что она состояла из последовательности трех собственных имен, перемежавшихся приставками.

— Ты, конечно, слышал о нем? — спросил Артур. — Нет, — сказал я, — чем он известен? — Как, ты не знаешь? Он ставит теперь «Лебединое озеро» в Рио-де-Жанейро. — «Лебединое озеро» в Бразилии? — Что в этом странного? Он уже поставил там «Жизель», потом он намерен... — Но какое отношение все это имеет к тебе? — Мы были вместе с ним на юге, но несколько дней тому назад он получил телеграмму, он должен был все бросить и немедленно возвращаться в Рио-де-Жанейро, и мы остались с Томом, ты понимаешь, одни. Из гостиницы пришлось уехать, денег на дорогу в Париж не было, мы ехали в разных автомобилях, которые мы останавливали то там, то здесь и так наконец добрались сюда. Сейчас, ты понимаешь, создалось такое положение... — Понимаю, — сказал я, — можешь располагаться здесь, потом посмотрим.

Артур пошел принимать ванну, потом лег спать — было около семи часов вечера — и проспал до следующего утра, оставив на мое попечение Тома, которого я кормил и выводил гулять.

На следующее утро мы сидели с Артуром в столовой, пили кофе и разговаривали. Он был хорошим собеседником, у него были обширные познания в области искусства, и, как это нередко бывает у таких людей, как он, — он был невысокий, худощавый человек со слабыми, как у женщины, руками, — у него было тяготение к таким художникам, как Тициан или Рубенс, ко всякому проявлению силы. Он сам был неплохим рисовальщиком, и альбомы, в которых он делал свои наброски карандашом, были полны изображений греческих богов и мифологических героев с выпуклыми мускулами. Когда он начинал говорить о балете, он не мог остановиться, и иногда создавалось впечатление, что весь мир представляется ему как ряд ритмических движений и бег линий, сплетающихся в каких-то метафорических и неубедительных — для его

116

собеседников — соединениях. Предельным выражением совершенства казался ему «Le spectre de la Rose»[7] — напоминание о полете Икара, где было одновременно торжество человеческой воли и тот неизбежный трагический конец, без которого каждое искусство... Он часто не кончал своих фраз, и интонация заменяла ему тот период, который он должен был произнести и который оставался непроизнесенным. Но смысл его, в представлении Артура, не мог ускользнуть от его собеседника, и когда ему приходилось иметь дело с людьми, для которых то, что он говорил казалось слишком сложным, он терялся и умолкал, и в такие минуты его становилось жаль. Он был на редкость беспомощен в жизни, но многочисленные и жестокие испытания, которые выпадали на его долю, — он нередко оказывался без крова, без средств, не знал, что с ним будет завтра, — он переносил совершенно стоически, никогда не жалуясь и считая это неизбежным, как дождь осенью или снег зимой. Было в нем что-то необыкновенно привлекательное, в чем он, казалось, не отдавал себе отчета. Никому из нас не приходило в голову спросить Артура, почему он не думает о том, что ждет его завтра, на что он рассчитывает и отчего, например, в его жизни ни о какой службе не может быть речи. Он всецело зависел от других, и странным образом это казалось настолько естественно, что никогда не стесняло ни его, ни тех, от кого он зависел.

Мы говорили с ним о разных вещах, в частности о Венеции. Потом он меня спросил:

— Ты видел летом Мервиля?

— Очень короткое время, — сказал я, — на Ривьере.

— Ты знаешь, что произошло потом?

— Я знаю, что он вернулся в Париж. Что с ним случилось позже, понятия не имею. Я очень давно о нем ничего не знаю.

— Ты помнишь эту историю с мадам Сильвестр?

— Помню.

— Ты знаешь, что она исчезла и что он ее разыскивал?

— Я знаю, что он хотел ее найти во что бы то ни стало. Но мне с самого начала казалось, что из этих розысков ничего не выйдет.

— Ты ошибаешься, — сказал Артур, взглянув на меня как-то сбоку. — Он ее нашел. Вернее, не он ее нашел, а она его нашла. Она пришла к нему, позвонила, он отворил ей дверь, она едва держалась на ногах и упала без сил, он только успел ее

---

[7] «Видение Розы» (фр.).

подхватить. Я был у него на следующий день после этого, а еще через день он уехал вместе с ней.

— Куда же он уехал, ты не знаешь?

— Не знаю, кажется, за границу, — сказал Артур.

Двадцатого сентября открылось кабаре Эвелины, — я вспомнил об этом накануне, разбирая письма и найдя приглашение, которое она мне послала. Этот день приходился на субботу, и я остался дома, потому что думал, что в кабаре будет слишком много публики. Я пошел туда в ночь с понедельника на вторник.

Не все столики были заняты, оркестр играл как-то вяло. На эстраде известная певица — как это было объявлено в программе, и я никогда не слыхал ее имени — пела с одинаковой легкостью на всех языках сентиментальные романсы, переходя от американского репертуара к итальянскому и от мексиканского к русскому. Нельзя было понять, какой она национальности. Сначала я думал, что она американка, потом мне стало казаться, что она, может быть, итальянка, жившая в Соединенных Штатах, и даже по-русски она пела без малейшего акцента. В конце концов оказалось, что она венгерка.

Эвелины не было видно, и она появилась только через полчаса после моего прихода, войдя в зал из боковой двери. На этот раз она была в белом шелковом платье. В ее глазах, когда она переставала улыбаться тому или иному посетителю, вновь было то далекое выражение, которое я хорошо знал. Она увидела меня, подошла к моему столику, села против меня, отпила глоток шампанского из моего бокала, до которого я не дотронулся, и спросила:

— Ты один? Ты никого не ждешь?

— Один, как всегда.

— Пойдем ко мне, поговорим, у меня тут рядом бюро.

Я пошел за ней. Мы вошли в хорошо обставленную комнату, украшенную многочисленными портретами артистов с автографами; я смотрел на эти выставочные лица и буквы, написанные нарочито размашистым почерком. Эвелина села на диван и указала мне место рядом с собой.

— Что у тебя хорошего? — спросил я. — Ты не изменила своего мнения о метампсихозе?

Она посмотрела на меня насмешливо.

— Ты хочешь, чтобы я тебе все объяснила?

— Нет, — сказал я, — в этом нет необходимости. Я хотел бы только тебе напомнить, что каждое твое увлечение чем бы то ни было — философией Платона, к которой ты в свое время питала слабость, Бетховеном, литературой, современной живописью, чем угодно, вплоть до метампсихоза, возникает, моя дорогая, моя несравненная Эвелина, из твоих эмоциональных глубин, а не из предпочтения, основанного на выводах и рассуждениях.

— Если бы это было иначе, я не была бы женщиной.

— Я очень далек от мысли тебя за это упрекать.

— У тебя всегда была эта особенность, — сказала Эвелина, — не называть вещи своими именами.

— Ты знаешь почему? Потому что мне кажется, что так называемые свои имена не всегда соответствуют тому, что ты хочешь сказать. Свои имена — это вещи простые, а это далеко не ко всем подходит — к тебе в частности.

— Я хотела бы знать, — сказала она, — почему это так неизбежно — умирание каждого чувства?

— Это, милая моя, тема для Мервиля. Я думаю, что с ним тебе было бы легче сговориться, чем со мной.

— Его нет в Париже, — сказала она. — Ты знаешь, он так увяз в этой своей истории — я не представляю себе, чем все это кончится. Ты знаешь, что после ее исчезновения они в конце концов встретились?

— Мне об этом говорил Артур.

— Очень темная история. Тем более что нет ничего легче, как обмануть Мервиля, он всему верит. Любая женщина может его заставить сделать все, что она захочет. Если бы я могла ему помочь...

— Мне кажется, что сейчас ему помощь не нужна.

— Не знаю, — сказала Эвелина. — Мы это увидим. Но вернемся к тому, о чем мы говорили. Ты меня хорошо знаешь. Ты думаешь, я не заслуживаю лучшего, чем то, что у меня есть?

— Чего-то тебе не хватает для этого. Может быть, — я в этом не уверен до конца, — способности созерцания, углубления, что ли. У тебя все протекает бурно и стремительно.

— Это вопрос темперамента.

— Равновесие, Эвелина, вот то слово, которое я искал. И еще одно.

— Что именно?

— Я думаю, что для тебя важнее всего не тот, кого ты, как тебе кажется, любишь, а твое чувство, которое растет само по себе, развивается и потом постепенно слабеет и умирает. Но в этом чувстве ты, в сущности, одинока, как это ни кажется парадоксальным. Никто до сих пор не мог задержать его ослабления, как нельзя задержать развитие некоторых болезней. И никто тебе в этом не может помочь. Если когда-нибудь придет такое время, когда ты забудешь о себе и будешь думать только о том, кого ты любишь, а он, в свою очередь, будет думать только о тебе, — тогда, теоретически, ты испытаешь настоящее счастье. Может быть — понимаешь?

Она смотрела на меня, у нее были далекие и печальные глаза.

— Ты недовоплощена, Эвелина, — сказал я. — До сих пор это тебе не удалось. Но, может быть, когда-нибудь удастся.

Выражение ее лица опять изменилось, в ее глазах снова появилась насмешливость, но голос еще хранил отражение того чувства, которое она только что испытала, и поэтому странно не соответствовал ее взгляду. Она сказала:

— И тогда я предложу тебе написать обо мне книгу. Это избавит тебя от необходимости писать о выдуманных героях и героинях. Ты напишешь о том, как мутнеют мои глаза от охватившего меня чувства. Ты напишешь, как я сижу и плачу и мое лицо становится некрасивым от слез, потому что я думаю, что мой возлюбленный меня забыл. Ты напишешь, как мы медленно идем с ним ночью, под дождем, и он держит меня за талию, и мои мокрые волосы свисают на плечи. Что ты напишешь еще?

— Я напишу, как ты просыпаешься утром и смотришь на лицо твоего возлюбленного до тех пор, пока он не откроет глаза, почувствовав на себе твой взгляд.

— Ты этого не забыл? — сказала она. — Ты знаешь, мой дорогой, один из твоих недостатков — это твоя память, которая тебе никогда не изменяет.

— Если бы ее у меня не было, Эвелина, — как я мог бы написать о тебе книгу?

— Ты хочешь, чтобы я сделала тебе признание?

— Признание?

— Да. Ты знаешь, почему я тебя люблю?

— Ты меня не любишь.

— Я знаю, что я говорю. Я люблю тебя за то, что ты — живое напоминание о сожалении, которое я испытываю. Я думаю: как жаль, что мы не можем быть вместе. Как грустно и приятно в то же время думать о том, что могло бы быть и чего нет, и как жаль, что этого нет. Ты для меня — напоминание о возможности счастья, которого нет.

— Мы с тобой еще поговорим об этом, — сказал я. — Сейчас поздно, надо идти домой.

И я встал с дивана. Она протянула мне руку с кольцом, в котором сверкал фальшивый брильянт.

— Спокойной ночи, — сказала она, и в ее голосе прозвучала

та нежная интонация, которую я слышал два или три раза, несколько лет тому назад и которой я не мог забыть все эти годы. — Хорошо, что ты все-таки существуешь, и я знаю, что если наступит день, когда у меня ничего не останется, когда я буду бедна и несчастна, я приду к тебе и ты отворишь мне дверь.

— Ты знаешь очень хорошо, — сказал я, — что пока мы есть, Мервиль и я, ты никогда не будешь без крова и без средств.

— Самая большая ошибка, — сказала Эвелина, — это сжигать за собой все мосты. Спокойной ночи — и не забывай меня.

— Кто может тебя забыть? — сказал я, уже уходя. — Даже если бы он хотел?

* * *

Я вышел на улицу. Была теплая сентябрьская ночь, и я невольно вспомнил декабрьский холод, когда я был первый раз с Мервилем в кабаре Эвелины. С тех пор прошло десять месяцев — после этой второй встречи Мервиля и Лу. Что он в ней нашел? В десятый раз задавал я себе этот вопрос, совершенно бесплодный и беспредметный, ответ на который терялся в бездонной глубине бесчисленных совпадений, долгого ожидания, сожалений и надежд. Я шел вверх по пустынным в этот час Елисейским полям и думал о мире, в котором я жил и который пытался определить знакомыми мне понятиями. Но их хватало только для изложения фактов и нескольких выводов, не имеющих особенной ценности. И они оказывались несостоятельными, когда я пытался найти подлинные причины того, что происходило. Я давно привык к этим постоянным и неизбежным неудачам. Все, что я знал, все, что я мог сказать, было приложимо, в сущности, только к неподвижным вещам, к тому, что прошло и кончилось. И в этой застывшей раз навсегда неподвижности того, что перестало существовать, выводы и заключения вновь приобретали смысл, которого у них не было при других обстоятельствах. — Мы можем судить о значении и смысле той или иной человеческой жизни только после того, как она кончится, — думал я. — Потому что, пока она движется, вчерашний герой может стать преступником или порядочный человек растратчиком чужих денег. Я знал профессионального вора, который стал всеми уважаемым священником, знал шулера, который стал знаменитым артистом, знал профессора

121

философии, который стал нищим и бродягой, знал людей, которые, казалось, могли многое дать и не дали ничего, и знал других, над невежественностью которых все смеялись и которые стали учеными. Эти неожиданные и необъяснимые, казалось бы, превращения совершенно меняли наше представление о них, их психологический облик, в определении которого мы так жестоко ошибались, и это было доказательством нашей органической неспособности отличить в истории человеческой жизни то, что в ней было самым важным и существенным. И только смерть, останавливавшая навсегда это движение, давала ответ на те вопросы, которые еще накануне казались бессмысленными и теперь приобретали все свое столь очевидное значение.

Елисейские поля давно остались позади. Я шел и продолжал думать о том, о чем я думал всегда, всю жизнь, везде, где я был. Всегда были эти одинокие прогулки — в России, во Франции, в Германии, в Италии, в Америке, всюду, куда заносила меня судьба. Менялись города, страны, пейзажи, но не менялось только одно — это непрерывное и медленное движение ощущений и мыслей, то, о чем мне как-то сказал Жорж:

— В сущности, в знаменитой фразе Декарта нужно было бы переставить глаголы: не «Cogito Ergo Sum», а «Sum Ergo Cogito»[8].

— Откуда у тебя такие идеи? — сказал ему Мервиль. — Ты, по-моему, думаешь больше всего о том, сколько ты истратил денег, и испытываешь по этому поводу глубокую и неподдельную печаль. Любую философскую систему тебе заменяют простейшие арифметические действия, сложение и вычитание.

— То, что ты говоришь, — ответил Жорж, — свидетельствует о твоем неумении или нежелании понять человека, который не похож на тебя. Ты не понимаешь, что деньги — это символ власти. Нищий, который сидит на груде золота, знает, что он король, что он может сделать все. И потому что он знает, что в его руках власть над людьми, одного этого ему, как созерцателю, достаточно. Так он и живет — властелин в лохмотьях, и ты находишь, что в этом нет какого-то библейского великолепия?

— Нет, милый мой, — сказал Мервиль, — не только нет библейского великолепия, а есть то, что наш общий друг — он

---

[8] «Мыслю, следовательно, существую» «Существую, следовательно, мыслю» (лат.).

показал на меня — как-то назвал моральным идиотизмом. Ты говоришь о потенциальных возможностях, но если они не использованы, то остается неподвижность и бессилие, — какой тут, к черту, король? Тем более, что твой нищий умирает на своем золоте, которое тянет его вниз, как мертвый груз, так и не сделав ничего в своей жизни — не потому, что он этого не хотел, а оттого, что не мог.

— Ты никогда не поймешь, что такое деньги, — сказал Жорж, — хотя их у тебя больше, чем у всех нас, вместе взятых. Но это величайшая несправедливость, это ошибка слепой судьбы.

Я вспомнил об этом разговоре Мервиля и Жоржа, людей со столь разной судьбой, точно их создал и придумал какой-то насмешливый и жестокий гений. Но что вообще характернее почти для всякой человеческой жизни, чем повторение этих двух слов — ошибка и несправедливость?

— Ты понимаешь, такие люди, как я, которые созданы для спокойной жизни без материальных забот...

Это были слова Андрея, когда мы все как-то ужинали у Мервиля. И Эвелина сказала, смотря ему в лицо холодным взглядом своих синих глаз:

— Откуда ты знаешь, для чего ты создан?

— Ты считаешь, что у человека нет определенного назначения на земле?

— Есть, но не у всех.

— Что ты хочешь сказать?

— Ну вот Мервиль создан для того, чтобы делать глупости и тратить деньги. Он, — она кивнула головой на меня, — для того, чтобы заниматься литературой, в ценность которой он не верит, жить в воображении жизнью других и делать из всего, что он видит и чувствует, выводы и заключения, чаще всего ошибочные. Жорж, твой брат, — для того, чтобы своей жизнью доказывать, что может существовать такое соединение — жалкая скупость и исключительный поэтический дар. Но для чего ты создан, этого никто не знает.

— Эвелина, ты когда-нибудь кого-нибудь пожалела в твоей жизни? — спросил, улыбаясь, Мервиль. У Эвелины с актерской быстротой изменилось лицо, как будто осветившись внезапно возникшим чувством, и тотчас же, следуя за выражением глаз, изменился ее голос.

— Да, мой дорогой, — сказала она, — жалела — и прежде всего тебя. И не только тебя, — добавила она, взглянув в мою сторону.

— Эвелина, — сказал Жорж, — если бы каждый из нас сделал тебе предложение, как бы ты ответила на это?

— Отказом, — сказала она, — отказом, но по разным причинам. Тебе — потому что я тебя презираю, Андрею — потому что он не мужчина, Мервилю и моему дорогому другу — она положила мне руку на плечо — потому что я их люблю и не желаю им несчастья. И единственный, кому я не ответила бы отказом, это Артуру, потому что он не сделал бы мне предложения. Но это мне не мешает испытывать к нему нежность.

Позже, когда все разошлись и мы остались вдвоем с Мервилем, он мне сказал:

— Ты знаешь, мне иногда кажется, что Эвелину создал задумчивый дьявол, в тот день, когда он вспомнил, что когда-то был ангелом.

— Вспомнил ли? — сказал я. — Я в этом как-то не уверен.

— Ее мать голландка, — сказал Мервиль, — отец испанец. Но все не так, как это можно было бы себе представить. У ее матери была бурная жизнь и неутолимая жажда душевных движений — ты понимаешь, что я хочу сказать. Ничего северного, голландского в ней нет. А отец Эвелины — один из самых меланхолических и спокойных людей, каких я видел, меньше всего похожий на испанца. Результат этого брака — Эвелина. И вот теперь, ты видишь, она вносит в нашу жизнь элемент абсурда, без которого иногда было бы скучно. Мне порой кажется, что она все это делает нарочно, потому что она действительно умна и все понимает, когда находит это нужным.

— Странный у нас все-таки союз, — сказал я. — Мы очень разные — Эвелина, Андрей, Артур, ты и я. Но вот наша связь не рвется ни при каких обстоятельствах. Что, собственно, нас объединяет?

— Может быть, то, что никому из нас до сих пор не удалось стать счастливым. Или — что было бы печальнее — никто из нас не способен быть счастливым.

— Во-первых, одного этого недостаточно. Во-вторых, я в этом не уверен. У меня, например, как мне кажется, очень скромные требования к жизни, и, я думаю, будь все чуть-чуть лучше, я мог бы быть совершенно счастлив.

— Я не могу поверить, что у тебя есть эта иллюзия, — сказал Мервиль. — Твоя память перегружена, твое воображение никогда не остается в покое, и даже когда тебе кажется, что ты ни о чем не думаешь, в тебе все время идет упорная работа, и это продолжается всю твою жизнь. Быть счастливым — это значит забыть обо всем, кроме одного блистательного чувства, которое ты испытываешь. Но ты никогда ничего не забываешь. Нет, милый мой, до тех пор, пока ты не изменишься и не станешь таким, каким ты был раньше — мы все помним, каким ты был несколько лет тому назад, — до тех пор ты не способен стать счастливым.

— Не забудь, что иногда я погружаюсь в блаженное небытие.

— Это потому, что твой организм требует отдыха, — сказал Мервиль, — это как потребность сна. Не смешивай это с другими вещами.

Я подходил к своему дому. Он стоял на маленькой улице, довольно далеко от центральных районов города, и эта улица, с узким пространством между ее зданиями, когда туда проникал солнечный свет, напоминала мне гравюру в темных тонах. Но в свете электрических фонарей это впечатление терялось.

Я поднялся на лифте на свой этаж и, подходя к двери, услышал, что в моей квартире звонит телефон. Кто мог вызывать меня в этот час, на рассвете сентябрьской ночи?

Далекий женский голос спросил по-английски, но с резким иностранным акцентом, я ли такой-то. После моего утвердительного ответа женщина сказала:

— С вами сейчас будут говорить.

Через несколько секунд голос Мервиля сказал:

— Я хотел знать, все ли у тебя благополучно.

— Как всегда, — сказал я, — откуда ты звонишь?

— Из Мексики.

— Как ты туда попал?

— Мы тут задержались на некоторое время. В недалеком будущем мы вернемся в Париж и я тебе все расскажу. Ты видел Артура?

— Он живет у меня.

— Значит, главное ты знаешь. Я давно хотел тебе позвонить, но как-то не получалось. Ты понимаешь, трудно это сказать в нескольких словах, все так необыкновенно...

— У тебя часто бывают необыкновенные вещи, — сказал я.

— Буду ждать твоего приезда.

На этом разговор кончился, и, ложась спать, я подумал — почему Мервиль оказался в Мексике, что это могло значить?

* * *

Утром Артур мне сказал, что ему снилось, будто ночью звонил телефон, но когда он проснулся, в квартире было тихо.

— Ты видишь, — сказал он, — насколько обманчивы наши представления и насколько неверны даже те ощущения, которые возникают из таких, казалось бы, конкретных вещей, как пять чувств. Мне снится, что звонит телефон, это происходит от раздражения уха. Мое воображение под влиянием сна и звуковых воспоминаний создало это впечатление, которое не соответствует ничему реальному. Наше восприятие — это сны, воспоминания, ощущения, значение которых от нас ускользает, это ежеминутно меняющийся мир, природа которого тоже не какое-то постоянное понятие. Вся непостижимая сложность нашего душевно-психического облика, который тоже...

— Подожди, — сказал я. — Все, что ты говоришь, может быть верно...

— Мы не знаем, что верно и что неверно. Когда ты вступаешь в область категорических утверждений, единственное, в чем ты можешь быть уверен, это в их несостоятельности.

— Ты мне не даешь договорить. Дело в том, что вчера ночью в моей квартире действительно звонил телефон. Ты это услышал во сне, но проснулся не сразу, и, когда ты открыл глаза, то все уже было тихо. А тихо было потому, что разговор по телефону был очень короткий. Так что вся твоя тирада о недостоверности и неопределимой природе наших ощущения произнесена зря.

— Кто тебе мог звонить в это время?

— Мервиль.

— Мервиль? Откуда?

— Из Мексики. Он сказал — мы в Мексике.

— Ах, опять эта женщина, — сказал Артур. — Я чувствую в ней что-то враждебное и не могу от этого чувства избавиться. Она тебе нравится?

— Нет, — сказал я. — Я провел с ней некоторое время, довольно короткое, и нашел, что это крайне утомительно.

— Я думаю, что она должна приносить несчастье всем, кто с ней сталкивается. И мне искренно жаль Мервиля, я за него боюсь.

— Ты уже говорил мне об этом, — сказал я. — Но какие у тебя основания для этого?

— Я не могу тебе объяснить. Это интуиция. Конечно, логически, чего, казалось бы, бояться? Но вспомни, что Андрей так же думает, как я.

— Все это решительно ничего не доказывает.

— Дело не в доказательствах, а в ощущении. Если ты

126

будешь ждать доказательств или фактов, то может оказаться, что будет слишком поздно. Посмотри — ты, Андрей, Эвелина, я — мы все к ней относимся отрицательно не потому, что она нам сделала что-то дурное, а инстинктивно, и это недаром.

— Почему ты считаешь, что твой инстинкт — или чей-либо другой — безошибочен, а инстинкт Мервиля вдруг оказывается не таким, как нужно? Почему ты думаешь, что прав ты, а не он?

— Я ничего не думаю, я чувствую и очень жалею, что этого чувства Мервиль не испытывает.

— Рано или поздно мы увидим, кто в конце концов окажется прав.

— Мне не хочется даже думать об этом, — сказал Артур.

* * *

На следующий день Артур исчез, — как это с ним уже неоднократно бывало, — не оставив, по обыкновению, даже записки. Утром, когда я проснулся, его уже не было. Комната, в которой он жил, была в идеальном порядке, все стояло на своем месте. Но шкаф, в котором висели его костюмы, был пуст и коврика, на котором спал Том, не было. Артур прожил у меня недолго, но я успел привыкнуть к его присутствию, которое никогда не было стеснительным, привык слышать его быструю походку, его голос, видеть его за столом или в кресле, и мне показалось, что в квартире стало пусто. Я годами жил один, никогда не думал о своем одиночестве и его не чувствовал. Но после ухода Артура я вдруг по-новому понял, что я опять остался один, и на этот раз мне было как-то неприятно, — точно Артур не был моим случайным и временным гостем, а был человеком, присутствие которого мне стало казаться естественным и почти необходимым. Я знал, что рано или поздно он вернется. Но он мне был нужен именно теперь, потому что, пока он жил в моей квартире, я, в свою очередь, был нужен ему, и от этого мое существование переставало казаться мне совершенно бесполезным.

Я думал о своих друзьях. У каждого из них было что-то, чего у меня не было, чаще всего чувства, которое искало бы выхода или удовлетворения, интерес к искусству или философии, наконец, просто стремление к спокойствию и обеспеченности, как у Андрея. У Артура были бурные страсти, над которыми мы смеялись, потому что нам они казались непонятными — в том смысле, что мы не были способны даже отдаленно себе представить, что могли бы испытать нечто подобное. У Мервиля был его «лирический мир» и поиски эмоционального равновесия, у Эвелины — своя собственная жизнь, в которой она, как актриса, играла то ту, то другую роль, чаще всего роль возлюбленной, и жестокий ее эгоцентризм. Правда, в отличие от Мервиля и Артура, она знала, избегая в этом признаться даже самой себе, что это все было похоже на вздорный мираж и что в этом не было ни подлинного чувства, ни подлинного увлечения. Ее существование однажды очень правильно определил Мервиль, сказав, что для нее в одинаковой степени характерны две особенности, которые, казалось бы, должны были исключать друг друга: глупейшая жизнь — и несомненный ум. И когда после этих размышлений я возвращался к мыслям о самом себе, я думал, что у меня не было ничего, чем жили мои друзья, — даже возможности хотя бы на короткое время представить себе, что все идет так, как нужно, и что я именно этого хочу. Вместе с тем, когда у меня проходила душевная усталость, которая чаще всего отравляла мое существование, как постоянно действующий медленный яд, мне казалось, что в известных условиях, — как это было до тех пор, пока Сабина была со мной, — все могло бы быть совершенно иначе, чем теперь. Но об этом я никогда никому не говорил.

Я принялся за чтение, которое прерывал обычно приход женщины, которая убирала мою квартиру три раза в неделю, немолодой испанки, чрезвычайно словоохотливой, бросавшей работу, когда она начинала мне что-нибудь рассказывать. Работать и говорить одновременно она не могла, и получалось впечатление, что произносить слова и составлять из них фразы требовало от нее такого же усилия, как мыть окна или посуду. У нее не было точной границы между речью и движением, так, как будто в ней духовный и физический мир были одним целым. Она неоднократно рассказывала мне разные эпизоды своей жизни, и если бы я понимал как следует то, что она говорила, я, вероятно, хорошо бы знал ее биографию. Но мне почти никогда не удавалось, несмотря на все мои усилия, понять то, что она говорила. Она была убеждена, что говорит по-французски, но, насколько я мог составить себе об этом представление, это была странная смесь безжалостно исковерканных французских слов с испанскими, смесь, в которой существительные иногда были похожи на французские, но глаголы были испанские. И если мне удавалось понять то или иное существительное, то я не знал, что с ним происходило, потому что эти обозначения предметов или фактов были связаны между собой словами, значение которых от меня ускользало. Она мне как-то рассказала, что когда она была на похоронах своей матери, она встретила там человека, который впоследствии играл очень важную роль в ее жизни. В то время как, кончив свой рассказ, она принялась за работу, ко мне пришла Эвелина, которой я сказал, что вот уборщица рассказала мне, как на похоронах ее матери...

— Ты уверен, что ты все правильно понял? — спросила Эвелина.

— Нет, — сказал я, — но мне показалось.

— Подожди, я ее спрошу.

Последовал быстрый разговор по-испански между Эвелиной и уборщицей, и потом Эвелина сказала:

— Она говорит, что не могла быть на похоронах своей матери, потому что в это время была в другом городе и была связана с человеком, который был ничтожеством и не играл в ее жизни никакой роли, она с ним очень скоро рассталась и никогда об этом не жалела.

— Ну да, — сказал я, — это подтверждает то, что я давно подозревал: я понял некоторые существительные, но не понял глаголов.

— Что важнее? Глаголы или существительные? — сказала Эвелина.

— Вероятно, все-таки соответствие между ними, — сказал я.

По мере того как проходило время, я замечал, что многих книг, которые я брал с полки, я не мог читать, их несостоятельность начинала мне казаться очевидной с первых же страниц. Я вспомнил, как мне попались путевые записки автора, который одно время пользовался некоторой известностью. Я открыл его книгу, и первая строка, которую я прочел, была такая:

«Я приближаюсь к морю. Знает ли оно, как я его люблю?»

На этом мое чтение его записок кончилось, и у меня не хватило мужества читать дальше. Но пример этой риторической глупости далеко не был единственным или исключительным. Если бы я читал эту книгу много лет тому назад, я бы продолжал все-таки искать в ней что-нибудь, что заслуживало бы внимания. Но длительный опыт научил меня тому, что эти поиски обычно оказываются бесплодными, и теперь у меня не было желания терять на них время. В результате этого круг моего чтения все время суживался, как шагреневая кожа.

Я сидел в кресле и перечитывал еще раз «Войну и мир», — это было через три дня после ухода Артура, был шестой час вечера, — когда раздался телефонный звонок. Звонила Эвелина, сказавшая, что ей нужно со мной поговорить и она придет через двадцать минут.

Когда она вошла в квартиру, у нее было такое выражение лица, по которому было видно, что она только что приняла очень важное решение.

— Чем я могу тебе быть полезен? — спросил я.

— Ты не хотел бы стать моим компаньоном?

— Компаньоном? — сказал я с изумлением. — В чем?

— В моем деле. Я знаю, что ты в этом ничего не понимаешь, но твоя роль была бы очень скромной, ты был бы только юридической фикцией.

— Худшего выбора ты не могла бы сделать, — сказал я, — и ты должна это знать. Какое дело? Твое кабаре?

— Да, — сказала она. — Оно приносит некоторый доход.

— А Котик?

— Котик, — сказала она, — это прошлое, и вдобавок такое, которым гордиться не приходится.

— Это было ясно с самого начала, — сказал я. — Но что изменилось и что произошло?

— Я не могу больше выносить его утомительной глупости, — сказала Эвелина. — Я сделала все, чтобы придать этому видимость какого-то приличия, но это невозможно. Ты знаешь, в чем мой главный недостаток?

— Для этого следовало бы знать, какой из твоих недостатков ты считаешь главным.

— Тут ты не мог удержаться, — сказала она. — Но не будем спорить. Я только хотела сказать, мой милый, что ничего не может быть грустнее, когда женщина умнее своего любовника. А со мной это всегда именно так и происходит.

— Ты считаешь, что каждый раз это случайно?

— Вероятно, мне не везет.

— Нет, моя дорогая, — сказал я. — Будем откровенны. Я тебе, помнится, как-то сказал, что ты выбираешь тех, над кем ты чувствуешь свое превосходство. Если этого нет, тебе неинтересно. Вместе с тем ты хочешь себе внушить, что вот наконец ты нашла кого-то, кто достоин твоего чувства. Я никогда не мог понять, зачем ты это делаешь. В тебе есть какой-то постоянный разлад между душой, умом и твоей эмоциональной жизнью. Ты испытываешь, скажем, влечение к человеку, глупость которого для тебя очевидна. Это могло бы быть длительным, если бы твои душевные и умственные способности были раз навсегда атрофированы. Ты пытаешься их нейтрализовать, но это тебе никогда до конца не удается, и ты знаешь, что это не может удаться. Я только напоминаю тебе элементарные истины, Эвелина. Помнишь наш с тобой разговор о Котике и метампсихозе? Мы оба знали с самого начала, насколько это было глупо, — и ты знала, что я это знал.

— Это было нетрудно, — сказала она, — Ты, впрочем, этого не скрывал. Но и тогда, во время этого разговора, я очень хорошо знала, что Котик уйдет и будет забыт, как старая тряпка, а ты останешься.

Она задумалась на минуту и потом сказала:

— Посмотри в окно.

Начинались сумерки, шел холодный дождь, и казалось, что наступала настоящая осень. И я вспомнил недавние летние дни, Ривьеру, буйабес, Адриатическое море и Лидо ди Венеция.

— Мы сидим с тобой здесь, — сказала Эвелина, — и есть в этом что-то необыкновенно уютное, ты не находишь? Но через некоторое время я уйду и ты останешься один со своими невеселыми мыслями. А я вернусь к себе и увижу Котика, который лежит на диване и читает книгу об индусской мудрости, в которой он ничего не понимает. И если бы он был немного умнее, он бы думал: как хорошо, что существует дура, которая обо мне заботится и которая только в последнее время проявляет некоторую непонятную холодность. А если бы он был еще умнее, он бы понял, что ему осталось мало времени до того дня, когда он лишится этой женщины, которую он напрасно считает дурой.

— А если бы он был еще умнее, — сказал я, — то он никогда не пользовался бы расположением этой женщины и не занимался бы метампсихозом.

— Мне иногда кажется, — сказала она, — что ты мне мстишь за то, что я тебя слишком хорошо знаю и что ты меня не можешь обмануть.

— Я никогда тебя не старался обмануть.

— Нет, не обмануть в буквальном смысле слова, — это действительно тебе несвойственно. Но ввести меня в заблуждение, сделать так, чтобы я поверила в твой мнимый академизм и твою отрешенность от суетных забот. Это тебе не удается, и у тебя остается против меня одно оружие — насмешка и ирония. Но этим оружием ты пользоваться как следует не можешь. И ты знаешь почему?

— Потому что я никогда не хотел тебя обидеть.

— Верно, — сказала она. — А почему? Хочешь, я тебе скажу? Потому что ты меня любишь.

— Эвелина!

— Ты будешь это отрицать?

— Самым категорическим образом!

Она посмотрела на меня так, как умела смотреть только она, и глаза ее стали близкими, теплыми и нежными.

Потом их выражение медленно изменилось, и она сказала:

— Категорическим образом, мой дорогой?

— Самую правильную вещь о тебе сказал один из наших общих знакомых, — сказал я, — что тебя создал однажды задумчивый дьявол — в тот день, когда он вспомнил, что раньше был ангелом.

— Мервиль? — спросила она, засмеявшись. — Это на него похоже, и это могли обо мне сказать только два человека — ты или он.

* * *

В последнее время мои разговоры с Эвелиной стали происходить гораздо чаще, чем раньше. Во время одного из них я еще раз откровенно высказал свое мнение о теперешнем периоде ее жизни и, вопреки ожиданию, она почти не защищалась и была готова согласиться со мной.

— Ты не думаешь, в частности, что роль владелицы ночного кабаре тебе мало подходит? Этот обязательный дурной вкус, эти посетители, что может быть более презренного?

— Никто из нас не святой, — сказала она, — ни ты, ни я. Но ты напрасно так упорно убеждаешь меня. Кто тебе сказал, что я до конца жизни останусь собственницей «Fleur de Nuit»?

Я несколько раз с удивлением спрашивал себя, почему, собственно, теперь вопрос о том, что делает и как живет Эвелина, так занимал меня. В конце концов, не все ли равно, хотела ли она открыть театр или экспортное предприятие? Такой эпизод тоже был в ее жизни, и она обнаружила незаурядные коммерческие способности, но увлеклась одним начинающим композитором и уехала с ним в Италию, бросив все почти на произвол судьбы и передав доверенность на ведение дел Мервилю, который быстро ликвидировал их с довольно крупной выгодой, и, когда Эвелина вернулась в Париж одна, он передал ей значительную сумму, от которой через короткое время не осталось ничего, и Эвелина уехала навсегда, как она сказала, в Южную Америку. Ей был устроен прощальный прием с шампанским у Мервиля, и Эвелина говорила, что никогда нас не забудет. — К сожалению, — сказал я, не удержавшись. — Неблагодарный, — смеясь ответила она. — Пойми, что ты, может быть, никогда в жизни меня больше не увидишь. — Мы приедем к тебе в Южную Америку, Эвелина, — примирительно сказал Мервиль, — и мы тебя тоже не забудем.

Через год после этого, зимой, вечером, в квартире Мервиля раздался звонок, горничная отворила дверь, и мы не успели подняться из-за стола, за которым ужинали Мервиль, Артур и я, как на пороге показалась Эвелина в норковой шубе и с брильянтовыми серьгами в ушах.

— Эвелина во всей ее славе, — сказал Мервиль. — Я надеюсь, ты с нами поужинаешь?

Эвелина сняла шубу, которую отдала горничной, села за стол и сказала:

— Спасибо за приглашение. Поужинаю и останусь ночевать, а завтра я подумаю о дальнейшем.

И когда она вышла из столовой, чтобы заняться туалетом, Артур сказал:

— Эвелина — это своего рода мементо мори. Она неизбежна, несокрушима, и ничто не может ее остановить.

— Это верно, — сказал Мервиль. — Но согласись, что она неотразима.

— Несомненно, — сказал Артур.

— И что в этом есть что-то приятное, — сказал я. Я вспомнил об этом, когда Эвелина снова была у меня и заговорила о Котике.

— Откровенно говоря, мне его жаль, — сказал я.

— Почему?

— Потому что ты ввела его в заблуждение. Это ты создала вздорную иллюзию любви и взаимного понимания. Насколько я мог себе составить о нем представление, он человек беззащитный, он всему этому поверил, не зная, что с твоей стороны это был только каприз, который тебя ни к чему не обязывал. Ты понимаешь, моя дорогая, что ты несешь ответственность за свои поступки. Если ты действуешь определенным образом, из этого надо делать определенные выводы. Ты берешь на себя известные моральные обязательства, и потом ты от них уклоняешься.

— Ты говоришь так, как будто все можно подвести под какие-то правила. Выходит, что если я делаю глупость, то я всегда, всю жизнь должна за нее расплачиваться. Я должна отказаться от всего, что мне еще, быть может, предстоит, и посвятить свое существование заботам о Котике? Ты говоришь — обязательства. Но когда речь идет о чувстве, которое умерло или умирает, то о каких обязательствах можно говорить? Я понимаю, — если есть семья, дети, быт. Но если ничего этого нет?

— Пойми меня, я Котика не защищаю. Я обвиняю тебя в неосмотрительности, в том, что ты склонна уступать какому-то чувству, которое не может быть ни глубоким, ни длительным, — и ты это знаешь. Проснись наконец, черт возьми, и начни жить по-человечески.

— А ты не думаешь, мой дорогой, — сказала она изменившимся голосом, — что ты обо мне лучшего мнения, чем то, которого я заслуживаю?

— Нет, — сказал я. — Но мне иногда хочется схватить тебя за плечи и трясти до тех пор, пока ты не поймешь, что пора перестать делать глупости.

— Почему ты никогда этого не сделал?

— Не знаю, — сказал я. — Может быть, потому, что ты еще не созрела для этого. То, что ты живешь не так, как нужно, это ты всегда понимала, ты достаточно для этого умна. Но, может быть, наступит день, когда ты это почувствуешь, то есть произойдет то, чего не могут заменить никакие доводы, как бы неопровержимы они ни были. И вот, когда это случится — и если это случится, — ты станешь такой, какой ты, мне кажется, должна быть. Но когда? И настанет ли когда-нибудь такой день?

— Может быть, — сказала она.

— В этот день я буду за тебя искренно рад.

— Я в этом не сомневаюсь. И я не сомневаюсь, что ты считаешь, что тот, на кого падет мой последний и окончательный выбор и с кем я действительно свяжу свою жизнь, должен будет простить мне все, что этому предшествовало.

— Его заслуга будет небольшая, — сказал я. — Прощать тебе нечего. В конце концов, ничего дурного ты не делала — ты вредила прежде всего самой себе.

Она смотрела на меня невидящими, остановившимися глазами. Я взглянул на нее и сказал:

— С тобой происходит что-то странное, Эвелина.

— Ты это наконец заметил?

Она встала с кресла, подошла ко мне и поцеловала меня в лоб.

Мервиль позвонил мне из Рима. Это было в десять часов вечера, через две недели после телефонного вызова из Мексики.

— Ты приближаешься, — сказал я, — когда ты будешь в Париже?

— Встретимся послезавтра вечером у тебя, хорошо?

134

Он явился в назначенное время. Я заметил сразу же, что он находился в состоянии, далеком от безудержного восторга.

— Ну, рассказывай, — сказал я, когда он сел.

— Это не так просто, — сказал он. — В одном я уверен: никогда в моей жизни до сих пор не было ни таких серьезных проблем, ни такой ответственности за то, что происходит или может произойти. Мне предстоит множество трудностей. Что такое эти трудности, я постараюсь тебе объяснить. Начнем с того, что Лу была против моего прихода к тебе. У меня такое впечатление, что она тебя боится.

— Боится? — сказал я. — Мне кажется, что это на нее не похоже. Она просто питает ко мне антипатию. Как ты реагировал на то, что она не хотела, чтобы мы с тобой встретились?

— Я постарался убедить ее в том, что есть вещи, которых она изменить не может.

— Неужели это было трудно понять?

— Ты не отдаешь себе отчета во всем этом, ты не знаешь, что такое Лу.

— Да, конечно, но все-таки объяснить такую простую вещь, — на это достаточно пяти минут. Тем более что она производит впечатление женщины неглупой.

— Дело не в этом. Она жила до сих пор в мире, о котором мы не имеем представления, где опасность ждет тебя на каждом шагу, где никому нельзя доверять и где главное значение имеют угрозы или шантаж. Ты понимаешь? И тот, кто сильнее, у кого есть власть, может позволить себе все, потому что другие его боятся. Нечто вроде этого — почти бессознательно, если хочешь — определяет отношения между мужчиной и женщиной. Один из двух всегда, как она, вероятно, думает, сильнее другого и тому или той, кто слабее, остается только подчиняться. И вот у нее, по-видимому, создалось впечатление, что у нее надо мной есть какая-то власть. Вместе с тем она сделает для меня все и ни перед чем не остановится. Она мне сказала, что такое чувство она испытывает первый раз в жизни.

— Эту фразу, я думаю, ты слышал много раз, — сказал я. — В этом смысле Лу ничем не отличается от других женщин, как мне кажется.

— Фраза, может быть, такая же, — сказал Мервиль, — но психология другая. Все это надо переделывать и перестраивать. Ты знаешь, чем кончился разговор о тебе? Она сказала, что если я не хочу принимать во внимание ее желания, то она не видит, зачем она должна оставаться со мной.

135

— И что ты на это ответил?

— Я ей сказал, что она совершенно свободна поступать так, как она находит нужным, и что я не считаю себя вправе ее удерживать. Она вышла из комнаты и хлопнула дверью. Но через полчаса вернулась, и на ее глазах были слезы.

— Все это очень дурной вкус, — сказал я, — ты не находишь? Извини меня за откровенность.

— Да, конечно, но это серьезнее. Она сказала, что понимает, что я не такой, как другие. Ты заметишь, что это тоже не ново, и будешь прав, но у нее все приобретает особый характер, — и что я могу ставить ей свои условия, — опять-таки, понятие о власти. Я повторил, что она совершенно свободна и что ей нечего бояться какого бы то ни было принуждения. Я добавил, что у меня есть несколько старых друзей, которыми я не пожертвую ни для кого, и что если она это считает неприемлемым, то я даю ей право и возможность распоряжаться своей свободой.

— До сих пор ты никогда так с женщинами не говорил.

Мервиль встал с кресла и сделал несколько шагов по комнате. Потом он остановился и сказал:

— Ты знаешь, я думаю, что я очень изменился за последнее время. И я думаю, что, когда ты мне говорил, что я вел себя как кретин, ты был прав.

— Я никогда этого не говорил, — сказал я, — не клевещи на меня. Я считаю тебя неисправимым романтиком. Я считаю, кроме того, что ты никогда не хотел отказаться от своих иллюзий и измерить то расстояние, которое их отделяло от действительности.

— Есть еще одно, — сказал он. — Я имею в виду то, что происходит сейчас. До сих пор все, кого я знал, принадлежали приблизительно к одному и тому же кругу людей. Хорош он или плох, это другое дело. Но с ними у меня был общий язык.

— Во многих случаях не было, милый друг. Вспомни, как ты излагал Анне свои соображения по поводу Гегеля и Лейбница в то время, как она с трудом могла усвоить таблицу умножения.

— Да, да, — нетерпеливо сказал он. — Но в области этических понятий ей ничего не нужно было объяснять.

— В этом я с тобой согласен. Не нужно было потому, что она все равно ничего не поняла бы.

— Ей не надо было понимать, они у нее носили, так сказать, органический характер. — Ее родители и подруги, среда, в которой она выросла, — это была вполне определенная социальная категория, для которой характерна известная

136

этическая система. Но представь себе, что ты сталкиваешься с кем-то, кто об этой системе не имеет понятия, чья жизнь была построена на совершенно других принципах. Представь себе общество, которое состоит из профессиональных преступников, шантажистов, взломщиков, наемных убийц — то, что в газетах иногда называют джунглями. Мы с этим миром никогда не встречались, мы не знаем, что это такое.

— Нет, у меня о нем есть некоторое представление.

— О себе я этого сказать не могу. И вот Лу жила именно в этой среде, во всяком случае, ей часто приходилось иметь дело с этими людьми. Это была не ее вина, она всегда стремилась оттуда уйти и жить иначе.

— Ты в этом совершенно уверен?

— Убежден, — сказал он. — Но до тех пор, пока этот уход ей не удавался, она должна была действовать так, чтобы себя защитить, ты понимаешь? Она привыкла всегда быть настороже, никогда никому до конца не верить и на угрозу отвечать силой.

— Конечно, то или иное прошлое не всегда определяет человека на всю жизнь, я это знаю, — сказал я. — Но боюсь, что иногда оно оставляет неизгладимый след.

— Она в этой среде была исключением, — сказал Мервиль. — Она знает четыре языка — английский, французский, испанский и итальянский, она чему-то училась, и у нее есть нечто похожее на культуру, конечно, очень поверхностную, тут себе иллюзий строить не следует. Но это, в общем, второстепенно. Есть главное — и об этом труднее всего говорить. Именно оно все определяет, и когда ты это поймешь, тебе становится ясно, что все остальное не имеет или почти не имеет значения.

— Когда ты говоришь о главном и второстепенном, что, собственно, ты имеешь в виду?

— Ты это должен знать лучше, чем кто-либо другой, — сказал Мервиль, — это, если хочешь, твоя профессиональная обязанность.

— Почему профессиональная?

— Потому что ты писатель.

— Милый друг, быть писателем — это не профессия, это болезнь.

— Бросим эти парадоксы, — сказал он, — даже если ты в какой-то степени прав, то сейчас дело не в этом. Ты сам говоришь, что у многих людей есть несколько жизней. Я тебе это напоминаю. Одна из них — это биография, которая определяется местом рождения, национальностью, средой,

137

образованием, бытовыми условиями. Но наряду с этим есть другие возможности, потенциальные, в этом же мужчине или в этой же женщине. Они могут никогда не осуществиться. Но именно эти непроявленные еще возможности, именно это — вторая природа того или той, о ком идет речь, подлинная, в тысячу раз более важная, чем биографические подробности. Это главное, а остальное второстепенно. Ты со мной согласен?

— В некоторых случаях да, если хочешь. Но трудность заключается в диагнозе.

— А если диагноз очевиден?

— Это, мне кажется, бывает редко.

— Но это может быть?

— Несомненно.

— Жизнь Лу, если это постараться выразить в нескольких словах, это отчаянная борьба, в которой почти не было перерывов, это общество людей, за каждым движением которых надо было следить и надо было держать наготове оружие, — так сказать, символически, понимаешь?

— Может быть, не только символически. Американский следователь, который приезжал на Ривьеру, рассказал мне биографию Лу. В ней много не хватало. Но то, что он мне сказал, давало о ней некоторое представление. Она женщина опасная, ты знаешь это?

— Кому ты это говоришь? — сказал он. — Я это очень хорошо знаю. Я не хотел бы быть ее врагом.

— Боб Миллер?

— Она была в Нью-Йорке, когда он был убит, а убийство произошло на Лонг-Айленде.

— Почему в таком случае ее разыскивала американская полиция?

— Потому что это совпало по времени с ее исчезновением. Лу Дэвидсон перестала существовать, и за тысячи километров от тех мест, где это происходило, на французской Ривьере появилась Маргарита Сильвестр.

— Ты уверен, что это было именно так?

— Как ты думаешь, зачем я ездил в Америку вместе с ней?

— Я не знал, что ты был с ней в Америке, — сказал я, — я думал, что речь шла о Мексике.

— Мексика была после Америки, — сказал он. — Но там, в Нью-Йорке, я настоял на выяснении этого дела и с нее были сняты все подозрения. Ей не грозит больше никакое преследование. Но я замечаю, что мой рассказ выходит очень сбивчивым.

— Если хочешь, начнем сначала. После того как она уехала

с твоей виллы возле Канн и ты вернулся в Париж и давал объявления в газетах, что случилось? Как произошла новая встреча? Артур мне говорил об этом, но очень коротко. По его словам, это не ты ее нашел, а она пришла к тебе.

— Ты знаешь, — сказал Мервиль, — я не буду описывать тебе состояния, в котором я находился. И когда я спрашивал себя в тысячный раз, что произойдет, если я опять ее увижу, к концу дня — горничная ушла, я был один в квартире — раздался звонок. Я отворил дверь и увидел Лу. Она сделала шаг вперед и упала без чувств. Я положил ее на диван, потом приподнял ее голову и заставил ее выпить виски. Она пришла в себя. Я сел рядом с ней, и она сказала:

— Я буду говорить по-английски, хорошо? Я так устала, что мне трудно говорить по-французски.

Тогда я понял, что у нее действительно не оставалось сил.

— Ты помнишь, — сказал я, — я тебя как-то спросил, знает ли она по-английски, и ты мне сказал, что она говорит как англичанка. Когда я слышал ее разговор с туристом в Каннах, у меня не было никаких сомнений, что она американка.

— Я в этом тоже тотчас же убедился, — сказал Мервиль. — Она начала с того, что ее приход ко мне — это нечто вроде капитуляции, первой в ее жизни.

Мервиль повторил по-английски ее слова, и в них была несомненная выразительность и сила.

— Я никогда не думала, что это может со мной случиться, — Мервиль продолжал повторять ее слова, — у меня всегда была воля быть сильнее обстоятельств и сильнее тех, с кем я имела дело. Никто никогда не мог меня согнуть и подчинить себе. Но после встречи с тобой все изменилось. У меня больше нет ни сил, ни желания сопротивляться.

Мервиль ее спросил:

— Сопротивляться чему?

Она посмотрела на него и ответила:

— Тебе и моему чувству.

— А зачем этому сопротивляться? — спросил Мервиль. — Разве в этом есть необходимость?

— Зачем? — сказала она с удивлением. — Чтобы чувствовать себя свободной, чтобы принадлежать самой себе, а не кому-то другому.

— Одно не исключает другого, — сказал Мервиль.

Тогда она спросила:

— Ты знаешь, кто я такая? Ты знаешь, почему я говорю с тобой по-английски? Ты знаешь, почему я уехала из Канн? И почему я не хотела лететь с тобой в Нью-Йорк?

— Знаю, — сказал Мервиль.

Она повторила:

— Ты знаешь, кто я такая?

— Тебя зовут Луиза Дэвидсон, — сказал Мервиль. — Ты родилась в Нью-Йорке, и тебя разыскивает американская полиция, потому что думает, что ты убила Боба Миллера, который был человеком с уголовным прошлым и твоим любовником. Поэтому ты отказалась сопровождать меня в Нью-Йорк, сказав, что ты не переносишь путешествий в аэроплане.

Мервиль сказал это совершенно спокойным голосом.

— И, зная все это, ты хотел, чтобы я вернулась к тебе?

— Какое значение имеет твое прошлое?

— Но ты не знаешь моего прошлого, — сказала она. — Откуда тебе известно, как меня зовут, и откуда ты узнал, что меня разыскивает американская полиция?

— Это очень просто, — сказал Мервиль. И он рассказал ей, как ко мне приходил полицейский инспектор на Ривьере, как потом я встретился с его американским коллегой, о чем они меня спрашивали, что они говорили и как я, в свою очередь, передал все это ему, Мервилю.

— Что он тебе сказал об этом? Что ты связался с преступницей?

— Нет, этого он не говорил. Но то, что ты американка, он знал до этого.

— Каким образом?

— Он слышал, как ты в Каннах разговаривала с американским туристом.

— И он об этом сказал тем, кто его допрашивал?

— Нет.

— Ты в этом уверен?

— Совершенно. Он сказал другое, когда говорил с французским инспектором. Тот его спросил — если вы когда-нибудь узнаете, где находится Лу Дэвидсон, я надеюсь, что вы нам об этом сообщите? Он ответил, что на это рассчитывать не следует и что если он что-либо узнает, то ставить об этом в известность полицию он не намерен.

— Это меня удивляет, — сказала она. — Он всегда относился ко мне враждебно, и когда я встречала его взгляд, мне казалось, что он меня готов подвергнуть полицейскому допросу. У него глаза судебного следователя, и он никому не верит. Я всегда его остерегалась.

— Ты его не знаешь, — сказал Мервиль. — Он мой старый друг, и я ему могу верить как самому себе.

140

— Между вами нет ничего общего.

— Как ты можешь об этом судить? Ты слишком мало знаешь и о нем и обо мне. И доказательство того, что ты мало знаешь даже меня, это то, что тебя удивляет мое безразличие к твоему прошлому.

— Я чувствую себя совершенно растерянной, — сказала она. — До сих пор я всегда знала, как надо действовать и что надо думать о том, что происходит. Теперь от всего этого ничего не осталось. Я себя потеряла. Единственное, что у меня есть на свете, это ты.

— Это был очень долгий разговор, вернее монолог, — сказал Мервиль. — Она мне рассказала всю свою жизнь. И я должен тебе сказать, что всякая другая женщина на ее месте давно бы погибла, я думаю, у нее не хватило бы сил со всем этим справиться и уйти в конце концов из этого мира, который был для нее неприемлемым.

— Она тебе сказала, что ушла из дому, когда ей было пятнадцать лет?

— Не было пятнадцати, — сказал Мервиль.

— Она сразу попала в уголовную среду и оставалась в ней до последнего времени. И ее постоянное пребывание там, — тебе не кажется, что это может быть не только случайность? Американец мне сказал, что Лу прекрасно знает технику защиты, что она очень хорошо умеет обращаться с огнестрельным оружием и что человеку, который, скажем, захотел бы заставить ее делать то, что ей не нравится, пришлось бы очень скоро отказаться от этой мысли и дорого за это заплатить. Он мне привел пример этого — единственный, который он знал. Человек, о котором шла речь, оказался в госпитале, откуда он вышел инвалидом. Я не сомневаюсь, что он, может быть, лучшего не заслуживал, но согласись, что иметь дело с такой женщиной довольно опасно. Она тебе об этом эпизоде не говорила?

— Я этот эпизод знаю, — сказал Мервиль. — Кроме того, она стреляет без промаха, она работала в цирке, она все видит, все замечает, застигнуть ее врасплох почти невозможно, и она умеет найти выход из любого положения.

— Что она тебе сказала о том, как она ушла из дому?

— Когда ей было четырнадцать с половиной лет, она познакомилась на улице с человеком, который ей очень понравился, — что она могла понимать в этом возрасте? И вот однажды вечером он просто увез ее из Нью-Йорка и они поселились в Калифорнии. Это был единственный человек в ее жизни, о котором она сохранила благодарное воспоминание.

Она до конца не знала, чем он занимался. У них никто не бывал — и она только потом, значительно позже, поняла, что он охранял ее от среды, в которой он жил. Он часто говорил ей: — Когда меня не будет... или: — Когда мы расстанемся, не забывай одного: не верь никому. Он это повторял много раз. Что она скоро заметила, это что он никогда не расставался с револьвером.

Мервиль покачал головой.

— Он был ее учителем, если хочешь. Он ей излагал свою несложную философию: никому верить нельзя, мир построен на зависти, ненависти и страхе перед силой. И надо жить так, чтобы быть готовым к тому, что завтра, может быть, тебя не станет, как на войне. Он учил ее, как надо защищаться, если на тебя нападают, и надо сказать, что она оказалась очень способной ученицей. В прошлом этого человека, как она узнала потом, было несколько убийств и были годы тюрьмы. Однажды вечером раздался звонок в их квартире, он отворил дверь и увидел двух полицейских. Лу выбежала в переднюю, когда услышала два выстрела. Он ранил одного полицейского в плечо, но второй сразу открыл огонь, и первая же пуля оказалась смертельной. Он лежал на полу в крови, и когда Лу опустилась на колени перед ним, он успел сказать два слова, всего два: «Не забывай».

— Не забывай! — повторил Мервиль. — И этого она не забыла. Ты понимаешь? Все-таки его последняя мысль была о ней. Не забывай. Не забывай, что жизнь беспощадна. Не забывай, что никому нельзя верить. Не забывай, что смерть ждет тебя на каждом шагу. И, может быть, последнее, не забывай меня — что-то настоящее и человеческое в этом мире отчаянной борьбы, исход которой рано или поздно предрешен: «Когда меня не будет». И вот тогда, стоя на коленях перед его телом, не понимая, что перед ней уже только труп, она кричала: не умирай!

Губы Мервиля дернулись.

— Так кончилась ее первая любовь. Что можно сказать после этого?

— Ты знаешь, — сказал я, — мне кажется, что в этих нескольких месяцах ее существования, которые кончились так внезапно и так трагически, уже заключено то, что определило всю ее жизнь, вплоть до встречи с тобой. Прежде всего это предостережение. Если б она забыла о нем, она, я думаю так же, как и ты, погибла бы. Ее спасло то, что после этого она всегда была настороже. И еще одно, самое главное. До тебя он был, вероятно, единственным человеком, которому она верила, которого не надо было остерегаться, который ее действительно любил и которого она любила.

— Она говорила о себе в самых жестоких выражениях, — сказал Мервиль. — Ты знаешь, что она мне сказала? Если считать, что любовь невозможна без нежности, то я никогда никого не любила, никого из всех тех, кто был мне близок.

— Кроме первого, — сказал я.

— Она мне сказала, — продолжал Мервиль, — что у нее нередко бывали припадки холодного бешенства. Я думаю, что ее исключительное физическое совершенство, этот неисчерпаемый запас силы, все это требовало какого-то выхода, ты понимаешь? И то, что она работала некоторое время в цирке, мне кажется, вполне понятно. Случайностью было то, что она познакомилась с цирковым акробатом. Это был силач, который держал на себе целую пирамиду гимнастов, выжимал штанги и жонглировал гирями. Она стала путешествовать с ним, и потом он начал ее тренировать для выступлений. Через некоторое время она появилась на арене цирка в Чикаго. Потом она подготовила еще несколько номеров. Она метала ножи, затем она заменила ножи стрельбой из винчестера. А в свободное время она изучала стенографию. И вот однажды она ушла из цирка, уехала в другой город и стала секретаршей.

— Об этом мне тоже говорил мой американский собеседник.

— Я не могу повторить все, что она мне рассказала, — сказал Мервиль. — У нее есть некоторые особенности: она требовала, например, к себе известного уважения, на которое она не могла — так, по крайней мере, многим казалось — рассчитывать. Кроме того, она не придает особого значения деньгам, купить ее нельзя. Это тоже отличало ее от многих женщин. Все это вызывало нередко недоразумения, и некоторые из них кончались трагически. Одним словом, когда ты слушаешь рассказ о ее жизни, то самое удивительное в нем — это то, что она осталась жива и невредима.

— У нее для этого были данные, которых не было бы у другой женщины.

— Несомненно. Прежде всего нечто похожее на безошибочный инстинкт, она всегда чувствовала приближение опасности.

— Не говоря о том, что она сама представляла собой опасность для всех, кто имел с ней дело.

— Не для всех, — сказал Мервиль, — но для многих.

— Ее прошлое, — сказал я, — это трагедия, бегство,

опасности. И после всего этого в тысячах километров от тех мест, где это происходило, — последняя по времени встреча, то есть ты, бедный и беззащитный романтик. Удивительная судьба, ты не находишь?

— Ты знаешь, — сказал Мервиль, — я часто упрекал себя в том, что допускал очевиднейшие ошибки, заблуждался, был жертвой иллюзий — и если бы я этого сам не понимал, то ты бы мне это напомнил, ты, впрочем, делал это много раз. Но никогда еще я не был так убежден, что я действую правильно, как я в этом убежден теперь. Считаешь ли ты, что я ошибаюсь и на этот раз?

— Этого я не знаю, — сказал я. — Но я думаю, что у тебя нет выбора. Я думаю, кроме того, что у нее тоже нет выбора и это ее последний шанс. Если она этого не поймет, это будет конец. Выхода у нее, мне кажется, нет.

— Ты думаешь, что я незаменим?

— Для нее — да.

— Почему?

— Я тебе скажу это в другой раз, мне нужно об этом подумать. То, что я тебе только что сказал, это не логический вывод, это ощущение, интуиция, если хочешь, то есть то, что, как ты думаешь, для меня совершенно не характерно. Но это именно так.

Через три дня после этого разговора с Мервилем, — были сумерки, и я только что зажег лампу над моим письменным столом, — раздался телефонный звонок. Я поднял трубку, сказал «алло» — и услышал голос Андрея.

— Я думал, ты в Сицилии, — сказал я.

— Я только что оттуда приехал, — ответил он, — на короткое время. Ты — первый человек, которому я звоню. Можно к тебе зайти? Я здесь недалеко, в кафе.

— Приходи, — сказал я, — буду рад тебя видеть.

Он пришел через десять минут — не похожий на себя, загорелый, прекрасно одетый. Даже голос его изменился — я никогда не слышал у него этих спокойных баритональных нот, которые теперь стали для него характерны. В его манере держаться, в том, как он говорил, появилась уверенность, которой прежде никогда не было.

— Это на тебя так благотворно подействовало солнце Сицилии? — спросил я. — Судя по твоему виду, можно подумать, что нам всем следует туда ехать и там жить.

— Во всяком случае, — сказал он, — это в тысячу раз лучше, чем жить в Париже.

— Стоит на тебя посмотреть, чтобы в этом не возникало

сомнений. Ты на себя не похож — я хочу сказать, такого, каким мы тебя всегда знали.

— В каком смысле?

— Ну, прежде всего в том, что у тебя больше нет хронической нервной дрожи, которая была раньше, этого несчастного вида, этой постоянной печали, этого срывающегося голоса. Тебя узнать нельзя.

— То, что ты говоришь, доказывает поверхностность твоих прежних наблюдений.

— Поверхностность?

— Да, да, — сказал Андрей. — И не только твою, а всех вас. Вы все меня себе представляли совершенно неправильно.

— Я очень рад в таком случае, что мы ошибались, — сказал я, — но согласись, что наша ошибка была понятна. Ты проводил свою жизнь в постоянном волнении, ты всего боялся, и малейшая неприятность вызывала у тебя нервную депрессию. Ты называешь теперь это поверхностными наблюдениями, но ты забываешь, милый мой, что ты был именно таким. Поверхностность здесь ни при чем.

— То или иное состояние человека, — сказал он (он даже сидел теперь иначе, чем раньше, не на кончике стула, а в глубине кресла), — может быть случайным или органическим.

— Ты собираешься читать мне лекцию по психологии?

— Нет, но я хочу тебе показать, насколько внешние обстоятельства могут действовать на облик человека, могут искажать его, понимаешь?

— Понимаю, — сказал я. — Это настолько очевидно, что мы тебя считали инженером, в то время как ты, в сущности, был по призванию философом, как я теперь вижу.

— Ты неисправим, — сказал он, улыбнувшись. — Нет, я не претендую на философские заслуги, предоставляю это тебе и Мервилю, любителям диалогов и отвлеченных рассуждений. Я человек простой. Но то, что вы оба во мне ничего не понимали, это факт.

— Жаль, что Мервиля тут нет. Но ты объясни мне наши заблуждения, и если мы были не правы, то мы это признаем.

— Объяснение заключается в том, что я всегда был по природе человеком уравновешенным и спокойным и всегда стремился к той жизни, которая соответствовала бы моему характеру.

— Это ты — уравновешенный и спокойный? Что ты мне рассказываешь?

— Да, да, — сказал он, — это именно так. Таким я был создан, понимаешь? Но все было против меня — эти трудности, эти обстоятельства, это отсутствие поддержки со стороны моей семьи, — все. И вот все это, вместе взятое, так на меня действовало, что я не мог быть самим собой, таким, какой я в действительности. И если бы я по природе был таким, каким я был в твоем представлении, то есть несчастным, издерганным человеком с больной нервной системой, то никакие внешние изменения не могли бы привести к тому, к чему они, как видишь, привели. Ты со мной согласен? Ты понимаешь теперь твое заблуждение? И если ты это понимаешь, то имей мужество это признать.

— Охотно, — сказал я. — Но что-то тут еще есть, что от меня — и от тебя тоже, я думаю, — ускользает. Это все не может быть так просто, как тебе кажется. Я думаю, что не обстоятельства тебя изменили, а ты изменился, потому что обстоятельства стали другими.

— Это риторика.

— Не думаю. Есть люди, которые при всех условиях остаются одинаковыми: несчастье или удача, бедность или богатство, болезнь или здоровье — они не меняются. И есть другие, такие, как ты, которые съеживаются, когда холодно, и выпрямляются, когда греет солнце.

— Но если бы твои прежние наблюдения были правильны, то я не мог бы выпрямиться.

— Они были правильны, когда было холодно, и стали неправильны при солнечном свете. Другого объяснения я сейчас не могу найти. Но расскажи мне лучше, как ты живешь?

— Я тебе говорю, — сказал Андрей, — так, как я должен был бы всегда жить.

И он начал мне рассказывать о Сицилии, о небольшом доме на берегу моря, о солнце, купанье, южных сумерках, итальянской кухне.

— Я с удивлением замечаю, — сказал он, — что, в сущности, это благополучие и отсутствие забот — все это можно описать в нескольких словах, и все будет ясно. У счастливых народов нет истории, это верно. Со стороны может показаться, что мое существование бессодержательно. Действительно, делать мне как будто нечего, это то, о чем я всегда мечтал. Крепкий сон, вкус кофе утром, солнечный свет, прогулки, обед, отдых, купанье, время от времени поездка в город вечером, несколько книг, иногда даже газета — но это скучно, у меня не хватает терпения дочитать ее до конца. А главное — ни от кого не зависеть, никому ничем не быть обязанным, не думать, как себя надо вести, как надо действовать в таких-то и таких-то случаях. Ты понимаешь, как все это замечательно?

146

— Сколько времени ты так живешь?

— Около года. И удовольствие, которое я от этого испытываю, теперь не меньше, чем было вначале, я бы даже сказал, глубже.

— Последний раз, когда я тебя видел в Париже, ты был с какой-то девушкой, блондинкой, которой я не знаю. Ты в Сицилии один?

— Эта девушка, — сказал он, — моя невеста, она живет со мной. Если хочешь, нас с ней свела судьба. У нее тоже в прошлом безотрадное существование, необходимость зарабатывать на жизнь, полнейшее отсутствие перспектив — как у меня. Мы с ней как-то познакомились в ресторане, куда оба приходили во время обеденного перерыва. То, что нас соединяло, ты понимаешь, это печальная жизнь, которую мы тогда вели, и она, и я. Оба мы были обречены на грустную участь, как нам казалось. И ей и мне лучшее будущее представлялось несбыточным. Что произошло потом, ты знаешь.

— Да, да, поездка в Перигё и все, что за этим последовало.

— Но я хотел тебя спросить, — сказал Андрей, — как все наши? Что с Мервилем? Как Эвелина? Как Артур?

— Долго было бы рассказывать. Но в общем можно сказать, что все благополучно.

— Ты знаешь... я хотел тебе напомнить... если кто-нибудь из вас окажется в трудном положении, не забывай, что у меня теперь есть возможности, которых раньше не было.

— Я как-нибудь поймаю тебя на слове и отправлю к тебе Артура в Сицилию.

— Скажи ему, что он может приехать когда угодно и оставаться там сколько захочет.

— Для того, чтобы это ему сказать, надо знать, где он и что он делает, — сказал я. — Ты знаешь, он появляется и исчезает. Он жил у меня некоторое время после того, как вернулся в Париж с юга, но где он теперь, я не имею представления. Эвелину ты можешь увидеть каждый вечер в ее кабаре.

— Оно еще существует?

— До последнего времени существовало. Что будет дальше, не знаю. Жизнь Эвелины, как ты, наверное, заметил, состоит из последовательности сравнительно коротких эпизодов.

— А Мервиль?

— Мервиль — это другое дело.

— Его жизнь тоже состоит из эпизодов — не таких, конечно, как у Эвелины, но все-таки из эпизодов.

— Состояла, Андрей, состояла, а не состоит.

— Что ты хочешь сказать?

— У меня такое впечатление, что его теперешний эпизод носит окончательный характер.

— Так могло казаться уже неоднократно.

— Нет, нет, раньше каждый раз всем, кроме него самого, было ясно, что это долго продолжаться не может. Теперь это совсем другое.

— Мадам Сильвестр?

— Ее зовут иначе.

— Это меня не удивляет, — сказал Андрей. — Она тебе нравится?

— Как тебе сказать? Я ее слишком мало знаю. Но все это гораздо сложнее, чем может показаться на первый взгляд.

— У меня к ней инстинктивное недоверие. Мне, так же как Артуру, почему-то кажется, что она должна приносить несчастье тем, с кем она сталкивается. Я никогда не мог отделаться от этого ощущения.

— Ты ее видел раз в жизни.

— Я понимаю, я не высказываю о ней никакого суждения. Но у меня от нее органическое отталкивание. Ты ее встречал в последнее время?

— Нет, я ее видел два раза на юге этим летом.

— Она в Париже?

— Да. Но она, кажется, не совсем здорова.

— Как ты ко всему этому относишься? Ты всегда играл роль в жизни Мервиля. Ты не мог бы на него повлиять?

— Начнем с того, что в его жизнь я никогда не вмешивался. Затем — как, по-твоему, я должен был бы на него влиять?

— Не знаю, подействовать на него в том смысле, чтобы он отказался от этой женщины, пока не поздно.

— В том-то и дело, что это слишком поздно, — сказал я.

Андрей пожал плечами. Потом спросил:

— Если я пойду в кабаре Эвелины, я не рискую там оказаться рядом с мадам Сильвестр?

— Нет, можешь быть спокоен.

— Ты знаешь, я соскучился по нашей Эвелине, — сказал он. — Я люблю ее откровенность, люблю, что она всегда прямо идет к своей цели, не останавливаясь ни перед чем, люблю эту ее неудержимость. Я с удовольствием ее повидаю. Знаешь, я чувствую себя в Париже чем-то средним между туристом и паломником.

— Если к числу святых мест относить «Fleur de Nuit».

— Нет, верно, — сказал он. — Я живу в приличной гостинице — этого со мной раньше не бывало, всегда были какие-то чердаки, где я ютился. И Париж мне сейчас кажется не таким, как раньше, он потерял тот мрачный характер, к которому я давно привык, все в нем как-то легче, яснее и проще.

— И жизнь, в конце концов, не непременно должна быть печальна?

— Нет, не непременно. И в паломничестве тоже есть несомненная приятность. Перед отъездом из Сицилии я с удовольствием думал, как я встречу всех вас — тебя, Эвелину, Мервиля, Артура. Есть вещи, которые не забываются. Ты знаешь, например, что тебе, в частности, я искренно благодарен за то, что ты поехал со мной тогда в Перигё.

— Есть за что, — сказал я. — Погода была отвратительная, дорога еще хуже, кормили нас плохо, не говоря уж обо всем остальном.

— Хорошо, — сказал он, вставая. — Мы с тобой еще увидимся. Ты не будешь сегодня вечером у Эвелины?

— Не думаю.

— Я тебе позвоню завтра или послезавтра. Вот тебе адрес моей гостиницы и мой телефон.

И он ушел. Даже походка его совершенно изменилась. В прежнее время, когда я видел его со спины на улице, у меня было впечатление, что это идет старый, усталый человек. Теперь в его движениях появилась легкость и гибкость, которых не было раньше. Но за этими чисто внешними изменениями было что-то другое, чему я не мог найти объяснения. Изменились его суждения, появилась какая-то небрежность, характерная для человека, уверенного в себе, — и я думал: неужели то, что в его распоряжении оказались деньги, которых у него не было раньше, могло так на него повлиять и сделать его неузнаваемым? Или, может быть, он действительно был прав, утверждая, что мы были поверхностными наблюдателями и плохо его знали? Мне, однако, казалось, что таким, как теперь, он раньше просто не мог быть. Он был все-таки сыном своего отца и братом Жоржа, для которых самое важное значение в жизни имели деньги. Но в их представлении они приобретали какую-то почти мистическую ценность, были чем-то вроде безмолвного и могущественного божества, к которому они питали безграничное уважение.

Для Андрея, — думал я, — деньги тоже имели огромное значение, но в другом смысле. В отличие от своего отца и брата Андрей никогда не был скуп. Но он всегда и почти бессознательно был убежден, что родился, чтобы быть богатым. И оттого, что его судьба до последнего времени была не такой, какой, по его мнению, она должна была быть, оттого, что он был лишен самого главного, он как-то съеживался морально и даже физически — ему всегда было холодно, и он вздрагивал от внутренней дрожи. В конце концов, его отъезд в Сицилию — это тоже было неспроста — тепло вместо холода, солнце вместо зимних парижских туманов, свет вместо сумерек. Он проник в тот мир, где, как ему казалось, он всегда должен был жить и где он не мог, конечно, продолжать быть таким, каким был раньше, — несчастным эмигрантом в своей собственной стране. И до сих пор, пока не произошло это его переселение в другой мир, он ненавидел и презирал Жоржа, о котором позже он стал говорить с каким-то снисходительным пренебрежением: — Все-таки нельзя отрицать его несомненного поэтического таланта и, может быть, даже — связанной с этим — некоторой индивидуальной ценности, и почему слишком строго судить человека, даже если он был убогим? Таким создала его природа. — Но о самом главном достоинстве Жоржа он не говорил, а оно заключалось в том, что Жорж умер. Пока он был жив, ему не было оправдания и он заслуживал только ненависть и презрение. Но, умерев, он приобрел неожиданную ценность, и те качества, которых Андрей не признавал за Жоржем при жизни, вдруг возникли тогда, когда эта жизнь прекратилась, точно обеспечив ему относительную посмертную славу, которой не было бы, если бы он остался жив. И бесполезные деньги, на которых Жорж сидел, как нищий на груде золота, позволили наконец Андрею вести ту жизнь, которая ему, в сущности, была всегда суждена. Этим объяснялась его удивительная метаморфоза, думая о которой я невольно пожимал плечами.

* * *

Я вспомнил, как однажды Жорж, насмешливо глядя на меня, сказал:

— В вашем удивительном союзе твоя роль — это нечто среднее между духовником и юрисконсультом, хотя у тебя нет данных ни для того, ни для другого.

Я вспомнил эти слова, когда ко мне на следующий день после приезда Андрея опять пришел Артур. Он находился в одном из благополучных периодов его жизни — был прилично одет, и в глазах не было того беспокойного выражения, которое появлялось каждый раз, когда он оказывался в трудном положении.

— Как твои дела? — спросил я. — У меня такое впечатление, что все в порядке.

— С одной стороны, да, конечно, — сказал Артур. — У меня сейчас есть регулярный доход, это бывает редко. Но дается это недаром.

— Можно узнать, что именно ты делаешь?

— Я пришел, чтобы тебе это рассказать и с тобой посоветоваться. Ты бываешь в кабаре Эвелины?

— Очень редко.

— Я там встретил одного человека, которого немного знал раньше. Ты, вероятно, о нем слышал. Его фамилия Ланглуа. Тебе это что-нибудь говорит?

— Ланглуа? — сказал я. — Это старый человек в смокинге, с желтым лицом, похожий на мумию?

— Ты говоришь, мумия? Я бы сказал — мертвое лицо, которое иногда вдруг оживляется.

— У него, кажется, в прошлом было что-то неблаговидное, чуть ли не торговля наркотиками?

— Что-то в этом роде, — сказал Артур. — Но дело не в этом. Он, понимаешь, живет теперь на покое, и у него есть кое-какие средства, по-видимому. Этот невежественный, едва грамотный человек, и вот, представь себе, у него появились — почему? как? откуда? — непонятно — литературные претензии.

— Литературные?

— Нелепо, не правда ли?

— В конце концов... Но какое значение это все имеет для тебя?

— Он обратился ко мне с просьбой написать книгу его воспоминаний.

— Какого рода?

— О его личной жизни. Она была, судя по его рассказам, довольно бурной.

— Судебное преследование, аресты, тюрьма, обвинения в шантаже?

— Нет, об этом ни слова. Речь идет почти исключительно о разных женщинах, с которыми он был связан, о их изменах, его огорчениях и так далее.

— Подожди, я что-то вспомнил, — сказал я. — Несколько лет тому назад я читал отчет о судебном процессе, где он был обвиняемым. Он был оправдан за отсутствием состава преступления. И там, по-моему, говорилось, что он начал свою карьеру с того, что был, если мне не изменяет память, сутенером. К торговле наркотиками он перешел несколько позже.

— Я этого отчета не читал, — ответил Артур, — но это меня не удивляет, так оно, вероятно, и было.

— Но тогда что он имеет в виду, когда говорит об изменах?

— Это сложно, — сказал Артур, — в этой среде все по-своему. Но, так или иначе, он хочет писать свои воспоминания. И вот он мне рассказывает, а я должен это излагать в литературной форме.

— Искренно тебе сочувствую.

— Самое грустное, что все это совершенно бессодержательно. Как это ни странно, никакого действия там нет. И все такие фразы — «Она посмотрела на меня, и в ее глазах показались слезы» или «Я задыхался от волнения, когда должен был ее встретить». В общем, мелодраматический вздор, ты понимаешь? Я все это пишу, и надо тебе сказать, что это очень трудно. Главное, я не могу найти тона, в котором должен, вестись этот рассказ, и не могу найти ритма. Я пришел с тобой посоветоваться — как быть?

— Ты что-нибудь уже написал?

— Да, несколько страниц.

— Прочти мне.

— Хорошо, — сказал Артур, — ты увидишь, что это такое.

И он начал читать.

— «Я впервые встретил ее на Монмартре. Я сразу же увидел, что она недавно попала в Париж, потому что ее лицо сохраняло ту девическую свежесть, для которой климат Парижа губителен. Когда я обратился к ней и пригласил ее в кафе, она ответила мне с такой искренностью и откровенностью, которые лишний раз убедили меня в том, что еще несколько недель, быть может, тому назад она вдыхала воздух полей и леса. Я тогда же подумал: было бы лучше, чтобы она не знала никогда соблазнов большого города, который привлекал ее к себе и о котором у нее было, конечно, совершенно превратное представление. Как я мог объяснить ей, что ее наивные, почти детские мечты были далеки от действительности? Что в этом отравленном воздухе ей скоро станет нечем дышать? Что ее ждут обманы, разочарования и неизбежные драмы? Что все это бесконечно печально? Как я мог ей это сказать?»

Артур остановился и сказал:

— И все в таком же роде. Ты не чувствуешь в этом необыкновенной фальши?

— Подожди, — сказал я. — Он от тебя требует, чтобы это было написано именно так, а не иначе?

— Нет, но я стараюсь писать приблизительно так, как он говорит.

— Тут ты, я думаю, действуешь неправильно. И оттого, что ты так пишешь, тебе становится противно. Почему тебе не писать по-другому? Так, как это свойственно тебе, а не ему?

— Это было бы нечто совершенно иное, это была бы своего рода фальсификация.

— Но то, что ты пишешь и что он тебе рассказывает, это тоже фальсификация.

— Да, конечно.

— По-моему, надо писать так, чтобы ты не испытывал отвращения к своей работе.

— А как бы ты это делал?

— Давай попробуем этот отрывок написать иначе. Пиши, я тебе буду диктовать.

Артур послушно стал записывать.

— «После долгих и бесцельных блужданий по городу — я шел, в сущности, не зная куда, и это было движение, в котором понятие направления не играло роли, — я вдруг заметил, что оказался на Монмартре. Был конец весеннего дня, наступали сумерки. В эти часы Монмартр был не таким, каким я привык его видеть и каким его видели тысячи и тысячи людей. Не было ни световых реклам, ни этого искусственного вечернего или ночного оживления, и даже вход в кабаре, поблизости от которого я остановился, казался тусклым и серым. И я бы сказал, что в этом исчезновении обычного облика Монмартра была своеобразная печаль и напоминание о том, что должно было возникнуть через час или полтора и в чем я всегда видел нечто тягостное и ненужное, — назойливый свет на улице, полутьму там, куда входила публика, этих бедных певцов, этих артисток-певцов без голоса, артисток без таланта, — плохое шампанское, плохие оркестры и судорожные попытки создать несуществующее веселье, потому что, в конце концов, жизнь всех этих людей была продажной и трагической и оттого, что многие из них этого не понимали и не знали, она не переставала быть трагической. Я думал об этом и о многом другом, о чем мне трудно было бы рассказать в нескольких фразах; я шел, не видя перед собой почти ничего, пока почти не столкнулся с невысокой молодой женщиной, которая шла мне навстречу. И тогда, подняв на нее глаза, я впервые увидел Антуанетту — и кто бы мог сказать в ту минуту, что потом пройдут долгие годы бурного существования и трагических перемен, но это лицо будет возникать передо мной всякий раз,

153

когда я буду вспоминать о лучших днях, о лучшем времени моей жизни?»

Артур остановился и сказал:

— Сомнамбулический стиль.

— Я не говорю, что надо писать именно так. Но я думаю, что ты можешь позволить себе известную свободу. Это вопрос воображения. Постарайся понять, что характерно в Ланглуа. Его прошлое, это уголовщина. Но судя по тому, что он тебе рассказывает, у меня получается впечатление, что у этого старого преступника в отставке душа бедной горничной, которая читает со слезами бульварные романы, где описаны злодеи и добродетельные герои, испытывающие глубокие и благородные чувства. По отношению к тебе, как клиент, он беззащитен. Ты скажешь ему — надо писать так, — и он тебе поверит. Пиши как тебе хочется, понимаешь? Если у тебя возникнут сомнения, приходи ко мне, я тебе с удовольствием помогу. Кстати, ты знаешь, что Андрей в Париже?

— Он был в Сицилии, кажется?

— Он приехал на некоторое время, был у меня и спрашивал о тебе. Он неузнаваем. Теперь это спокойный, уверенный в себе человек. Ты помнишь, каким он был раньше? Ничего от этого не осталось.

— У него всегда были волнения и драмы, — сказал Артур. — Он на все жаловался, считал себя жертвой и так привык к этому, что я не понимаю, как с ним могло произойти то превращение, о котором ты говоришь.

— Он мне сказал, что мы просто плохо его знали.

— Ну, это он может рассказывать кому-нибудь другому, а не нам. А как Эвелина?

— Я ее давно уж не видел. Кажется, она рассталась или вот-вот расстанется с Котиком.

— И он погрузится в небытие, как все его предшественники. Ты не находишь, что в Эвелине есть какое-то разрушительное начало?

— Я в ней нахожу много начал, милый мой.

— Ты помнишь, — сказал Артур, — как она уехала навсегда в Южную Америку и через год явилась к Мервилю, как снег на голову?

— Как статуя командора, Артур. Где ты живешь, между прочим? Я хотел бы дать твой адрес Андрею.

— Он найдет меня без труда, — сказал Артур, — я живу на своей прежней квартире, в Латинском квартале. Ведь свой долг за нее я заплатил.

Когда за ним захлопнулась дверь, я подумал о работе,

154

которой он теперь занимался, и о его клиенте. Мне пришлось в жизни встречать людей такого типа. Для них всех было характерно одно: уйдя на покой, они чувствовали себя совершенно растерянными. Но большинство из них действительно питало слабость к мелодраматическим эффектам, торжеству добродетели и наказанию порока, хотя вся их жизнь была, казалось бы, опровержением этого и отрицанием положительной морали. Конечно, Артуру было трудно понять психологию такого человека, как Ланглуа. Тот факт, что они говорили на одном языке, никаких трудностей не разрешал. Оставалось одно: писать книгу так, как если бы Ланглуа был похож на Артура.

— Но все-таки, — думал я, — это лучше, чем то зыбкое существование, которое вел Артур, когда он оставался один. Его особенность заключалась в том, что он не умел зарабатывать деньги, и я помнил — за все время — только один случай, когда Артур получил сравнительно крупную сумму. Это было несколько лет тому назад. Он познакомился где-то у своих друзей с молодой и красивой женщиной, которая считала себя балериной или, вернее, чувствовала призвание к балету; она жила на содержании очень состоятельного человека, который был готов субсидировать постановку спектакля, где она должна была исполнять главную роль. Сюжет этого представления она придумала сама. Она была полна иллюзий по поводу своих данных, но в том, что касалось литературной обработки сюжета, она понимала, что ей был нужен человек, который мог бы это сделать: в этой области у нее не было никаких претензий. Она поручила это Артуру.

В свое время он рассказывал нам содержание балета, и Мервиль, слушая его, пожимал плечами — там была пустыня, в которой стоял неизвестно как попавший туда диван, на нем лежала героиня, и над ней застывали рабы с опахалами. Она говорила, что эти второстепенные персонажи должны были поддерживать ее роль, как она выражалась. — Как веревка поддерживает повешенного, — сказал Мервиль.

Артур предполагал, что это было своеобразное соединение «Аиды» и одной из пьес знаменитого поэта и драматурга, где в «кавказской пустыне» — это не может быть случайным совпадением, — сказал Артур, — стояло дерево, к которому была прибита гвоздями несчастная принцесса: знаменитый поэт не знал, что пустыни на Кавказе не было. — А если бы она даже была, — сказал я, — то откуда в пустыне могли появиться дерево, молоток и гвозди? Но так или иначе, Артур произвел литературную обработку этого сюжета и получил за это деньги, на которые он тотчас же заказал себе несколько костюмов и рубашек с вышитыми на них его инициалами. Балетный спектакль был представлен один раз и больше не повторялся, и Артур потом избегал встречи со своей заказчицей, почему-то думая, что в этой неудаче она может обвинить его. Он вздохнул свободно только тогда, когда она покинула своего прежнего покровителя, вышла замуж за какого-то американца и уехала с ним в Соединенные Штаты, забыв о балете, пустыне, диване, рабах, опахалах, об Артуре и деньгах, которые она ему заплатила, и всецело погрузившись, вероятно, как он нам сказал, в свое новое счастье. — Но что такое счастье в ее представлении? — Опасный вопрос, — сказал Мервиль. — Я неоднократно думал о том, что многие слова имеют, если так можно выразиться, несколько этажей. Самый нижний этаж — это твоя заказчица. Самый верхний этаж — это, скажем, тот или иной философ. А слово одно и то же. Вот почему, в частности, люди иногда не понимают друг друга. — Никто лучше тебя этого не знает, — сказал я, — тут мы с тобой спорить не можем. Но есть этажи, и есть еще разный смысл, который придается некоторым словам. Я помню, что двое моих знакомых часто употребляли слово «неприятности». Но у одного это значило конфликты сентиментального характера. У другого «неприятности» значило — тюремное заключение. В конце концов, оба были правы: это действительно были неприятности и в том и в другом случае.

— Самое важное — это чувства, которые придают смысл словам, — сказала Эвелина. — Я говорю: «Я тебя люблю». Но какое разное содержание вкладывается в эти одинаковые слова!

— Как в слово «неприятности», — сказал я.

Все это происходило несколько лет тому назад, и с тех пор прошло много времени. Эвелина имела возможность неоднократно проверить, насколько смысл этих трех слов «я тебя люблю» может быть разным, Артур мог убедиться в том, что некоторые виды человеческой глупости — как, например, неправильное представление об артистическом призвании — редко приносят доход и надеяться на вторую заказчицу этого рода не приходилось. Но одна из особенностей нашего союза заключалась в том, что время там не играло роли — не все ли равно, было ли это вчера или пять лет тому назад? И только в последний год произошли изменения, о которых я часто думал: появление Лу в жизни Мервиля, смерть Жоржа и расцвет Андрея, увлечение Эвелины метампсихозом и Котиком, которое отличалось от других ее романов тем, что заставило ее

156

наконец понять некоторые вещи и, может быть, впервые задуматься над своей собственной судьбой.

Она пришла ко мне, на этот раз даже не позвонив по телефону. Были сумерки ноябрьского дня. Она вошла, сняла свою шубку — ту самую, в которой она явилась к Мервилю после возвращения из Южной Америки, — и осталась в черном платье. На ее шее было жемчужное ожерелье, как в ту ночь, когда происходило открытие ее кабаре, почти год тому назад. Я обратил внимание на непривычную для нее медлительность движений, выражение ее глаз, задумчивое и печальное, и ее изменившийся голос, который, как мне показалось, стал ниже и глубже. Она прошла в мою комнату, где горела лампа только на моем письменном столе, и села в кресло. Свет падал на ее лицо, оставляя все остальное в тени.

— Ты знаешь, о чем я вспомнила, когда вошла сюда? — сказала она. — О том, что ты мне как-то сказал: «Эвелина, пока мы существуем, Мервиль и я, что бы с тобой ни случилось, ты можешь прийти к нам и твоя жизнь будет обеспечена, тебе не надо будет заботиться ни о крове, ни о пропитании».

— Надеюсь, ты не сомневаешься, что я готов это повторить?

— О нет, — сказала она, — в этом я никогда не сомневалась. Я это всегда знала.

— Но этого, вероятно, никогда не произойдет.

— Ты думаешь?

Что-то меня поразило в ее интонации. Я посмотрел на нее, — в ее глазах были слезы.

— Что с тобой? — спросил я. — В чем дело, Эвелина?

Она вытерла пальцем слезу, оттягивая вниз рот. Потом она сказала:

— Глупости, не обращай внимания. Я хотела с тобой поговорить об очень важных вещах и вот не знаю, как начать.

Если бы она мне это сказала при других обстоятельствах, раньше, я бы ей ответил, что это на нее не похоже, она всегда знала, как и о чем говорить. Но я чувствовал, что сейчас этого сказать нельзя.

— Вероятно, у каждой женщины в жизни наступает время, когда она задает себе вопрос: что будет дальше? Но я думаю не о других, а о себе. Опусти, пожалуйста, абажур, свет мне прямо в лицо.

Я передвинул лампу, и Эвелина ушла в тень, так что ее голос доходил до меня из полутьмы. Я еще раз подумал о том, насколько он изменился; мне казалось, что если бы я услышал его из соседней комнаты, не зная, что это говорит Эвелина, я бы его не узнал. Это было, конечно, неверно, но мне так казалось оттого, что Эвелина говорила не так, как обычно, и не то, что обычно.

— Одно ясно, — сказала она. — То, что глупее жить, чем я жила до сих пор, трудно. И я устала от этой глупости.

— Я не хотел бы тебя прерывать, — сказал я, — моя роль сегодня — это скорее роль слушателя, чем собеседника. Но все-таки, если ты против этого не возражаешь, один вопрос: Котик по-прежнему с тобой?

— Мы расстались с ним позавчера, — сказала она. — Ты знаешь, я чувствовала свою вину перед ним — нет, нет, не пожимай плечами. Я не сказала ему, что я думаю о его философии, я не сказала, что с моей стороны все это было не так, как нужно, и что все, в общем, случилось только потому, что он был не похож ни на кого из тех, кого я знала раньше. Это было нехорошо — ты со мной согласен?

— Мне кажется, было бы лучше, если бы этого не было. Но не только оттого, что это было нехорошо по отношению к Котику. Ты вела себя, скажем, не так, как нужно, по отношению к самой себе. Я тебе говорил об этом.

— Когда Котик уходил, я дала ему чек — у него нет денег, ему будет трудно, ты понимаешь? Ты можешь себе представить, как он на это реагировал?

— Он тебе его вернул?

— Почему ты так думаешь?

— Это для него было бы естественно, мне кажется.

— Он его вернул и сказал, что я потеряла лучшее, что я знала в жизни.

— Доступ в тот мир, который...

— Да, все то же самое. Но у меня никогда не было так тяжело на сердце, как в день его ухода. Ты это понимаешь? А я его по-настоящему не любила, теперь это для меня яснее, чем когда бы то ни было. Откуда же эта печаль?

— Будем откровенны до конца, Эвелина. Хочешь, я скажу это за тебя? У тебя так тяжело на сердце не потому, что ушел Котик, что он уйдет, это ты знала давно, а оттого, что ты, первый раз, может быть, за всю жизнь, пожалела себя. Сколько у тебя было романов?

— Много, — сказала она, понизив голос.

— А я думаю, ни одного, Эвелина, ты понимаешь? Ни одного. О том, что было, не стоит говорить. Ты никогда никого не любила. Ты никому, ни одному человеку, не дала того, что у тебя есть. Поэтому ни одно твое увлечение не продолжалось больше нескольких месяцев. И ни одно из них нельзя было назвать настоящим человеческим чувством. Что может быть печальнее этого? Ты это поняла только теперь?

— Нет, уже некоторое время тому назад, — сказала она, поднимаясь с кресла. — Мне надо уходить.

— Почему?

— Я вижу, что я должна еще о многом подумать.

— Теперь, мне кажется, торопиться тебе не нужно. Вспомни золотое правило: если ты выигрываешь в скорости, ты теряешь в силе. Ты теряешь в скорости, но выигрываешь в силе. Перенеси этот закон в область человеческих чувств.

— Это, может быть, неплохой совет, — сказала она. — Но еще лучше, мне кажется, забыть о законах и логике — и это то, что должен был бы сделать ты. Ты не думаешь?

В течение нескольких дней после этого разговора с Эвелиной я помогал Артуру в его работе. Он явился ко мне, снял пальто и шляпу, сел в кресло и сказал, что не знает, как быть дальше.

— Ты понимаешь, — сказал он, — все, что он рассказывает, это, в сущности, одна и та же история, чрезвычайно несложная, независимо от того, о какой женщине идет речь. Если все это писать, то каждая страница будет похожа на предыдущую как две капли воды. Что делать? Я ума не приложу.

— Он человек простой, судя по всему, — сказал я, — особенных требований к нему нельзя предъявлять.

— Это я понимаю, но это не облегчает моей работы.

— Ты не пробовал перевести его на какую-нибудь другую тему?

— У него нет других тем, — сказал Артур. — О том, что было самым главным в его жизни, то есть о его уголовном прошлом, он не говорит ни слова.

— Тогда единственное, что остается, это приписывать ему чувства, ощущения и мысли, которых у него не было и не могло быть.

— Но их нужно придумывать.

— За это он тебе платит деньги.

— Я знаю, но у меня не хватает воображения.

— Этому я не могу поверить.

— Уверяю тебя, необыкновенно трудно.

— У тебя действительно несчастный вид. Хорошо, мы с тобой этим займемся. Будем работать.

Артур был прав — это было нелегко. Не было ничего более бессодержательного, чем рассказы Ланглуа. Но в чем Артур ошибался, это в том, что он не может ничего написать. Ему достаточно было толчка — и повествование начинало развиваться. Конечно, это не имело ничего общего с тем, что говорил Ланглуа. В его книге появились описания Парижа, ссылки на авторов, о которых Ланглуа, конечно, никогда не слышал, соображения о живописи вообще, страницы, посвященные искусству Жоржа де Ла Тур.

Артур писал это и хватался за голову: — Что он скажет? Что он скажет?

— Что он тебе сказал о том отрывке, который мы с тобой переделали? О котором ты говорил, что он написан в сомнамбулическом стиле?

— К моему изумлению, остался доволен.

— Вот видишь? Это расчет безошибочный, ты понимаешь? Ему лестно, что в его воспоминаниях есть такие места. Ты знаешь, он не один. Сколько политических деятелей, например, неспособных произнести речь в парламенте? Им ее пишут другие. Это продолжается годами. Их репутация — это репутация тех, кто для них работает и чьих имен никто не знает. А мемуары знаменитых артисток? А исторические труды? А научные исследования?

— Хорошо, — сказал Артур. — Мы делаем из Ланглуа героя, которым он никогда не был. Мы приписываем ему знания, которых у него нет, мысли, которых у него не могло быть, как ты мне только что сказал. Что остается от подлинного Ланглуа?

— Ничего, — сказал я, — или почти ничего. Но какое это имеет значение? Ты создаешь его заново. Из старого человека с уголовным прошлым ты делаешь юного романтика и любителя искусств. Ты переселяешь его в мир, которого он не знал и не мог знать, и мне кажется, что за это он должен быть тебе благодарен. А то, что это фальсификация, — разве это имеет такое значение? Будем продолжать.

Артур писал:

«Я сидел однажды вечером дома и включил аппарат радио. Играл оркестр, и я стал следить за этим движением звуков. Мне казалось, что я уже слышал где-то эту мелодию, но тогда она звучала иначе, беднее и невыразительнее. И когда она подходила к концу, в ней явственно проступил крик петуха, за которым последовали заключительные аккорды. Что это было? Голос спикера сказал: "Вы прослушали 'La Dance macabre'[9] Сен-Санса в исполнении оркестра Парижской оперы под управлением Артура Тосканини". И тогда я понял гений этого удивительного дирижера. Сколько раз до этого я слышал "La Dance macabre", но никогда и никто из исполнителей не сумел

---

[9] «Пляску смерти» (фр.).

160

передать замысел композитора так, как это сделал Тосканини. И я подумал о словах, которые мы часто произносим, определяющих понятия, природа которых для нас необъяснима. Таким словом было слово "гений". Таким было слово "очарование", — и когда я его вспомнил, я вновь увидел перед собой незабываемые глаза...»

— Я забыл, как ее звали, — сказал Артур.

— Мы ее найдем позже, — сказал я, — не стоит из-за этого задерживаться. Идем дальше.

В конце концов, это был единственный выход из положения: писать книгу воображаемого человека, которого никогда не существовало. Все женщины, о которых говорил Ланглуа, были тщательно и подробно описаны. Были описаны города, в которых бывал Ланглуа: Марсель, Вена, Стамбул, Алжир, Нью-Йорк — и каждому из них было отведено несколько страниц.

— Когда я ему это прочту, он меня убьет, — сказал Артур.

Но он ошибся: Ланглуа сказал, что он сам так, конечно, не написал бы, но понимает, что Артур по-своему прав.

— Конечно, это было иначе, — сказал он, — и вы пишете обо всем по-особенному. Но я хотел бы быть таким, каким вы меня описываете.

— Я перед тобой виноват, — сказал я Артуру, когда он мне передал эти слова. — Теперь я вижу, что твой клиент умнее, чем я думал.

— Я это знал всегда, — ответил Артур, — Он человек примитивный и невежественный, но он далеко не глуп.

— Ты это упорно называешь фальсификацией, и теоретически ты совершенно прав. Но представь себе кого-нибудь, кто ничего не знает о Ланглуа и прочтет книгу его воспоминаний. И Ланглуа не будет в живых. Тогда для читателя этой книги он будет таким, каким ты его описал. И вот вопрос: что важнее? То, каким он был на самом деле, или то, каким он возникает со страниц твоей книги? В первом случае это биография человека с уголовным прошлым. Во втором — это романтизм, движения души, созерцание, понимание того, что всякая любовь неповторима. Действительность и фальсификация. Что лучше, Артур?

— Я бы так никогда не написал, — сказал он, — я бы не мог. Но для тебя это стилизация, нечто вроде упражнения и тебе все равно, соответствует ли это действительности или нет.

— Ты все время повторяешь это слово, — сказал я. — Но ты мне можешь сказать, что такое действительность? Или, вернее, какое отношение она имеет к искусству, в частности к литературе? Представь себе, что ты писал бы книгу своих собственных воспоминаний. Была ли бы она простым воспроизведением того, что было, перечислением фактов в хронологическом порядке — и больше ничем? Если бы это было так, она не имела бы никакой ценности.

— Но надо писать о том, что было.

— Конечно — о том, что было. Но как? Ты описываешь, например, посещение Лувра. Что ты написал бы?

— Не знаю. Я, может быть, начал бы с упоминания о двух портретах: Людовик Четырнадцатый — Риго и Франциск Первый — Тициана. Конечно, в какой-то степени моя собственная жизнь и то, что я собой представляю, определяет мое отношение ко всему и мою оценку того, что я вижу: манерная глупость Людовика Четырнадцатого, с этой откинутой мантией, обнажающей его ногу, обтянутую чулком, — и фигура Франциска Первого: сила, ум, отвага и несомненное благородство. Я стою, смотрю, сравниваю два портрета, XVI и XVII столетия. Я думаю о Генрихе Восьмом, о Леонардо да Винчи, о Тридцатилетней войне и Валленштейне, о Вестфальском мире, о словах Людовика Четырнадцатого — помнишь, в конце его жизни, когда он был стар, несчастен и унижен — «Бог, кажется, забыл обо всем, что я для Него сделал», об отмене Нантского эдикта и о многом другом.

— Очень хорошо. Но скажи, пожалуйста, где здесь то, что ты называешь действительностью или изложением фактов, которые происходили в твоей жизни?

— Это и есть действительность. Я описываю свое впечатление от двух портретов, находящихся в Лувре. Оно определяется многими вещами — историческими соображениями, разницей между Людовиком Четырнадцатым и Франциском Первым, мыслями об искусстве Тициана и его современников, — я не могу об этом не думать. И то, что я об этом думаю, это часть меня самого, такого, какой я есть.

— Таким образом, твое впечатление, отражающее действительность, то есть посещение Лувра, скажем, неделю тому назад, это впечатление уходит от современности в XVI и XVII столетия и заключает в себе несколько страниц истории и истории искусства, относящихся к тому времени, когда эти портреты были написаны. С этой оговоркой я твою действительность принимаю.

— Ты понимаешь, — сказал Артур, — это переходы от одного видения к другому, это смена чувств, ощущений и воспоминаний — и что еще?

— И медленный путь к смерти, Артур. Посмотри на лицо

162

Ланглуа — более неопровержимого доказательства этого быть не может. Ты никогда не говорил с ним все-таки о другой стороне его жизни, о той, которую он обходит молчанием?

— Я ему несколько раз пытался напомнить об этом. Он неизменно отвечает, что это лишено интереса и об этом не стоит говорить.

— Ну да. Не было ни опасности, ни уголовного прошлого, ни преступлений, ни сведения счетов. Были только закаты солнца, любовь и глаза Антуанетты. Такой он хочет видеть свою жизнь — вопреки фактам и тому, что было. Таким он хотел бы, наверное, предстать на Страшном Суде — если он в него верит. Дай ему эту возможность, эту иллюзию, Артур, что тебе стоит? Тебе его не жаль?

— Ты знаешь, — сказал Артур, — мне иногда становится жутко, когда я смотрю на его желтое лицо и встречаю взгляд его мертвых глаз.

— Хорошо, — сказал я, — устроим ему такие похороны, которые ему нужны.

* * *

Через несколько дней после того, как была закончена очередная глава воспоминаний Ланглуа, Андрей пригласил нас обоих, Артура и меня, в ресторан на обед.

— За тобой заедет Артур, — сказал он мне по телефону, — я вас жду в час дня.

— Где?

— Артур знает, — сказал Андрей и повесил трубку. Артур явился в половине первого и сказал, что мы едем... Он посмотрел в свою записную книжку, где был отмечен соответствующий адрес. Я пожал плечами: это был один из самых дорогих ресторанов Парижа.

— Зачем ему это нужно? — сказал я.

— Я его понимаю, — ответил Артур, — ему это приятно. А ты этого не одобряешь? Почему?

— Нет, ничего, — сказал я, — но на меня эти вещи давно не производят впечатления. Но я понимаю, Андрею хочется пригласить нас именно туда, он еще не привык к своему новому положению.

— А когда он привыкнет, что, по-твоему, будет?

— Будет то, что возможности, которые теперь ему кажутся заманчивыми, потеряют свою прелесть, потому что станут легко достижимы и обыденны.

163

— Мне кажется, что ему еще долго предстоит испытывать от этого удовольствие, может быть всегда.

Мы приехали за пять минут до назначенного времени. В огромных витринах ресторана лежали омары, лангусты, рыбы на льду, окруженные водорослями, и это было немного похоже на аквариум, из которого вылили воду. Андрей уже ждал нас. Мы ели сначала устрицы, потом рыбный суп, затем жареную рыбу, действительно прекрасно приготовленную, и пили белое вино. Когда подали кофе, Андрей начал рассказывать о сицилийских харчевнях, в частности о той, где он чаще всего бывал и где все жарилось перед ним на углях. Он произнес целую речь о том, что еда в жизни человека играет очень важную роль и что по тому, как люди питаются, можно судить об их культурном уровне. Он напомнил нам, как ели римляне и как обедали французские короли.

— Ты это называешь культурой, — сказал я, — ты не думаешь, что это чаще всего только обжорство? Мне кажется, что для определения культуры есть другие критерии.

— Он не говорит, что культура заключается в этом, — сказал Артур, на которого всегда действовало белое вино, — но это один из ее признаков. Почему ты всегда споришь и ни с кем не соглашаешься?

— Я тебе могу это объяснить, — сказал Андрей. — Это потому, что он живет не так, как нужно.

— Ты теперь знаешь, как нужно жить? — сказал я.

— Я знаю одно, — ответил он. — То, чего тебе не хватает, это движение. Ты сидишь почти безвыходно в твоей квартире, в четырех стенах, погруженный в книги, и я хотел бы тебя спросить: когда, собственно, ты живешь? Или когда ты собираешься жить? Что тебя интересует? Что занимает твое внимание? Тот или иной оборот чужой мысли, тот или иной стилистический прием, то или иное понимание мира, изложенное давно умершим автором? Где в этом настоящая жизнь? Почему ты сам себя осудил на это одиночное заключение? Ты раньше не был таким, мы все это помним. У тебя были увлечения. Ты занимался спортом. Что от всего этого осталось? У тебя нет стремления к чему-либо, нет женщины, которую ты любишь, есть только это твое упрямое созерцание. Подожди, когда тебе будет восемьдесят лет, тогда у тебя будет время на это. А сейчас... То существование, которое ты ведешь, подходило бы для очень пожилого, больного и усталого человека. Но ты, слава Богу, не стар и совершенно здоров — и откуда у тебя могла бы быть такая непонятная усталость? Что могло произойти? Почему ты не испытываешь ни бурной радости, ни бурных огорчений, как Мервиль, почему ты не холоден и не горяч? Что, в конце концов, с тобой случилось? Почему ты не живешь, а смотришь, как живут другие? Ты находишь, что это нормально?

— Вот Артур только что сказал, что я всегда спорю и никогда ни с кем не соглашаюсь, — сказал я. — Я хочу ему доказать, что это не так. В частности, теперь я совершенно согласен с тем, что ты сказал. Моя жизнь действительно не такая, какой она должна была бы быть. Отчего это так получилось, я не знаю. И я не уверен, что такой она будет всегда.

— Хорошо, будем надеяться на лучшее будущее, — сказал Андрей. — Перейдем к другому. Чтобы отпраздновать мое пребывание в Париже, я предлагаю вам встретиться сегодня вечером в кабаре Эвелины. Я хочу позвонить Мервилю, но если он туда приведет свою красавицу, это все испортит.

— Да, да, только без нее, — сказал Артур.

Мервиль обещал приехать один, и мы условились быть в кабаре в одиннадцать часов.

— Только Эвелина и мы, как в доброе старое время, — сказал Андрей. — С шампанским и тостами!

* * *

Переодеваясь вечером, чтобы ехать в кабаре, я думал о том, что последний раз, когда мы были там все вместе, кроме Артура, это происходило почти год тому назад. Я вспомнил, как Мервиль говорил с Лу, вспомнил круглоголового пианиста и мое возвращение домой в предрассветные часы зимней ночи. С того времени многое изменилось и в жизни Мервиля и Лу, и в жизни Андрея, и в жизни Эвелины — теперь от Котика и метампсихоза не оставалось ничего, кроме позднего сожаления, — и только мое собственное существование продолжало быть таким же, каким оно было раньше, тем, что Андрей несколько часов тому назад назвал упрямым созерцанием. Это было верно, но только отчасти. Была еще двойственность, от которой я не мог избавиться, теоретическая возможность жить иначе и отсутствие стремлений к какому бы то ни было виду напряженной деятельности, не стоившей, как мне казалось, тех усилий, которые для этого потребовались бы. Но и это состояние — вне моей литературной работы, — похожее на длительный душевный обморок, не было, как я думал, моим окончательным уделом, и я знал с недавнего времени, что все это могло измениться.

Было уже около одиннадцати часов. Я вышел из дому, остановил проезжавшее такси и дал шоферу адрес «Fleur de Nuit».

Войдя в кабаре, я сразу увидел столик, за которым сидели Эвелина, Мервиль, Андрей и Артур. Оставалось одно свободное место, для меня. Эвелина поднялась, когда я подошел, обняла мою шею своей теплой обнаженной рукой и поцеловала меня в щеку. Я встретил взгляд ее синих смеющихся глаз, и мне вдруг показались вздорными те мысли, которые только что были у меня. Мервиль крепко пожал мне руку, и я сел на свое место. На эстраде певец в русской вышитой рубахе, с гитарой в руках пел глубоким баритоном:

Если жизнь не мила вам, друзья,
Если сердце терзает сомненье... —

и его гитаре вторил под сурдинку оркестр. Сверкало шампанское в бокалах, бесшумно двигались лакеи, над столиками возвышались смокинги мужчин и обнаженные плечи женщин. Все было так же, как год тому назад. Казалось, что сюда, в это пространство, зал кабаре, не доходили и не могли дойти никакие отзвуки внешнего мира. Их не было, или они были так далеко, что об этом не стоило думать, и кроме того — какая сила в мире могла изменить человеческую природу? Голос Андрея прервал мои размышления. Держа в руке бокал, он сказал:

— Я предложил вам собраться здесь сегодня, чтобы отпраздновать еще раз наш союз. Мы все так давно и хорошо знаем друг друга, мы так тесно связаны, что против нас бессильны обстоятельства, время и расстояние. Каждый из нас знает, что он не одинок и что бы с ним ни случилось, есть товарищи, на которых он во всем и всегда может рассчитывать. Это настолько очевидно, что об этом, может быть, не стоило бы говорить. Но я должен признаться, что мне приятно напомнить об этом, потому что я вам, дорогие мои друзья, обязан больше, чем другие. Вы никогда не отказывали мне в поддержке, и если бы не вы, я был бы — до последнего времени — в тысячу раз несчастнее. Я хочу прежде всего поблагодарить Эвелину за ее гостеприимство и сказать ей еще раз, что мы все ее любим. Ты об этом не забыла, Эвелина?

— Нет, это одна из немногих вещей, о которых я помню всегда, — сказала она.

166

— Теперь ты должен произнести застольную речь, — сказал Мервиль, обращаясь ко мне. Его поддержал Артур. Мне не хотелось говорить, но я чувствовал, что отказаться от этого было нельзя. Русский певец — откуда он у тебя, Эвелина? — спросил я. — Ты знаешь, я всегда питала слабость ко всему русскому, — сказала она. — Первый раз об этом слышу, — заметил Мервиль — начал старинный романс:

Где б ни скитался я,
Но раннею весною...

— Вы только что слышали то, что говорил Андрей, — сказал я. — Но самое парадоксальное это то, что идиллическая картина, которую он нарисовал, действительно отражает то, что есть. Я неоднократно спрашивал себя: что, собственно, объединило нас много лет тому назад и чем мы связаны? — и никакого логического ответа на этот вопрос я не нашел. Но я никогда не жалел об этом. Как известно, главные враги логики в нашем союзе — это Эвелина и Мервиль, главным ее защитником считаюсь я. И я пользуюсь случаем, чтобы подчеркнуть сейчас их торжество и мое поражение. Но торжество без злорадства и поражение без горечи. Я знаю, что некоторые из нас могли быть далеко отсюда, их могло отделять огромное расстояние, но, в сущности говоря, оно измерялось бы только одним билетом на аэроплан. Один билет — и все возвращалось бы на свои места. Сколько раз мы все убеждались, что у нас есть дом и каждый из нас может туда вернуться, куда бы ни заносила его судьба. У каждого из нас своя собственная жизнь, и каждый был по-своему счастлив или несчастлив. Надо ли повторять ту тривиальную истину, что жизнь есть непрекращающееся движение, что все меняется и что мы меняемся вместе со всем остальным? И если мы вспомним, что было несколько лет тому назад и какими мы были тогда, и сравним это с тем, что есть сейчас, мы увидим, что мы стали другими — богаче или беднее, старше или моложе, несмотря на неумолимую, хотя не всегда непогрешимую хронологию. Но одно в этом движении, которого ничто не может остановить, остается, я бы сказал, блистательно неизменным, — это наш союз. И мы все отдаем ему часть того лучшего, что в нас есть. Я мог бы многое сказать о каждом из нас, и каждый из нас мог бы это сделать так же, как я. Но в этом теоретическом сведении счетов не было бы ни осуждения, ни недоверия, ни сомнения в самых важных вещах.

И после этого все осталось бы так же, как было раньше и как будет, я думаю, всегда, что бы с нами ни случилось.

После того как я кончил говорить, Мервиль сделал жест, требуя внимания, и сказал, обращаясь ко мне:

— Мы должны тебя поблагодарить за то, что ты сейчас произвел свое собственное разоблачение. Куда делся твой скептицизм и куда делись твои сомнения во всем? Я никогда не верил до конца тому, что твоя постоянная критика всего соответствует твоей природе и твоим чувствам. Но сегодня мы присутствуем при твоем чистосердечном сознании — как во время суда или следствия. И мы, как судьи, тебя оправдываем. Все со мной согласны?

— Я его давно простила, — сказала Эвелина.

В кабаре все было как всегда — те же или похожие на те же лица, тот же своеобразный отбор посетителей, все эти сомнительные субъекты и их сомнительные спутницы, эта смесь претенциозности и дурного вкуса, эти люди, считавшие себя причастными к искусству, о котором они не имели представления, и другие, те, которые появлялись, когда начинались сумерки, и исчезали, когда наступал рассвет. Я посмотрел вокруг себя и тотчас увидел желтое лицо Ланглуа и его мертвые глаза. В тот вечер в кабаре Эвелины был еще южноамериканский дипломат в сопровождении кинематографической артистки, на которой играло переливами платье из какой-то удивительной искрящейся материи, был академик, автор нескольких романов, отличавшихся одновременно сложностью и незначительностью, был драматург, в пьесах которого главное место занимали социальные проблемы, был знаменитый дамский портной с густо напудренным лицом и длинными волосами, не хватало только бывшего фальшивомонетчика, но и он появился через некоторое время. Сквозь табачный дым и полутьму с освещенной эстрады шли музыкальные волны цыганского оркестра, голоса певиц и певцов и слова романсов на разных языках — французском, итальянском, испанском, английском; в небольшом квадрате, стиснутом столиками, посередине кабаре время от времени появлялось несколько танцующих пар, затем танец кончался, и внимание вновь переносилось на эстраду, откуда молодой человек в белом костюме пел высоким тенором о том, как хороша его возлюбленная. Эвелина встала со своего места, подошла ко мне, наклонилась и спросила:

— О чем ты думаешь?

Я посмотрел в ее лицо, и мне опять показалось, что я его

никогда не видел таким и никогда не знал, что оно может стать таким. С эстрады теперь звучал плачущий и долгий звук скрипки, на которой играл широкоплечий мужчина во фраке, с нахмуренным лицом. — О чем я думаю, Эвелина? Как ты хочешь, чтобы я сказал это в двух словах? — Попробуй, — сказала она, улыбнувшись. — Я думаю о том, как то, что окружает нас здесь, в твоем кабаре, — как все это вздорно, отвратительно и печально. Я думаю еще о том, сколько вещей непоправимо и не стоило бы жить, если бы не было наряду с этим настоящих человеческих чувств, — того, что нам было дано или что нам было обещано, того, о чем написаны самые лучшие стихи, самые лучшие книги и самые лучшие симфонии.

Ее лицо приблизилось к моему, я встретил ее взгляд, и в эту секунду я понял и почувствовал неизбежность того, что не могло не произойти. Она спросила:

— Что с тобой сегодня, мой дорогой? Уж не влюблен ли ты?

— Не знаю, — сказал я. — Я об этом подумаю.

Мы вышли из кабаре в пятом часу утра, и Мервиль довез меня в своем автомобиле до дому.

— Хорошо, что мы встретились, — сказал он, — все-таки было очень приятно.

— Да, погружение в коллективный сентиментализм, — сказал я. — Но я с тобой согласен: это было приятно. И в этом есть известная назидательность.

Я заснул на рассвете, и мне снилась Эвелина. Мы шли с ней по улице незнакомого города, направляясь к вокзалу, находившемуся на берегу моря. Дул сильный и теплый ветер. — Возьми меня под руку, — сказала она, — я боюсь улететь. — Она произнесла эти слова на языке, которого я не знал, но я понял то, что она сказала. — На каком языке ты говоришь, Эвелина? — Ветер отнес ее слова в сторону, и я видел только движение ее губ. Она повернула ко мне свое лицо и сказала:

— Ты понимаешь все, что я говорю, почему ты скрывал от меня, что ты знаешь мой язык?

— Нет, я его не знаю.

— Но ты отвечаешь мне, как это могло бы быть, если бы ты его не знал?

Я хотел ей что-то сказать, но вдруг увидел, что ее больше не было рядом со мной, и я ускорил шаг, чтобы ее догнать. Ее не было видно. Начинались сумерки, и я подумал, что нахожусь в незнакомом мне городе чужой страны, не понимая, как и зачем я туда попал и что я буду делать без Эвелины, которая, как мне казалось, с абсурдной убедительностью должна была знать то, чего не знал я. И вдруг впереди я увидел ее силуэт. Я крикнул: — Эвелина! — Но она не обернулась. Я шел за ней по морскому берегу, увязая в глубоком и мягком песке. Больше не было ни города, ни улицы, ни вокзала, только свист ветра в прибрежных пальмах и шум волн, набегавших одна на другую. Я повернул голову в сторону моря и тогда опять увидел Эвелину. Она лежала на спине на воде, заложив руки за голову, поднимаясь и опускаясь на каждой волне, я видел ее темные волосы, лицо с неподвижной улыбкой и ее голое тело. Я разделся, вошел в море, которое мне показалось теплым, как вода в ванне, и поплыл, направляясь к Эвелине. Она вдруг исчезла, потом вынырнула рядом со мной, и ее рука обняла мою шею. — У тебя влажная рука, Эвелина, — сказал я, — но она такая же теплая, как всегда. — Это потому, что температура моей кожи зависит не от воды, а от воспоминания, — сказала она. — Воспоминания? — повторил я. — Воспоминания о чем, Эвелина?

Я проснулся, испытывая непонятное волнение. В комнате было темно и тихо, и через секунду я услышал тиканье часов, стоявших на ночном столике. Я посмотрел на их светящиеся стрелки и увидел, что было семь часов утра. Я снова заснул, и когда проснулся второй раз, был первый час дня. За окном шел снег. Я вспомнил ночь в кабаре, мое возвращение домой и нелепый сон, который мне снился. И тогда с необыкновенной ясностью, которая характерна для времени, которое следует за пробуждением, я понял то, что до сих пор казалось мне смутным и неверным. Это был мой медленный и постепенный переход в тот мир, где не было стройной последовательности слов, выражающих мысли, и вместо них начиналось нечто, похожее на смену душевных пейзажей без контуров и рисунка, в которые иногда вливался теплый свет летнего дня или проникало сознание длительного ожидания. И все это последнее время Эвелина точно приближалась ко мне из далекого прошлого, пересекая свою собственную жизнь, и, как во сне или игре воображения, то, что оставалось за ней, уходило в небытие и переставало существовать. В начале этого воображаемого движения ее очертания казались мне смутными, но потом я видел их все более и более отчетливо, и это было похоже на медленное ее воплощение. И я вспомнил,

170

что когда она пришла ко мне после моего возвращения в Париж, я сказал ей именно об этом — ты недовоплощена, Эвелина.

Когда все это началось? Как это произошло? Что этому предшествовало? Блаженное погружение в пустоту на юге, море и солнце, Мервиль и Лу, возвращение в Париж, к тому месту на стене, где висел раньше портрет Сабины, к этой внешне спокойной, но внутренне судорожной жизни, от которой по вечерам я чувствовал смертельную усталость? Сознание того, что мне угрожает опасность навсегда потерять тот эмоциональный мир, который имел такое значение для моего друга, Мервиля, и который постепенно уходил от меня, оставляя за собой сожаление и печаль? Что могло его заменить? Беспристрастные суждения или ирония, о которой мне как-то сказал Жорж, что для нее нет места там, где человеческое чувство достигает наибольшей силы и чистоты? — Вспомни, — сказал он, — что ее не может быть ни в религии, ни в поэзии, ни в трагедии, ни в лирике, ни в стремлении к лучшему, что мы знаем. — Эта истина общеизвестна, — сказал я. — Но ты часто склонен ее забывать, — ответил он. — Твоя ирония — это защитный рефлекс, — сказала мне Эвелина.

Я еще раз подумал о том, что представляла собой жизнь Эвелины до последнего времени. Во всех обстоятельствах она оставалась верна себе. Она никогда никого не обманывала, не думала о собственной выгоде и не колебалась — ни когда ее охватывало бурное чувство, ни когда оно ослабевало и она уходила от своего возлюбленного, не давая ему несбыточных обещаний и не оставляя ему никаких иллюзий. Это иногда казалось жестоким, но, в сущности, в этом было ее спасение, в этом отказе жертвовать своей свободой. И казалось, что эти ее неизбежные уходы от тех, с кем она была близка, не вызывали у нее — до последнего времени — ни сожаления, ни печали и не оставляли на ней никакого следа. Ей было теперь тридцать шесть лет, и она казалась такой же, какой была в начале нашего знакомства, когда ей было двадцать, — та же юная гибкость движений, то же как будто неутомимое тело, то же лицо, на котором никогда не было выражения усталости.

Такой мы знали Эвелину. Такой она казалась всем, кто с ней встречался. Но у меня было впечатление, что этой Эвелины больше не существовало, как не существовало больше ничего из того, что столько лет определяло стремительное и неудержимое движение ее жизни. Из всего, что было, возникала другая Эвелина — с нетронутой нежностью в ее глазах и в ее голосе, которую она пронесла нерастраченной через столько испытаний, столько неубедительных слов о любви, столько бесплодных объятий. И я думал, что она была похожа на прекрасно исполненный портрет, поверх которого какой-то праздный маляр изобразил женщину, не имеющую ничего общего с оригиналом. И только работа неизвестного реставратора восстановила то, что было написано на картине раньше, — человеческое лицо с нежными глазами, в которых был отблеск внутреннего света.

* * *

В течение нескольких недель я продолжал работать с Артуром над его книгой. Мы старались придать некоторую убедительность ее содержанию. Эпизоды из жизни Ланглуа по-прежнему перемежались рассуждениями Артура об искусстве, о несостоятельности тех или иных взглядов на музыку, живопись или литературу — Вагнер, Беллини, Лотреамон. Автор воспоминаний оказывался любителем Дебюсси, невысоко ставил Мориака и предпочитал Тинторетто Веронезу. Все это было совершенно неправдоподобно для тех, кто знал биографию Ланглуа. Но для других, тех, кто не имел о нем представления, это было совсем иначе. Со страниц книги, которую писал Артур, возникал ценитель искусства, посетитель музеев и библиотек и неутомимый искатель душевного совершенства, воплощенного в образе женщины, которую он встречал и которая становилась на некоторое время его спутницей. Неважно было то, что ни он, ни она не имели и не могли иметь никакого представления о том, что описывал Артур. И по мере того как Артур углублялся в свою работу, воображаемый герой его книги начинал жить своей собственной жизнью, и становилось ясно, что в известных условиях он должен был действовать определенным образом и изменить это было нельзя, не нарушая внутренней логики повествования.

Артур до этого никогда не занимался литературой. Он, правда, говорил нам иногда, что если бы у него хватило времени и воли, он написал бы книгу и в ней попытался бы изложить то, что ему казалось самым главным и самым интересным в жизни. Но это всегда оставалось в области пожеланий. И вот теперь у него была возможность, конечно неполная, частично осуществить свой давний замысел. И если бы те рассуждения об искусстве, которые он вставлял в свою книгу, следовали без перерывов одно за другим, то это было бы похоже на своего рода трактат об эстетике. То, что Артур больше всего любил в искусстве, это было то, что он называл «титанической силой экспрессии» — Микеланджело, Тициан, Бетховен, Шекспир, Толстой. Он ценил также мастерство и совершенство исполнения, но это все-таки казалось ему второстепенным. У него попадались такие фразы: «Я подумал, что эта неудержимая сила движения чем-то напоминает тяжелый и стремительный бег центавра», «Казалось, что какой-то рассеянный гигант набросал эти огромные каменные глыбы гор, которые я видел перед собой», «В медленном течении могучей реки было то, что я назвал бы движущимся величием», «В идее многобожия, если ее рассматривать не как религию, которую можно было бы сравнить с монотеистическими концепциями, а как своего рода многообразное проявление мощи, в конце концов, нет ничего неприемлемого».

Потом он спохватывался, вспоминал о Ланглуа, и тогда в книге появлялись такие строки:

«Я прожил долгую жизнь, видел восходы и закаты солнца, слышал смех тех, кто чувствовал себя счастливым, и слышал стоны умирающих, видел, как менялась судьба многих людей, наблюдал движение времени и ослабление того бурного восприятия жизни, которое характерно для юности и которое постепенно угасает, когда человек приближается к старости, — словом, я прошел через тот опыт, который Рильке считал необходимым, чтобы написать несколько строк, которые могут быть названы подлинной поэзией. И я пришел к тому выводу, что единственное, ради чего стоит жить, это движение наших чувств, по сравнению с которым все рассуждения о смысле существования и поиски так называемой философской истины кажутся бледными и неубедительными. И за один взгляд моей возлюбленной я готов отдать любое построение человеческого разума и любую философскую теорию».

Произошло то, чего меньше всего можно было ожидать: Артур увлекся своей работой и она перестала быть для него тяжелой обязанностью. Я ему сказал:

— Теперь ты можешь обойтись без меня, у тебя все будет идти по инерции.

— Я надеюсь, — сказал он. — И знаешь что? Следующую книгу я напишу для себя. И тогда твой литературный опыт пригодится мне еще больше, чем сейчас.

— Не строй себе иллюзий, — сказал я. — Ничей литературный опыт тебе не нужен. Никто не может тебя научить тому, как надо писать, потому что никто этого не знает.

— Ты хочешь сказать, что ты тоже не знаешь, как надо писать?

— Я тебе говорю, этого никто не знает. Я знаю, как не надо писать, — в этом я тебе могу помочь. Но если ты меня спросишь, например, как я напишу роман, идея которого у меня есть, я тебе не могу на это ответить. Я могу тебе сказать, как я это себе представляю. Но в какой степени это мое представление будет соответствовать выполнению, я не знаю. Я знаю только одно: если мне удастся выразить одну десятую того, что я хочу, это можно будет считать удачей.

— Я себе это представлял иначе, — сказал Артур. — Есть, в конце концов, мастерство, искусство построения, развитие действия, уменье найти нужные слова, — то, чему нас учит литературный опыт.

— Я не верю ни в так называемое литературное искусство, ни в литературный опыт, я верю только в талант. И это относится ко всем видам искусства. Вспомни портреты Рубенса или Дюрера — ты считаешь, что этому можно научиться?

— Но это не таланты, это гении. А если у меня нет гения, это значит, что я не должен заниматься ни литературой, ни живописью?

— Вовсе нет. Никто не видит мир так, как его видишь ты, потому что ничьи глаза не похожи на твои, ничье восприятие не похоже на твое, ничье чувство не может быть таким, как то, которое ты испытываешь. Поэтому твой личный опыт неповторим и незаменим. И если тебе удастся рассказать о нем, забыв о всякой литературе и произведениях других писателей, так, чтобы это были твои собственные слова и чтобы твой рассказ был свободен от чужих влияний, то твоя книга оправдана.

Я много раз говорил с Артуром, внимательно следил за его работой и убеждался в том, что этот случайный литературный заказ начинал играть в его жизни значительную роль. Впервые за все время Артур стал понимать, что в его несчастном и нелепом существовании было еще что-то, о чем он до сих пор думал только урывками и изредка, — какое-то гармоническое представление об искусстве и проникновение в то, что вдохновляло художников, поэтов и композиторов, о которых он писал. И то расстояние, которое было между его представлением о том, каким он был, и тем, каким он хотел бы быть, это расстояние теперь начинало сокращаться. И в этом был главный смысл его теперешней литературной работы.

В одном из разговоров со мной Мервиль сказал, что у Лу бывают иногда припадки сомнения и что, хотя все, казалось бы, обстоит совершенно благополучно, остается еще что-то, как он выразился, этап, который нужно пройти.

— Как ты хочешь, чтобы все мгновенно изменилось? — сказал я. — Это долгий и медленный процесс, мой милый, вряд ли это может быть иначе.

— То, в чем мне до сих пор не удалось ее убедить, — сказал он, — это в необходимости забыть о своем прошлом. Тем более что, в конце концов, ты понимаешь, никаких преступлений она не совершала и ей не в чем себя упрекать, я знаю всю ее жизнь. Но она несколько раз говорила мне слова, в ответ на которые я только пожимал плечами: «Может быть, я не имела права связывать свою жизнь с твоей, и дай Бог, чтобы я в этом не ошиблась». Тебе не кажется, что это просто нелепо?

— Нет, — сказал я. — Я думаю, что, может быть, это не так просто и не так нелепо, как тебе кажется.

Значительно позже, когда я вспоминал о том периоде времени, началом которого можно было считать открытие кабаре Эвелины, я думал, что стремительное движение событий, которого потом мы все стали невольными участниками, казалось особенно неожиданным после того, как все предшествовавшее им развивалось с неизменной медлительностью. Она была во всем — спокойная жизнь Мервиля и Лу в Париже, после ее исчезновения, возвращения и поездки в Америку и Мексику; медленно шли, один за другим, дни в Сицилии, где был Андрей, и его путешествие во Францию не нарушило ни его душевного спокойствия, обретенного после стольких лет судорожного ожидания и несбывшихся надежд, ни безмятежного существования, которое он вел теперь. Так же медленно писалась книга Артура, и, казалось, ушло в прошлое то время, когда он не знал, что будет с ним завтра. В жизни Эвелины после ее расставания с Котиком началось то постепенное ее перевоплощение, которому я был свидетелем, и не было больше ни вздорных проектов, ни увлечений, ни того, что было раньше, — бурных перемен, отъездов и возвращений. Она реже стала бывать в своем кабаре и много времени проводила дома, погруженная в размышления о том, над чем она прежде никогда не задумывалась. И только в моей жизни все, казалось, продолжало быть как раньше, без изменения ее замедленного, как всегда, ритма, — то же одиночество, та же неподвижность, о которой столько раз говорил мне Мервиль.

Эвелина приходила ко мне в разные часы — то утром, то днем, то вечером, потом исчезала на некоторое время, но неизменно возвращалась и спрашивала:

— Ты меня не забыл?

— Ты же знаешь, что это невозможно.

— Мне недавно попалась одна книга, — сказала она как-то. — Я открыла ее, чтобы погадать, то есть прочесть первую же фразу, которую ты увидишь, первые ее слова. Ты знаешь, что это было?

— Что? — спросил я.

— «Медлительная сладость ожидания», — сказала она. — Я никогда раньше не знала этого ощущения. И я подумала об одной вещи, которая тебе, может быть, покажется странной. Когда я прихожу к тебе и мы с тобой разговариваем, у меня такое впечатление, что рядом с тобой появляется зеркало, в котором я вижу себя. Не зеркало, конечно, как стекло, а что-то другое, и в нем мое отражение.

— И ты возникаешь в нем такой, какой ты никогда не видела себя до сих пор?

— Как хорошо, что ты перестал быть неправдоподобным, — сказала она. — Мне теперь так легко с тобой — после того, как ты отказался от твоего постоянного грима, в который я никогда не верила.

— Всему свое время, Эвелина, — сказал я. — «Время бросать камни и время собирать камни». Ты это помнишь?

«Аз, Екклезиаст, был царем над Израилем, во Иерусалиме». Ты говорила о моем гриме. Может быть, это объясняется тем, что я перегружен цитатами и воспоминаниями о чужих чувствах — и они так часто мешали мне жить моей собственной жизнью.

— Это, в конце концов, не так плохо, — сказала она, — ты сберег твою душевную силу. И потом, ты все-таки жил воображаемой жизнью в твоих книгах, это то, чего нет у большинства людей.

— У меня свой взгляд на это, — сказал я. — В том, что это действительно стоило делать, я никогда не был уверен. А вот то, что потеряно и о чем следует пожалеть, это стихи Жоржа.

— Какая страшная смерть! — сказала она. — Что теперь от всего этого осталось? От этого поэтического вдохновения, от усилий, которые должен был делать Жорж, чтобы жить, преодолевая то презрение к нему, которым он всегда был окружен. Что? Могила на кладбище Перигё?

— До которой издалека доходят лучи солнца Сицилии, — сказал я. — В этом смысле гибель Жоржа не была напрасной.

— Я бы не хотела купить свое благополучие такой ценой.

— Неужели ты говоришь об Андрее?

Она пожала плечами.

— Тут ты ошибаешься, — сказал я. — Андрей был глубоко

несчастен, и у него были все основания не любить Жоржа. Но он никогда не сделал бы ничего, чтобы повредить своему брату. Он даже не был его врагом. А то, что из-за смерти Жоржа его жизнь так изменилась, это, в конце концов, случайность. Но, конечно, при желании в этом можно усмотреть, если хочешь, торжество жестокой справедливости.

— Мне кажется, что Андрею больше подходит роль жертвы.

— Я тоже был склонен так думать, — сказал я. — Но и это не так. Сейчас он другой человек, его нельзя узнать.

И вот ответь мне на вопрос: какой Андрей подлинный? Тот, каким он был раньше, или тот, каким он стал теперь?

— Я об этом не думала.

— Напрасно, потому что именно это самое главное.

— Ты понимаешь, я так привыкла к тому, что его всегда надо жалеть, что у меня сейчас, когда я об этом думаю, какое-то странное чувство, которое мне трудно объяснить.

— Мне кажется, я понимаю. У тебя такое впечатление, что у тебя отняли это сожаление. Ты сжилась с этим представлением — Андрей бедный, несчастный, неуверенный в себе. Теперь это привычное представление о нем, — ты его теряешь.

— Может быть, — сказала она рассеянно, думая, как мне показалось, о другом. И потом без перехода, другим тоном она сказала:

— Ты знаешь, я так рада тому, что ты изменил твое отношение ко мне.

— Я его не изменил, оно всегда было таким же, как сейчас. Это ты изменилась, Эвелина.

— А ты? — сказала она.

— Я все такой же, мне кажется.

— Нет, — сказала она с твердостью и уверенностью, которая меня удивила. — Нет, милый мой. Я тебе уже сказала, что теперь ты разгримировался.

* * *

«Мне, вероятно, недолго осталось жить. Каждое утро, когда я с усилием поднимаюсь с постели, я думаю, что, может быть, именно этот день будет последним в моей жизни. Доктор мне объяснял, как функционирует мое сердце, и прибавил, что непосредственной опасности нет. Он не мог этого не сказать, — это был его профессиональный долг, — но вряд ли он сам был уверен, что ему удалось меня в этом убедить. Никаких иллюзий у меня нет, и он, вероятно, это знает.

Но когда я спрашиваю себя, что заставило меня писать эту книгу воспоминаний, я неизменно нахожу один и тот же ответ. Моя жизнь ничем не замечательна. Я ничем не отличаюсь от огромной массы людей, которые живут так, как это им диктуют внешние обстоятельства, среда, которой они окружены или из которой они вышли, воспитание, которое они получили, бытовые условия, та или иная система морали, которая им кажется правильной. И те, кто живет, нарушая законы общепринятой этики, делают это далеко не всегда потому, что они хуже других, а нередко оттого, что их жизнь сложилась иначе, чем у большинства их современников. И можно себе представить, что при некотором изменении в начале существования биография уголовного преступника могла бы стать историей жизни политического деятеля, отца семейства и уважаемого гражданина своей страны. Но я отвлекаюсь от главной темы. Я хочу вернуться к ответу на вопрос о том, что побудило меня писать эту книгу. Быть может, некоторым читателям этот ответ покажется неожиданным, но для меня он ясен.

Это, в сущности, — своеобразная жажда бессмертия. Казалось бы, откуда? Почему? Но жажда бессмертия так же необъяснима, как необъяснима жизнь и необъяснима смерть. Через некоторое время я перестану существовать, и не все ли мне равно, казалось бы, что произойдет через пятьдесят или сто лет после этого? Ни о ком из моих сверстников никто не будет помнить, а обо мне останется книга, которую я написал. Она будет своего рода открытой могилой, напоминанием о том, что я существовал. Вопрос — нужно ли это или нет, не имеет, я думаю, значения. Но я умру, зная, что мне в какой-то степени удалось победить смерть. Моя книга — это борьба против власти забвения, на которое я обречен. И если через много лет после того, как меня не станет, на земле найдется хоть один человек, который прочтет эти строки, то это будет значить, что я недаром прожил свою трудную и печальную жизнь».

Так Артур кончил свою книгу воспоминаний Ланглуа. Когда он прочел мне эти строки, я сказал:

— Теперь ему действительно остается только умереть.

— Я надеюсь, ты это говоришь риторически?

— Конечно. Потому что я готов пожелать ему долгой жизни, и, в конце концов, он заслужил нашу признательность, дав тебе этот заказ.

— Представь себе, последние главы я писал почти с увлечением.

— У тебя всегда было литературное призвание.

— Ты прекрасно знаешь, что это не так.

— Нет, нет, было, только не вполне понятое. Если бы его у тебя не было, ты не мог бы написать эту книгу.

— Не забывай, что ты мне очень помог.

— Милый мой Артур, — сказал я, — думал ли ты когда-нибудь о том, что помочь можно только человеку, у которого есть какие-то данные для выполнения той или иной задачи? Представь себе, что у тебя нет никаких литературных способностей. Ничья помощь не могла бы спасти положение. Теперь мы будем ждать твою вторую книгу, на этот раз твою собственную. Что ты хотел бы написать?

— Не знаю. Мне кажется, что мне нужен некоторый разгон. Например, для начала я бы взялся за монографию Ватто.

— Ватто тебе как-то не подходит, я думаю, — сказал я, — это не Тициан и не Рубенс.

— Именно поэтому, — сказал он, — потому что это труднее. Потом я бы подумал об историческом сюжете. А после этого я бы написал роман.

— О чем?

— Я это еще не совсем ясно вижу, — сказал Артур. — Ну, представь себе простого рабочего, в руки которого попадает учебник истории. Он его прочитывает. Ему хочется знать больше, чем там написано. И вот он ходит в библиотеку, изучает разные исторические труды, и через несколько лет его знания позволяют ему защитить диссертацию в университете. Затем он все глубже и глубже, как ему кажется, проникает в суть вещей, и в конце концов, проделав огромную работу, он приходит к тому убеждению, что нет ни исторических законов, ни бесспорных истин, которые могли бы быть открыты в результате длительного изучения, что ничего нельзя предвидеть, ни в чем нельзя быть уверенным, что история ничему не учит и ничему не может научить и что он потратил годы на совершенно бесплодное занятие.

— Мне кажется, что из этого трудно сделать роман.

— Почему?

— Роман — это движение чувств, говоря в самых общих выражениях. А здесь его нет. Есть только одна мысль, не очень новая, как ты знаешь, и лишенная эмоциональной окраски, без которой роман может показаться неубедительным.

— Ты же мне недавно сказал, что ты не знаешь, каким должно быть литературное произведение.

— Совершенно верно. Но если ты помнишь, я говорил еще о том, что я знаю, — так мне кажется, — каким оно не должно быть.

— До романа, во всяком случае, еще далеко, — сказал Артур. — Но когда я за него возьмусь, мы выберем с тобой сюжет, хорошо?

— Сюжет найти сравнительно нетрудно, — сказал я. — Трудно из этого сделать настоящую книгу.

— И ты думаешь, что это может мне удаться?

— Я в этом почти уверен, — сказал я. — И мы тебе поможем.

— Я знаю, — сказал Артур. — Что я делал бы без вас?

* * *

Никто из нас, ни Эвелина, ни Артур, ни я, не могли забыть того декабрьского вечера, когда после мучительного и долгого ожидания в клинике хирург в белом халате вышел к нам и сказал, что теперь Мервиль вне опасности. Этому предшествовала сложная операция и трагическая неизвестность ее исхода. Мы знали, что жизнь или смерть Мервиля зависели от того, как будет действовать этот высокий, коротко остриженный человек в белом, с особенными пальцами, на которые я невольно обратил внимание, — необыкновенно чистыми, длинными и толстыми, — и выражением непоколебимого спокойствия на лице с крупными и правильными чертами. После того как он вошел в операционную, я смотрел на матовое стекло ее двери с чувством непрекращающегося смертельного томления и только через несколько минут ощутил боль в кисти оттого, что Эвелина сжимала ее своей рукой, на которой были кольца, вдавившиеся в мою кожу. Артур сидел не двигаясь, и лицо его было совершенно белым. Лу, с расширенными горячими глазами и покрасневшим лицом, кусая себе губы, все время ходила взад и вперед своей быстрой и гибкой походкой. Ни к кому не обращаясь, она несколько раз повторила по-английски — он не может умереть, он не может умереть, — и на третий раз непривычно хриплый голос Эвелины ответил:

— Конечно, нет.

И когда доктор, выйдя из операционной, сказал, что Мервиль спасен, Лу разрыдалась, и я испытал чувство бурного счастья. Артур поднялся со своего места и сказал:

— Я был в этом уверен с самого начала, у меня была интуиция.

— По твоему виду этого нельзя было сказать, — заметил я.

180

— Нет, понимаешь, внутренне... Есть же все-таки на земле справедливость.

У Эвелины блестели глаза, и улыбка не сходила с ее лица.

— Самое главное, самое главное, — говорила она, — остальное — это второстепенно.

И когда мы направились к выходу, Лу, которая первый раз видела Эвелину и Артура, сказала им:

— Вы не знаете, как я вам благодарна.

Она осталась в клинике. Мы вышли на улицу, шел холодный дождь. Я взял такси, мы отвезли домой Артура, и, когда он попрощался с нами и мы остались вдвоем с Эвелиной, она мне сказала:

— Я буду ночевать у тебя, хорошо? Это будет проще.

— Конечно, — ответил я.

— Как все это произошло? Что случилось?

— Я не мог расспрашивать Лу, ты понимаешь, — сказал я. — Поэтому я почти ничего об этом не знаю. Все это будет известно позже.

Я проснулся утром, услышав голос Эвелины, говорившей по телефону. Я вышел в халате в столовую, — Эвелина уже была одета и на столе стоял кофе.

— Я звонила в клинику, — сказала она. — Он провел спокойную ночь и еще спит. Сердце у него работает нормально, и никакой опасности, как мне сказали, больше нет.

Теперь, после того как все это было кончено, после того как я проспал глубоким сном несколько часов, все мне казалось менее ясным и отчетливым, чем накануне, во время ожидания исхода операции. У меня больше не было ощущения тревоги, которое я испытывал тогда, и не было беспокойства, но я как-то не мог отдать себе отчета во всем, и мне трудно было себе представить, что несколько часов тому назад каждую минуту могло случиться, что Мервиля не стало бы. И только после двух чашек очень крепкого кофе я начал наконец приходить в себя.

— Иди бриться и принимать ванну, на тебя страшно смотреть, — сказала Эвелина. — Я надеюсь, что часа в три нам разрешат увидеть Мервиля.

Но в тот день нас к нему не пустили. Нас принял доктор, который его оперировал, он сказал, что Мервиль слишком слаб и что о визитах к нему раньше чем через два-три дня не может быть речи.

— Пуля прошла несколько ниже сердца, — сказал он, — рана была тяжелая, и он потерял много крови. Все осложнилось тем, что у него раздроблено ребро и надо было извлечь все обломки кости. То, что ему нужно теперь, это неподвижное состояние и длительный отдых. Но выйдет он отсюда совершенно здоровым человеком.

Лу все время оставалась в клинике, где ей дали комнату, она не отходила от Мервиля. Я увидел его на четвертый день после операции. Его голова высоко лежала на подушке, у него было осунувшееся лицо, но глаза его были ясны и спокойны. Когда я подошел к его кровати, он улыбнулся; слабым движением руки, сжатой в кулак, — я знал, что это движение причиняло ему боль, — дотронулся до моего бока и сказал:

— Ты видишь, старик, мы все-таки живы.

— Когда ты будешь себя чувствовать лучше, мы с тобой поговорим, — сказал я. — Теперь тебе надо отдыхать и не двигаться.

— Я только это и делаю, — сказал он. — И должен тебе признаться, что в этом даже есть известная приятность. И ты не можешь себе представить, как я рад, что Лу больше не угрожает опасность.

Мы были в клинике вчетвером — Эвелина, Артур, Андрей, прилетевший из Сицилии немедленно после того, как он получил телеграмму от Артура, и я. Мы вышли все вместе и пошли в ресторан обедать.

— Как все это произошло? — спросил Андрей. Ему ответил Артур.

— Никто из нас еще всего не знает, — сказал он. — Никто из нас не говорил об этом ни с Мервилем, ни с этой женщиной — Артур упорно называл Лу «этой женщиной». — Я читал только газетные отчеты, что в них верно, что нет, трудно судить.

— Ну, хорошо, что было в газетах? — спросил Андрей.

Артур рассказал ему, что в течение нескольких дней за домом Мервиля следил высокий человек с мрачным лицом. Когда Мервиль как-то вышел на улицу — было около пяти часов дня, — этот человек позвонил у входной двери. Ему отворила горничная. Не спрашивая ее ни о чем, он вошел в гостиную. Лу сидела в кресле. Она не шевельнулась, увидя его, и неподвижным взглядом смотрела на его руку, в которой он держал револьвер.

— Вот мы и встретились, Лу — сказал он. — Теперь одевайся и идем.

Он говорил по-английски, и горничная, стоявшая тут же, не понимала его слов.

— Ты знаешь, что я никуда с тобой не пойду, — сказала Лу, и горничная потом говорила, что она не узнала ее голоса. — Это был голос, которого я никогда до этого не слышала, — сказала она.

И в эту минуту в комнату из боковой двери вошел Мервиль.

Он увидел человека с револьвером, Лу, сидящую в кресле, и двинулся к тому месту, где стоял этот человек.

— Останови его, — сказал этот человек Лу, — скажи ему, чтобы он не двигался.

— Меня никто не может остановить, — сказал Мервиль и сделал шаг вперед. В ту же секунду раздался выстрел, и Мервиль тяжело рухнул на пол. Но сквозь смертельное полузабытье он услышал еще два выстрела, один за другим, и потерял сознание.

Стреляла Лу. Как это выяснилось позже, между подушками кресла был втиснут ее револьвер и, не сходя с места, она выпустила две пули в этого человека. Обе пули попали ему в живот, и каждая из них была смертельной. Лу бросилась к Мервилю, сказав горничной, чтобы она вызвала доктора. Она подняла без видимого усилия тяжелое тело Мервиля и положила его на диван, зажимая рукой его рану. В это время до нее донесся хриплый шепот человека, в которого она стреляла и который лежал в нескольких шагах от нее, на полу, в луже крови:

— Лу, помоги мне.

Она даже не обернулась. Когда приехал доктор, он нашел тяжелораненого Мервиля и умиравшего человека с мрачным лицом.

— Вот приблизительно что пишут газеты, — сказал Артур. — Человек, которого эта женщина убила, оказался американским гангстером, который, по-видимому, знал ее в Америке.

Читая газетные отчеты, о которых говорил Артур, я составил себе определенное представление о том, что произошло. Все было делом нескольких секунд. Если бы Мервиль остановился, он, вероятно, не был бы ранен. Но ни Лу, ни этот американец с итальянской фамилией — Канелли — не допускали мысли о том, что безоружного Мервиля не остановит направленное на него дуло револьвера. Если бы Мервиль не сделал шаг вперед, Канелли не испугался бы — потому что только человек, потерявший голову, мог стрелять не в ногу или в плечо, а в грудь Мервиля. Зато оба выстрела Лу были сделаны с той же беспощадной точностью и быстротой, с какой она несколько лет тому назад стреляла в цирке. И я вспомнил слова моего американского собеседника на Ривьере:

— Лу очень опасная женщина. Мервиль — ваш друг, скажите ему об этом.

И то, что Лу сказала Мервилю:

— Может быть, я не имела права связать мою жизнь с твоей, и дай Бог, чтобы я в этом не ошиблась.

Это было сказано недаром. Лу знала то, что не знали ни Мервиль, ни я, — это приближение опасности, которую она была готова встретить — и устранить навсегда.

Мы говорили об этом в ресторане, и Андрей сказал:

— Ее даже нельзя назвать опасной женщиной. Разве можно сказать, что постоянная угроза смерти — это опасность? Это смерть, а не опасность.

— Я всегда это чувствовал, — сказал Артур, — с самого начала.

— Вы оба ничего не понимаете, — сказала Эвелина. — Она опасна для тех, кто угрожает ее жизни или жизни человека, которого она любит. Но ради этого человека она, я думаю, пойдет на все, и я нахожу, что это замечательно.

— Ты говоришь так, как будто ты хорошо ее знаешь, — сказал Андрей. — Ты ее видела два раза в жизни. Как ты можешь о ней судить и почему ты так думаешь?

— Потому что я женщина, Андрей, — сказала Эвелина, — и потому что я знаю, что такое настоящее чувство.

С каждым днем силы Мервиля восстанавливались, и через две недели после операции он хотел уже вернуться домой. Но доктор находил, что это было бы преждевременно, и, уступая его настояниям и просьбе Лу, Мервиль остался в клинике еще на некоторое время.

Я бывал у него каждый день, иногда с Эвелиной, иногда один, и при этом неизменно присутствовала Лу. От прежней ее холодности не осталось следа, я неоднократно слышал ее смех и никогда больше не замечал у нее того неподвижного взгляда, который раньше производил на меня такое тягостное впечатление. В ней не было, как и прежде, никакой экспансивности, но не чувствовалось больше напряжения, которое было тогда, когда я встречался с ней на Ривьере. Она принимала участие в общем разговоре, и я как-то поймал ее чуть насмешливый взгляд, которым она смотрела на Артура, когда он стоял спиной к ней. Заметив, что я это увидел, она улыбнулась мне и слегка пожала плечами. Я не представлял себе, что еще некоторое время тому назад могло бы произойти нечто подобное.

Наконец наступил день, когда Мервиль уехал из клиники и вернулся домой. На следующее утро после этого я позвонил ему по телефону, и он мне сказал:

— Нам надо с тобой поговорить. Без этого у меня такое

ощущение, что мне чего-то не хватает. Ты, по-видимому, осужден на роль нашего постоянного собеседника.

Мы условились встретиться через два дня. Был дождливый февральский вечер, когда он явился ко мне. У него был вид совершенно выздоровевшего человека, но мне показалось, что его движения были несколько медленнее, чем всегда. Я ему это сказал.

— Я так привык к неподвижности за это время, — сказал он, — что это как будто продолжается по инерции. Но я думаю, что скоро все будет так же, как было раньше.

— Теперь расскажи мне, как все произошло.

Он стал рассказывать — и тогда я убедился в том, что — как я это и предполагал с самого начала — все это не было простой случайностью и что вряд ли Канелли предпринял бы путешествие из Нью-Йорка в Париж, если бы у него не было для этого никаких побуждений, кроме надежды на успех очередного шантажа. До этого он никогда не покидал Соединенных Штатов. Почему он вдруг отправился за океан, в страну, о которой не имел представления и языка которой не понимал?

Канелли хорошо знал Лу. Несколько лет тому назад в течение некоторого времени она была его любовницей. Это продолжалось очень недолго, и она ушла от него после бурного объяснения. Он пытался удержать ее угрозами, хотя знал, что она их не испугается. Но он никогда не мог примириться с тем, что она его бросила. Он всегда был неподалеку от тех мест, где была Лу, и все эти годы — как она это знала — он следил за ней. Он не делал попыток приблизиться к ней, он ее боялся, но от мысли о ней отказаться не мог. На что он мог, казалось бы, надеяться? Если бы ему задали этот вопрос, он, вероятно, не сумел бы на него ответить. Но в его жизни его тяготение к Лу было сильнее всего остального. Она это знала, и знала так же хорошо, что если она не избавится тем или иным образом от Канелли, у нее никогда не будет ни безопасности, ни спокойствия. И когда она решила покинуть Америку и превратиться в Маргариту Сильвестр, она надеялась, что никто не найдет ее во Франции — ни американская полиция, ни Канелли.

Но совершенной уверенности в этом у нее все-таки быть не могло. И после своей поездки с Мервилем в Нью-Йорк она была убеждена, что Канелли узнает о ее пребывании там. Это именно так и случилось.

— Удивительно все-таки, что он решил приехать в Париж,

— сказал я. — Он должен был помнить, что Лу не похожа на беззащитную жертву.

— Он это, конечно, помнил, он знал, что рискует жизнью, — сказал Мервиль. — Лу его увидела через окно вскоре после того, как он появился, и была готова ко всему. Мне она ничего об этом не сказала. Она говорила потом, что если бы я не вошел в гостиную, все было бы кончено раньше, чем Канелли успел бы что-либо понять или сделать. По ее словам, так или иначе, перешагнув мой порог, он подписал свой смертный приговор. И я не сомневаюсь, что это так и было бы.

— Тут не нужно сослагательного наклонения, — сказал я.

— Но ты знаешь, что самое главное?

— Что?

— Ты понимаешь, — сказал Мервиль, — когда выяснилось, что я вне опасности, что мне не угрожает ни смерть, ни инвалидность, Лу стала неузнаваема. Я никогда ее такой не видел. Она шутит, смеется, она даже иногда напевает. Этого раньше у нее не бывало, она все время жила как будто в тени какой-то трагедии — не знаю, не умею это сказать. Я очень рад этому изменению. Но мне кажется, что это не только оттого, что я выздоровел. Тут есть что-то другое.

— Ну, прежде всего избавление от опасности.

— Несомненно. Но ты понимаешь, то, что ее душило, что мешало ей жить полной жизнью, это ее прежние чувства и воспоминания и запас неистраченной силы, той самой, которая позволила ей пройти через все испытания и не погибнуть. И бурная ненависть ко всему, что исковеркало ее жизнь, ненависть, которая требовала выхода. И когда она убила Канелли, вместе с ним она как будто убила свое прошлое — и теперь она свободна. Я не знаю, сумел ли я это сказать так, как нужно.

— Не забывай еще одного — она убила человека, который стрелял в тебя. Кстати, на что ты рассчитывал, когда шел на направленный на тебя револьвер? Почему ты не остановился?

— Теперь я знаю, что это была ошибка, — сказал он. — Но в ту минуту я об этом не подумал, я хотел отвлечь внимание Канелли от Лу.

— Я хотел тебя спросить еще об одном. Когда ты был с Лу в Америке, что тебе удалось выяснить?

— Это не очень сложно, — сказал Мервиль. И он рассказал мне, как он убедил Лу в необходимости лететь в Нью-Йорк, узнать, чем все это кончилось, и доказать свою непричастность к убийству Миллера. В Нью-Йорке Мервиль обратился к известному адвокату, который обещал ему навести справки обо

186

всем. На следующий день он его вызвал к себе и сообщил ему, что никакого дела Лу Дэвидсон больше не существует, потому что убийца Боба Миллера был арестован и подписал свое признание. Это была темная история, связанная с торговлей наркотиками. Ближайший друг Миллера, на которого пало подозрение полиции, тот самый, который сказал, что Миллера убила Лу, был вскоре освобожден, — против него не было никаких улик. У того, кто действительно был убийцей, оказалось неопровержимое как будто алиби: он находился в этот день в Балтиморе, что подтвердили свидетели. Но его погубила одна незначительная подробность: в день убийства он провел в Нью-Йорке несколько часов с девушкой, которую он встретил на улице и которой раньше никогда не знал. Когда он был в ее комнате, он потерял там ключ от своей нью-йоркской квартиры, — ключ этот она потом отнесла в полицию. Вернувшись из Балтиморы в Нью-Йорк, он заказал себе второй ключ у слесаря. Так как за ним следили, то это тотчас же выяснилось — и остальное было просто. Канелли не имел отношения ни к Бобу Миллеру, ни к его сообщникам или друзьям. Но когда Лу появилась в Нью-Йорке, он, конечно, об этом узнал.

— Что было дальше, ты знаешь, — сказал Мервиль, — я хочу сказать эпилог.

* * *

На следующий день, вспоминая об этом разговоре, я подумал о том странном ощущении, которое я испытывал и в абсурдности которого я отдавал себе отчет, — будто мне удалось довести до успешного конца чрезвычайно трудное дело и теперь у меня больше не было сознания своей воображаемой ответственности за то, что происходит или может произойти. Только тогда я понял, с каким постоянным напряжением я следил со стороны, в течение целого года, за всем, что касалось Мервиля и его судьбы и в чем главную роль играла Лу. Я был искренно рад за Мервиля, и на этот раз, в отличие от предыдущих, я был убежден, что он был действительно по-настоящему счастлив.

Потом передо мной возникла — напечатанная в газете — фотография Канелли, о котором до его появления в Париже никто из нас, кроме Лу, не имел представления. Я думал о том, как сложилась его жизнь и каким он стал оттого, что его жизнь сложилась именно так. В ней было все, что обычно фигурирует

187

во многих биографиях людей этого типа, — грабежи, жестокие побои, которым он подвергался и которым он подвергал других, психология преследуемого и полное отсутствие отвлеченных понятий. Кроме того, его на каждом шагу могла ждать смерть. Она была неизбежна или почти неизбежна, это был вопрос времени, и было чрезвычайно маловероятно, что он умрет от старости в своей постели. Но ему могли предстоять еще годы жизни. То, что предрешило его участь, это было его непреодолимое тяготение к Лу, которое было сильнее сознания того, что всякая попытка приближения к ней грозила ему опасностью. На первый взгляд казалось, что Канелли сам по себе не представлял особого интереса ни для кого, кроме случайного автора заметки о нем в уголовной хронике газеты. Но по странной случайности судьбы он был совершенно необходим Лу и не менее нужен Мервилю. Тот мир, который теперь возникал для них обоих, — возникновению этого мира должна была предшествовать, его началом должна была быть смерть Канелли, как счастью Андрея должно было предшествовать убийство Жоржа. Если бы Жорж был жив, Андрей продолжал бы вести печальное существование и быть таким, каким мы всегда его знали. Если бы Лу не убила Канелли, ни она, ни Мервиль не могли бы быть счастливы. То напряжение, в котором она жила столько лет, не могло не привести к взрыву. Этого повелительно требовала почти безличная ненависть, которая накопилась в ней, и, может быть, недаром ее жизнь началась с убийства и не могла не привести к убийству: минус на минус дает плюс. Как это ни казалось парадоксально, то лучшее, что было в ней, ее любовь к Мервилю и неудержимое движение ее души, это лучшее могло проявить себя в полной мере только после того, как она перешагнула через труп Канелли, после того, как была утолена ее слепая и бессознательная жажда убийства. Кто мог бы ее за это осудить?

Я думал о событиях, которые произошли за это время, — они начались декабрьской ночью, когда открылось кабаре Эвелины, и кончились через год, декабрьским днем, когда был ранен Мервиль и убит Канелли. Но это была условная хронология, которая ничего не объясняла. Этим событиям предшествовала долгая жизнь каждого из тех, кто в них участвовал или был их свидетелем, жизнь, которую нельзя было ни изменить, ни повернуть вспять. И каждая из этих жизней была, в сущности, попыткой найти известное душевное равновесие, ответ на немой вопрос, который всегда стоял перед нами, — ответ, которого Мервиль искал в своих иллюзиях, Эвелина в бурном эмоциональном движении, Артур в игре и тяготении к разным формам силы, Андрей в постоянной мечте о богатстве и я — в бесплодном созерцании. Все это было гораздо сложнее, чем могло казаться, и во всем этом была тревожная хрупкость. Каждый день какая-то часть каждого из нас отмирала, оставляя след только в нашей памяти. Но вместо того, что отмирало, возникало нечто другое, воспоминания смешивались с надеждами, и мы теряли и вновь находили себя в этих незаметных и бесконечных превращениях. Мы знали твердо только одно — то, о чем я когда-то говорил с Артуром: это был, во всех условиях и при всех обстоятельствах, путь к смерти. Мы создавали искусственные соединения во времени, как мы создавали понятия о прошлом, значение которого для нас все время менялось, о будущем, которого мы не знали, о настоящем, смысл которого от нас ускользал.

Иногда мне начинало казаться, что судьба каждого из нас была предрешена, но и в этом не могло быть уверенности. Поль Клеман, осужденный за убийство Жоржа, убийство, которого он не совершал, был бедным и малограмотным человеком, но его постоянная жажда стяжательства в других условиях могла бы привести к тому, что он стал бы миллионером и вместо дешевого красного вина пил бы виски и фигурировал бы в светской хронике газет. Почему нельзя было бы себе представить нищую Анжелику, продававшую букет измятых фиалок у выхода из ночного кабаре, в собственном особняке, возле Булонского леса, в литературном салоне? Все могло быть — и для этого было достаточно одного сдвига, потерявшегося в далеком прошлом, который мог совершенно изменить любую человеческую жизнь, — сдвига во времени или в обстоятельствах, в мгновенном и непостижимом соединении тех или других условий, — того, о чем писал Артур в заключительных строках воспоминаний Ланглуа.

* * *

Андрей пришел ко мне попрощаться, — он уезжал в Сицилию. Он явился утром, и я обратил внимание на его задумчивый вид.

— В какие размышления ты погружен? — спросил я.

— Прежде всего о Мервиле, — сказал он. — Какое счастье, что он остался жив! Его поведение меня не удивило, но кто из нас действовал бы как он?

— И этого человека ты хотел испугать той опасностью, которая ему будет угрожать, если он не расстанется с Лу.

— Теперь опасности, может быть, больше нет. Если не говорить о возможности того, что через некоторое время Мервиль опять поймет, что и это была ошибка.

— Я думаю, что на этот раз это не ошибка. Всему есть предел, Андрюша, и мне кажется, что Мервиль дошел до этого предела. Все рано или поздно кончается — и эмоциональные блуждания тоже. Мервиль никогда не был Дон Жуаном.

— Он скорее похож на Дон Кихота. Вот ты только что сказал, что все кончается. Ты видел сегодняшнюю газету?

И он показал мне третью страницу утренней газеты. Мне сразу бросился в глаза заголовок: «Поль Клеман, осужденный на двадцать лет тюремного заключения за убийство его бывшего хозяина, повесился в своей камере».

— Бедняга! — сказал я.

— Тебе его действительно жаль?

— Все-таки жаль, — сказал я. — Ты подумай, Андрей: какая убогая жизнь, какая душевная нищета, и как это, в конце концов, печально. Я только недавно вспоминал о нем и думал, что, измени те условия, в которых он жил, перенеси его в другую среду — и он мог бы стать банкиром или ростовщиком, кто знает? Судьба к нему отнеслась жестоко. И он расплачивался за убийство, в котором не был виновен.

— Мы с тобой об этом говорили, — сказал Андрей, — я бы его посадил в тюрьму без всякого обвинения в убийстве, за избиение маленьких детей. Этого простить нельзя.

— Тут я с тобой согласен. Но что ты хочешь? У меня смутное сознание какой-то вины за то, что произошло. Да, я знаю, что это трудно обосновать, но я не могу от этого отделаться. Это вроде того позднего сожаления и раскаяния, которое я испытываю, когда думаю о Жорже.

— Никто из нас ничего дурного ему никогда не сделал.

— Да, конечно. Но сказать, что он встречал с нашей стороны дружеское расположение и понимание, тоже нельзя — и смерть сделала это непоправимым, А теперь... Мы даже не знаем, кто его убил. Может быть, впрочем, это когда-нибудь все-таки выяснится.

— Не думаю, — сказал Андрей. — Это одно из распространенных заблуждений, что убийцу всегда находят. Далеко не всегда. Сколько остается нераскрытых преступлений?

— Я знаю. В конце концов, достаточно, чтобы о связи или знакомстве убитого с убийцей не было известно, это первое.

Второе — отсутствие прямой заинтересованности преступника в убийстве — деньги или, скажем, наследство. В этих условиях и если не было свидетелей, убийцу теоретически найти невозможно.

— Я думаю, что в данном случае это приблизительно так и есть, — сказал Андрей. — Жорж иногда отлучался на несколько дней. Где и как он проводил это время, с кем встречался, неизвестно. Я даже не уверен в том, что его убийца принадлежит к уголовному миру. Против этого говорит то, что не было пропажи денег. Остается предположить, что, судя по всему, это была какая-то дикая месть за то, о чем мы ничего не знаем, со стороны человека, о котором мы не имеем представления. Заключение — причина убийства не выяснена и убийца не найден. Я должен тебе признаться, что мне надо сделать над собой усилие, чтобы вспомнить, что все это как-то меня касается. Мне кажется, что это бесконечно далеко. Но то, что я так к этому отношусь, ты находишь, может быть, предосудительным?

— Нет, — сказал я. — Ты знаешь, Андрей, я думаю, что природа дала каждому из нас ограниченное число чувств и вне этого предела мы реагируем на то, что происходит, значительно слабее, чем этого было бы можно ожидать. Не потому, что мы хороши или плохи, а оттого, что у нас на это нет душевной силы. Ты прилетел первым аэропланом из Сицилии, когда узнал, что Мервиль ранен, и я не сомневаюсь, что для него ты сделал бы все что мог и ничего не пожалел бы. Но это Мервиль. А что тебе Клеман, и — в конце концов — что тебе Жорж, хотя он был твой брат?

— Да, и как это ни странно, на тебя все это произвело бо́льшее впечатление, чем на меня.

— Может быть, потому, что у меня иногда бывает пагубная склонность к мрачным размышлениям и обобщениям. И когда я думаю о некоторых вещах, это лишний раз напоминает мне, насколько все иногда может быть трагично и непоправимо. И надо бы подальше уехать от всего этого, например в Сицилию. В этом смысле ты прав. Я к тебе как-нибудь приеду. Хорошо?

— В любое время, — сказал Андрей. Он крепко пожал мне руку — раньше его рукопожатие никогда не было таким, мне всегда казалось, что у него слабые пальцы, — и ушел.

* * *

В тот день, когда Андрей был у меня перед отъездом в

Сицилию, мне нужно было поехать в Латинский квартал, в один из книжных магазинов. Я давно не был в этом районе Парижа, и так как мне было некуда спешить, я начал медленно прогуливаться по этим улицам, которые так хорошо знал. Я проходил мимо гостиниц, в которых снимал комнаты, когда был студентом, мимо антикварных магазинов, которые оставались такими же, какими были много лет тому назад, точно в них остановилось время, застывшее в формах старинной мебели, на отполированной поверхности столов с изогнутыми ножками, на тусклой бронзе канделябров, мимо ресторанов, где мы обедали с Мервилем, Артуром и Андреем. Я прошел мимо дома, в котором жила Сабина и у выхода из которого я ждал ее столько раз. Эвелина жила тогда в этом же районе, на улице, проходившей вдоль Люксембургского сада. Все это было, казалось, бесконечно давно. Я вспомнил наши бурные споры о литературе и возмущение Мервиля, когда я как-то сказал, что стихи Верлена иногда напоминают мне дребезжащую музыку механического пианино: как ты можешь это говорить? возмутительно! позорно! — летние предрассветные часы, когда мы возвращались домой с Монпарнаса, Эвелина, Мервиль и я; Эвелина шла между нами, положив руки на наши плечи, и время от времени мы поднимали ее и несли некоторое расстояние, и мне показалось, что я опять слышу ее тогдашний смех. Я вспомнил ночи, которые мы просиживали в кафе, пиво и луковый суп, печальное лицо Андрея и тот вечер, когда Артур пришел в смокинге и коричневых брюках, потому что все остальное он проиграл в карты, попав в компанию каких-то мелкотравчатых шулеров. — Как хорошо, что у тебя нет состояния, — сказал ему Жорж. — Почему? — Потому что ты бы его проиграл. — Это неважно, — сказал Артур. — Пойми, что сумма, сама по себе, не имеет значения, будь это миллион или десять франков. Самое главное — это ощущение, это вторжение в неизвестность, это шаг в будущее, вот что такое игра. Ты переворачиваешь карту, поставив на нее все, что у тебя есть, и вот на этом куске картона возникает изображение, символический знак, полный таинственного смысла — триумф или поражение, богатство или бедность. Ты хочешь меня убедить арифметикой, но вдохновение игрока ее не знает. — И поэтому на тебе смокинг и коричневые штаны, — насмешливо сказал Жорж. — Какое это имеет значение? — ответил Артур, пожав своими узкими плечами. — Костюм мы тебе все-таки купим, — сказал Мервиль, — потому что в таком виде, как сейчас, ты компрометируешь Эвелину.

В тот вечер мы долго гуляли с Мервилем по улицам Латинского квартала. Он заговорил об Артуре.

— Как все это нелепо и глупо, эта его упорная страсть к игре!

— Нелепо — может быть. Глупо — этого нельзя сказать, это понятие сюда не подходит. Это страсть. Мы с тобой ее понять не можем, потому что она нам чужда.

— Когда я попадаю в казино, где играют в рулетку, — сказал Мервиль, — это наводит на меня смертельную скуку.

— Я тоже не понимаю соблазна азартной игры. Но не надо, мне кажется, заблуждаться: может быть, мы не понимаем этого не потому, что мы умнее Артура, ум здесь ни при чем, а оттого, что мы душевно беднее его. Но Жорж прав: если бы у Артура было состояние, он бы его проиграл.

— Да, и с точки зрения Жоржа это была бы катастрофа. Но Артур об этом не жалел бы.

— Но через какие волнения он бы прошел! Одно это может заполнить человеческую жизнь.

— Не мою, — сказал Мервиль.

— Тебе это не нужно, у тебя есть другое, твой лирический мир.

— А у тебя?

Мы не заметили, как дошли до бульвара Араго. Сквозь густую листву его деревьев проходил свет уличных фонарей, становясь бледно-зеленым, и в вечернем воздухе это напоминало лес, освещенный луной.

— У меня? — сказал я. — Я вспоминаю стихотворение моего друга, поэта, в котором он говорит о трех страстях — женщины, карты, вино. Что есть еще, что влечет к себе человека? Стремление к власти и политика? Я этому чужд. Слава или просто известность? Это тоже многого не стоит. Религиозное призвание — Франциск Ассизский, блаженный Августин, святой Юлиан? Мимо этого нельзя пройти равнодушно, но кому дано повторить со всей силой убеждения эти слова — «сестра моя смерть» — или проникнуться до конца тем, что сказано в трактате о благодати? Или поверить в непогрешимую мудрость, скажем, католической церкви и ее предписаний?

— Но отрицать величие христианства ты не можешь.

— Нет, конечно. Но в его истории непогрешим был только Христос. И когда я слушаю самую убедительную проповедь священника, у меня неизменно возникает одна и та же мысль: я могу судить обо всем с таким же правом, как он. Это мысль крамольная, и с точки зрения церкви я плохой христианин. Значит, не религия. Что остается? Стремление к богатству и поклонение деньгам, как у Жоржа? У меня этого нет, мне это так же непонятно, как страсть к азартной игре.

— Ты видишь, — сказал Мервиль, — судьба не оставляет нам возможности выбора. И тебе и мне суждено пребывание в лирическом мире. С той разницей, что ты хочешь его понять и анализировать, а я принадлежу только одному чувству, тому, которое я испытываю.

* * *

Когда я проснулся на следующее утро, был уже одиннадцатый час. Выпив чашку черного кофе, я подошел к телефону, так как мне казалось, что мне надо кому-то позвонить, что я обещал это сделать. И только через несколько секунд я понял, что никому я не давал этого обещания и никому не должен звонить. И, не думая ни о чем, я набрал номер Эвелины.

— Алло? — сказала она с вопросительной интонацией.

— Я очень давно тебя не видел, — сказал я.

— Как странно, — ответила она, — я думала об этом же. И я хотела предложить тебе одну вещь.

— Я тебя слушаю.

— Пригласи меня сегодня вечером ужинать.

— Прекрасно, — сказал я, — куда? В котором часу?

— Ты помнишь итальянский ресторан на маленькой улице возле площади Сан-Сюльпис? Я буду там к восьми часам вечера.

— Хорошо, буду тебя ждать.

Когда я подъехал к ресторану, о котором говорила Эвелина, было без десяти восемь. Был ясный и холодный вечер. Ожидая ту минуту, когда я ее увижу, я ощущал давно забытое физическое и душевное томление. Я видел перед собой ее лицо, ее синие, то далекие, то приближающиеся глаза, ее голое тело, такое, каким оно было в моем недавнем сне, — и я вспомнил ее слова: «медлительная сладость ожидания». И уже в тот вечер, когда мы все были в ее кабаре и она спросила меня, о чем я думаю, по звуку ее голоса, по выражению ее лица, по улыбке, раздвигавшей ее влажные губы, я знал, что ничто не может остановить это движение или предотвратить то, что не могло не произойти. Но в этом томлении было еще одно — ощущение, что это именно то, что должно быть, и что я не могу ошибиться, как не может ошибиться она, и это создавало впечатление какой-то горячей прозрачности. Я знал, что ни ей, ни мне не нужны были ни слова, ни объяснения, потому что в том мире, который неудержимо приближался к нам, они теряли свое значение и вместо них возникало движение чувств, вздрагивавших, как флаги на ветру. И все, что было до сих пор, эти годы бесплодного созерцания и неподвижности, печаль, которую я испытывал, ощущение усталости, которое я так хорошо знал, сознание, что нет вещей, которых стоило бы добиваться, все это было обманчиво и неверно, это было длительное ожидание возврата в тот мир, в котором возникала Эвелина — такая, какой она никогда не была до последнего времени и какой она была создана.

Мне было жарко и хотелось пить — так, точно это были летние сумерки моего сна об Эвелине, а не холодный вечер парижской зимы. Я стоял у входа в ресторан, расстегнув пальто, когда подъехало такси, из которого вышла Эвелина. Она протянула мне свою руку в кольцах, и, не давая себе отчета в том, что я делаю, я обнял ее за талию.

— Ты с ума сошел, — сказала она непривычно медленным голосом, повернув ко мне лицо со смеющимися глазами. — Тебя не узнать, мой милый. Что с тобой? Неужели ты вдруг забыл то, о чем ты всегда говоришь, — что все трагично и непоправимо?

— К счастью, не все и не всегда.

Ее глаза на секунду потемнели, и я почувствовал сквозь ее шубку движение ее тела под моей рукой. Потом она засмеялась и сказала:

— Но мы все-таки поужинаем? Я должна тебе признаться, что я голодна.

Когда мы сели за стол, я налил вино в бокалы и сказал:

— За что мы будем пить, Эвелина?

— За мое воплощение, — сказала она.

Я смотрел, не отрываясь, на ее блестящие глаза и изменившееся лицо.

— Ты знаешь, что я думаю, Эвелина?

— Что?

— Что чувства иногда опережают события.

— В одной из твоих прошлых жизней ты был женщиной. Потому что эта мысль скорее характерна для женщины, чем для мужчины.

— Мне кажется, что в какие-то минуты, минуты счастливой и полной близости, мы теряем себя в блаженном растворении и больше не остается этого разделения между нами, ты понимаешь? Может быть, не совсем до конца, но почти?

— Но если бы не было этого разделения, то не могло бы быть того блаженного растворения, о котором ты говоришь.

— Ты знаешь, — сказал я, — когда я приехал сюда и тебя еще не было, я впервые за последние годы почувствовал, что как будто кто-то снял тяжесть с моих плеч и что я опять такой, каким я был раньше. И этим я обязан тебе, твоему воплощению, за которое мы пьем, твоей последней метаморфозе.

— Я хотела бы тебе сказать так много, что у меня на это не хватило бы целого вечера. Но я не могу говорить. Может быть, потом, хорошо?

Мы вышли из ресторана. Узкая улица была тускло освещена.

— Ты помнишь, Эвелина... — сказал я.

— Я ничего не помню, — ответила она. — Я ничего не помню, но я все знаю.

Я остановил такси, и, когда я сел рядом с Эвелиной, я увидел на ее глазах слезы.

— Ты огорчена? — спросил я.

— Нет, — ответила она, — я счастлива.

Позже, глубокой ночью, лежа рядом со мной, охватив мою шею рукой и глядя в мои глаза, она сказала:

— Ты знаешь, что я продала свое кабаре?

— Хорошо сделала, — сказал я. — Когда?

— Все было кончено вчера, я не хотела это откладывать, я знала, что я увижу тебя сегодня вечером и что это будет началом моей жизни. Я знала, что это не могло быть иначе. Ты ни о чем не жалеешь?

— Я жалею о том, что это не произошло раньше, — сказал я.

— Раньше? — сказала она. — Раньше, мой дорогой, нас не было, ни тебя, ни меня, — таких, какие мы теперь.

— Я хотел тебя спросить еще об одном, — сказал я. — Ты помнишь, через несколько дней после того, как оперировали Мервиля, когда мы сначала были в клинике, а потом пошли обедать в ресторан — ты, Андрей, Артур и я, ты говорила о Лу. Андрей тебя спросил, почему ты так уверена в правильности твоего суждения о ней, и ты ему ответила: потому, что я женщина, и потому, что я знаю, что такое настоящее чувство. Но вся твоя жизнь вплоть до этого дня доказывала, что ты не могла знать настоящего чувства. Почему ты это сказала?

— Сегодня вечером ты сам ответил на этот вопрос, — сказала она. — Потому что чувства иногда опережают события и потому что тогда я уже знала то, что ты знаешь теперь.

Когда Эвелина заснула, я долго смотрел на ее лицо с закрытыми глазами. Оно стало другим, и на нем было, как мне показалось, выражение почти торжественного спокойствия. Я смотрел на него, и теперь я понимал то, что не доходило до меня раньше: что я ждал этого вечера и этой ночи все последние годы моей жизни. Все мои воспоминания, все события этих месяцев — убийство Жоржа, превращение, которое произошло с Андреем, роман Мервиля и трагическая его развязка, выстрелы Лу и труп Канелли, самоубийство Клемана, книга Артура, «Fleur de Nuit» и Анжелика — все это сейчас бледнело и растворялось, и из всего этого, пройдя сквозь эти жизни разных людей и их судьбы и остановившись наконец в своем бурном движении, передо мной возникла Эвелина в ее последнем воплощении, которого я ждал столько лет.

Она проснулась, открыла глаза и, встретив мой взгляд, сказала:

— Почему ты так пристально смотришь на меня? О чем ты думаешь?

— О том, что я когда-нибудь напишу о тебе книгу, — сказал я.

ЧЕРНЫЕ ЛЕБЕДИ

Двадцать шестого августа прошлого года я раскрыл утром газету и прочел, что в Булонском лесу, недалеко от большого озера, был найден труп русского, Павлова. В бумажнике его было полтораста франков; там же лежала записка, адресованная его брату:

«Милый Федя, жизнь здесь тяжела и неинтересна. Желаю тебе всего хорошего. Матери я написал, что уехал в Австралию».

Я очень хорошо знал Павлова и знал, что именно двадцать пятого августа он застрелится: этот человек никогда не лгал и не хвастался.

Числа десятого того же месяца я пришел к нему за деньгами: мне нужно было взять в долг полтораста франков.

— Когда вы сможете их вернуть?

— Числа двадцатого, двадцать пятого.

— Двадцать четвертого.

— Хорошо. Почему именно двадцать четвертого?

— Потому, что двадцать пятого будет поздно. Двадцать пятого августа я застрелюсь.

— У вас неприятности? — спросил я,

Я не был бы так лаконичен, если бы не знал, что Павлов никогда не меняет своих решений и что отговаривать его — значит попусту терять время.

— Нет, особенных неприятностей нет. Но живу я, как вы знаете, довольно скверно, в будущем никаких изменений не предвижу и нахожу, что все это очень неинтересно. Дальнейшего смысла так же продолжать есть и работать, как сейчас, я не вижу.

— Но у вас есть родные...

— Родные? — сказал он. — Да, есть. Они особенно не огорчатся; то есть им, конечно, некоторое время будет неприятно, но, в сущности, никто из них во мне не нуждается.

— Ну, хорошо, — сказал я, — я все-таки думаю, что вы не правы. Мы еще поговорим об этом, если вы хотите, конечно, вполне объективно. Вы вечерами дома?

— Да, как всегда. Приходите. Впрочем, мне кажется, я знаю, что вы мне скажете.

— Это мы увидим.

— Хорошо, до свиданья, — сказал он, открывая мне дверь и улыбаясь своей обыкновенной, обидной и холодной улыбкой.

После этого разговора я уже твердо знал, что Павлов застрелится: я был так же в этом уверен, как в том, что, выйдя от Павлова, пошел по тротуару. Однако, если бы о решении Павлова мне сказал кто-нибудь другой, я счел бы это невероятным. Я вспомнил тут же, что уже года два тому назад один из наших общих знакомых говорил мне:

— Вот увидите, он плохо кончит. У него не осталось ничего святого. Он бросится под автобус или под поезд. Вот увидите...

— Друг мой, вы фантазируете, — ответил я.

Из всех, кого я знал, Павлов был самым удивительным человеком во многих отношениях; и, конечно, самым выносливым физически. Его тело не знало утомления; после одиннадцати часов работы он шел гулять и, казалось, никогда не чувствовал усталости. Он мог питаться одним хлебом целые месяцы и не ощущать от этого ни недомоганий, ни неудобств. Работать он умел, как никто другой, и так же умел экономить деньги. Он мог жить несколько суток без сна; вообще же он спал пять часов. Однажды я встретил его на улице в половине четвертого утра; он шел по бульвару неторопливой походкой, заложив руки в карманы своего легкого плаща, — а была зима; но он, кажется, и к холоду был нечувствителен. Я знал, что он работает на фабрике и что до первого фабричного гудка остается всего четыре часа.

— Поздно вы гуляете, — сказал я, — ведь вам скоро на работу.

— У меня еще четыре часа времени. Что вы думаете о Сен-Симоне? Он, по-моему, был интересный человек.

— Почему вдруг Сен-Симон?

— А я сдаю политическую историю Франции, — сказал он, — и там, как вам известно, фигурирует Сен-Симон. Я занимался с вечера до сих пор, теперь решил пройтись.

— А вы сегодня не работаете?

— Нет, почему же, работаю. Спокойной ночи.

— Спокойной ночи.

И он продолжал так же медленно шагать по бульвару. Но физические его качества казались несущественными и неважными по сравнению с его душевной силой, пропадавшей совершенно впустую. Он сам не мог бы, пожалуй, определить, как он мог бы использовать свои необыкновенные данные; они оставались без приложения. Он мог бы, я думаю, быть незаменимым капитаном корабля, но при непременном условии, чтобы с кораблем постоянно происходили

199

катастрофы; он мог бы быть прекрасным путешественником через город, подвергающийся землетрясению, или через страну, охваченную эпидемией чумы, или через горящий лес. Но ничего этого не было — ни чумы, ни леса, ни корабля; и Павлов жил в дрянной парижской гостинице и работал, как все другие. Я подумал однажды, что, может быть, его же собственная сила, искавшая выхода или приложения, побудила его к самоубийству; он взорвался как закупоренный сосуд от страшного внутреннего давления. Но всякий раз, пытаясь понять причины его добровольной смерти, я вынужден был отказаться от этого, так как к Павлову не подходил ни один из тех принципов, которые определяют поведение человека в самых разнообразных случаях; и в результате Павлов неизменно оказывался вне всей системы рассуждений и предположений; он был в стороне, он ни на кого не походил.

У него была особенная улыбка, от которой вначале становилось неприятно: это была улыбка превосходства, причем чувствовалось — это ощущали почти все, даже самые тупые люди, — что у Павлова есть какое-то право так улыбаться.

Он никогда не говорил неправды; это было совершенно удивительно. Он, кроме того, никому не льстил и, действительно, говорил каждому, что он о нем думал; и это всегда бывало тяжело и неловко, и наиболее находчивые люди старались обратить это в шутку и смеялись; и он смеялся вместе с ними — своим особенным, холодным смехом. И только один раз за все время моего долгого знакомства с ним я услышал в его голосе мгновенную мягкость, к которой считал его неспособным. Мы говорили о воровстве.

— А, это любопытная вещь, — сказал он. — Вы знаете, я раньше был вором; но потом решил, что не стоит, и перестал воровать и теперь уж больше ничего не украду.

— Вы были вором? — удивился я.

— Что же тут странного? Большинство людей воры. Если они не крадут, то из боязни или по случайности. Но в душе почти каждый человек вор.

— Мне это очень часто приходилось слышать; я, пожалуй, готов согласиться, что это одно из наиболее распространенных заблуждений. Я не думаю, чтобы каждый человек был вор.

— А я думаю. У меня на воров особенное чутье. Я вижу сразу, может человек украсть или нет.

— Я, например?

— Можете, — сказал он. — Сто франков вы не украдете. Но

из-за женщины можете украсть и если будет соблазн больших денег — тоже.

— А Лева? — спросил я. Я учился с Павловым уже за границей; у нас было много общих товарищей — одним из них был Лева — веселый, беспечный и, в общем, неплохой человек.

— Украдет.

— А Васильев?

Это был один из лучших учеников — угрюмый и болезненно-добросовестный человек, неряшливо одетый, очень усердный и скучный.

— Тоже, — не колеблясь сказал Павлов.

— Как? Но он добродетелен, трудолюбив и каждый день молится Богу.

— Он, главное, трус, а все остальное, что вы сказали, — неважно. Но он вор — и мелкий вор при этом.

— А Сережа?

Сережа был наш товарищ, лентяй, мечтатель и дилетант — но очень способный; он любил часами лежать на траве, думая о несбыточных вещах, мечтая о Париже — мы жили тогда в Турции, — о море и еще Бог знает о чем; и все настоящее, что окружало его, было ему чуждо и безразлично. Однажды, накануне одного из важных экзаменов, я проснулся ночью и увидел, что Сережа не спит и курит.

— Ты что, — спросил я, — волнуешься?

— Да, немного, — сказал он неуверенно. — Это пустяки. — Нет, не совсем. — Ты боишься провалиться? — Да ты о чем? — сказал он с удивлением. — Об экзамене, конечно. — Ах нет, это неинтересно. Я совсем о другом думаю. — О чем же именно? — Я думаю: паровая яхта стоит очень дорого, а парусную не стоит делать. А на паровую у меня не будет денег, — сказал он с убеждением; а ему не на что было купить папирос. Он курил — и бросил окурок; было темно, и мне показалось, что окурок упал на одеяло. — Сережа, — сказал я через минуту, — у меня такое впечатление, что твой окурок упал на одеяло. — Ну что же? — ответил он. — Дай ему разгореться, тогда будет видно. Но чаще они потухают: табак сырой. — И он заснул и, наверное, видел во сне яхту.

— А Сережа? — повторил я.

И лицо Павлова в первый раз приняло непривычное для него, мягкое выражение, и он улыбнулся совсем иначе, чем всегда, — удивительной и открытой улыбкой.

— Нет, Сережа никогда не украдет, — сказал он. — Никогда.

Я был одним из немногих его собеседников; меня влекло к нему постоянное любопытство; и, разговаривая с ним, я забывал о необходимости — которую обычно не переставал чувствовать — каким-нибудь особенным образом проявить себя — сказать что-либо, что я находил удачным, или высказать какое-нибудь мнение, не похожее на другие; я забывал об этой отвратительной своей привычке, и меня интересовало только то, что говорил Павлов.

Это был, пожалуй, первый случай в моей жизни, в которой мои интерес к человеку не диктовался корыстными побуждениями — то есть желанием как-то определить себя в еще одной комбинации условий. Я не мог бы сказать, что любил Павлова, он был мне слишком чужд — да и он никого не любил и меня так же, как остальных. Мы оба знали это очень хорошо. Я знал, кроме того, что у Павлова не было бы сожаления ко мне, если бы мне пришлось плохо; и убедись я, что возможность такого сожаления существует, я тотчас же отказался бы от нее.

Я помнил, как однажды Павлов рассказывал мне о знакомом, который попросил у него денег, дав честное слово, что вернет их завтра, — и не приходил две недели; затем явился к нему ночью и со слезами просил прощения — и еще хотя бы пять франков, так как ему нечего есть.

— Что же вы сделали? — спросил я.

— Я дал ему денег. Я другому человеку не дал бы; но ведь он не человек, я ему сказал это. Но он промолчал и ждал, покуда я достану деньги из кармана.

Он улыбнулся и прибавил:

— Я дал ему, между прочим, десять франков.

У него не было душевной жалости, была жалость логическая; мне кажется, это объяснялось тем, что сам он никогда не нуждался в чьем бы то ни было сочувствии. Его не любили товарищи; и только уж очень простодушные люди были с ним хороши: они его не понимали и считали немного чудаковатым, но, впрочем, отличным человеком. Может быть, это было в известном смысле верно; но только не в том, в каком они думали. Во всяком случае, Павлов был довольно щедр; и деньги, которые он зарабатывал, проводя десять-одиннадцать часов на фабрике, он тратил легко и просто. Он довольно много денег раздавал, у него было множество должников; и нередко он помогал незнакомым людям, подходившим к нему на улице. Как-то, когда мы с ним проходили по пустынному бульвару Араго — было темно и довольно поздно и холодно, во всех домах были наглухо закрыты ставни, деревья без листьев еще особенно, как мне казалось, усиливали впечатление пустынности и холода, — к нам подошел обтрепанный, коренастый мужчина и хрипло сказал, что он только вчера вышел из госпиталя, что он рабочий, что он остался на улице зимой; не можем ли мы ему чем-нибудь помочь? — Voilà mes papiers[10], — сказал он, зная, что на них не посмотрят. Павлов взял бумаги, подошел к фонарю и показал мне их; там не было никакого упоминания о госпитале.

— Вы видите, как он лжет, — сказал он по-русски.

И, обратившись к бродяге, он засмеялся и дал ему пятифранковый билет.

В другой раз мы встретили русского хромого, который тоже просил денег. Я его уже знал. Когда я однажды — это было вскоре после моего приезда в Париж — вышел в летний день из библиотеки и проходил по улице, читая, я вдруг почувствовал, как кто-то просунул мне над книгой сухую, холодную руку, — и, подняв глаза, я увидел перед собой человека в приличном сером костюме и хорошей шляпе, хромого. Небрежным движением приподняв шляпу, он сказал с необыкновенной быстротой:

— Вы русский? Очень рад познакомиться, благодаря моей инвалидности, на которую вы можете обратить внимание, и будучи лишен возможности, подобно другим, зарабатывать деньги тяжелым эмигрантским трудом в изгнании, я вынужден к вам обратиться в качестве бывшего боевого офицера добровольческой армии и студента последнего курса историко-филологического факультета Московского императорского университета, как бывший гусар и политический непримиримый враг коммунистического правительства с просьбой уделить мне одну минуту вашего внимания и, войдя в мое положение, оказать мне посильную поддержку.

Он произнес все это, не остановившись, и я бы никогда не запомнил его длинного и бестолкового обращения, тем более что я половины не понял, — если бы впоследствии мне не пришлось слышать это еще несколько раз — и почти без изменений; только иногда он оказывался студентом не Московского, а Казанского или Харьковского университета и не гусаром, а уланом или артиллеристом или лейтенантом Черноморского флота. Это был странный человек; я видел его случайно, вечером, в садике возле церкви Сен-Жермен де Пре — он сидел рядом с пожилой и грустной женщиной, согнувшись и опустив голову, и у него был такой несчастный вид, что мне стало жаль его. Но через три дня в кафе на площади Одэон этот же человек курил сигару, пил какую-то

---

[10] Вот мои документы (фр.).

лиловую жидкость в особенно длинном стакане и обнимал правой рукой раскрашенную проститутку.

В тот день, когда он впервые подошел ко мне, у меня было всего шесть франков, и я сказал ему:

— К сожалению, я не могу вам помочь, у меня нет денег. Я могу вам дать франка два; больше мне было бы трудно.

— Три пятьдесят, пожалуйста, — сказал он.

Я удивился:

— Почему именно три пятьдесят?

— А потому, молодой человек, — ответил он почти наставительно, — что три пятьдесят — это цена обеда в русской обжорке. — И, приняв опять свой благородный вид, он прибавил: — Благодарю вас, коллега. — И ушел, прихрамывая и опираясь на свою трость.

И вот именно он обратился к Павлову и ко мне.

— Вы русские? Очень рад познакомиться, благодаря моей инвалидности...

— Я уже это знаю, — сказал Павлов. — Мне известно, что вы учились в Московском и Казанском университете, были гусаром, уланом, артиллеристом и моряком. Не плавали ли вы на подводной лодке, между прочим, и не были ли в духовной академии?

— Вы его не знаете? — спросил он меня. — Я ему давал деньги уже пять раз.

— Знаю, — сказал я. — Я думаю, что насчет историко-филологического факультета — это он увлекается. Но вообще он несчастный человек.

— Следующий раз вы обратитесь к другим, — проговорил Павлов. — В общей сложности я заплатил вам пятьдесят франков: я считаю, что таких денег вы не стоите. Не думайте, что я вам это говорю, пользуясь вашим плохим положением: если бы на вашем месте был какой-нибудь архиерей, я бы сказал ему то же самое. Вот вам деньги.

Павлов жил в очень маленькой комнате одного из дешевых отелей Монпарнаса. Он покрасил сам ее стены, прибил полки, поставил книги, купил себе керосинку; и когда у него набиралась известная сумма денег, позволявшая ему некоторое время не работать, он проводил в этой комнате целые месяцы, один с утра до вечера, выходя на улицу, только чтобы купить хлеба, или колбасы, или чаю.

— Чем вы все время занимаетесь? — спросил я его в один из таких периодов.

— Я думаю, — ответил он.

Я не придал тогда значения его словам; но позже я узнал,

что Павлов, этот непоколебимый и непогрешимый человек, был в сущности мечтателем. Это казалось чрезвычайно странным и менее всего на него похожим — и, однако, это было так. Я полагаю, что, кроме меня, никто об этом не подозревал, потому что никто не пытался расспрашивать Павлова, о чем он думает, никому не приходило в голову, тем более что сам Павлов был на редкость нелюбопытен; он делал опыты только над собой.

Он прожил в Париже четыре года, работая с утра до вечера, почти ничего не читая и ничем особенно не интересуясь. Потом вдруг он решил получить высшее образование. Это произошло потому, что кто-то в разговоре с ним подчеркнул, что кончил университет.

— Что же, университет это не Бог весть что, — сказал Павлов.

— Вы, однако, его не кончили.

— Да, но это случайно. Впрочем, вы мне подали мысль: я кончу университет.

И он стал учиться: поступил на философское отделение историко-филологического факультета и занимался вечерами после работы — что было бы всякому другому почти не под силу. Сам Павлов хорошо это знал. Он говорил мне:

— Вот пишут о каких-то русских, которые ночью работают на вокзале, а днем учатся. Такие вещи напоминают мне описания военных корреспондентов; я помню, читал в газете о приготовлениях к бою, и было сказано, что «пушки грозно стояли хоботами к неприятелю». Для всякого военного, даже не артиллериста, ясно, что этот корреспондент в пушках ничего не понимал и вряд ли их видел. Так и здесь: скажут какому-нибудь репортеру, а он и сообщает — дескать, ночью работают, а днем учатся. А пошлите вы такого репортера на ночную работу, так он даже своей хроники не сможет написать, а не то что заниматься серьезными вещами.

Он задумался; потом улыбнулся, как всегда:

— Приятно все-таки, что на свете много дураков.

— Почему это вам доставляет удовольствие?

— Не знаю. Есть утешение в том, что как вы ни плохи и ни ничтожны, существуют еще люди, стоящие гораздо ниже вас.

Это был единственный случай, в котором он прямо выразил свое странное злорадство; обычно он его не высказывал. Трудно вообще было судить о нем по его словам — трудно и сложно; многие, знающие его недостаточно, ему просто не верили — да это и было понятно. Он сказал как-то:

— Служа в белой армии, я был отчаянным трусом; я очень боялся за свою жизнь.

Это показалось мне невероятным, я спросил о трусости Павлова у одного из его сослуживцев, которого случайно знал.

— Павлов? — сказал он. — Самый храбрый человек, вообще, которого я когда-либо видел.

Я сказал об этом Павлову.

— Ведь я не говорил вам, — ответил он, — что уклонялся от опасности. Я очень боялся — и больше ничего. Но это не значит, что я прятался. Я атаковал вдвоем с товарищем пулеметный взвод и захватил два пулемета, хотя подо мной убили лошадь. Я ходил в разведки — и вообще разве я мог поступать иначе? Но все это не мешало мне быть очень трусливым. Об этом знал только я, а когда я говорил другим, они мне не верили.

— Кстати, как ваши занятия?

— Через два года я кончу университет.

И я был свидетелем того, как через два года он разговаривал с тем своим собеседником, с которым он впервые заговорил о высшем учебном заведении. Они говорили о разных вещах, и в конце разговора собеседник Павлова спросил:

— Ну, что же, вы продолжаете думать, что университетское образование это случайность и пустяк?

— Больше, чем когда бы то ни было.

И он пожал плечами и перевел речь на другую тему. Он не сказал, что за это время он кончил историко-филологический факультет Сорбонны.

Странное впечатление производила его речь: никогда во всем, что он говорил, я не замечал никакого желания сделать хотя бы небольшое усилие над собой, чтобы сказать любезность или комплимент или просто умолчать о неприятных вещах; вот почему его многие избегали. Один раз, находясь в обществе нескольких человек, он сказал вскользь, что у него мало денег. Среди нас был некий Свистунов, молодой человек, всегда хорошо одетый и несколько хвастливый: денег у него было много, и он постоянно говорил, сопровождая свои слова пренебрежительными жестами:

— Я не понимаю, господа, вы не умеете жить. Я ни у кого не прошу взаймы, живу лучше вас всех и никогда не испытываю унижений. Я себе представляю, что должен чувствовать человек, просящий деньги в долг.

И вот этот Свистунов, зная, что Павлов исключительно аккуратен и что, предложив ему свою поддержку, он ничем не рискует, сказал, что он с удовольствием даст Павлову столько, сколько тот попросит.

— Нет, — ответил Павлов, — я у вас денег не возьму.

— Почему?

— Вы очень скупы, — сказал Павлов. — И к тому же мне не нравится ваша услужливость. Я ведь к вам не обращался.

Свистунов побледнел и смолчал.

Павлов не знал и не любил женщин. На фабрике, где он работал, его соседкой была француженка лет тридцати двух, не так давно овдовевшая. Он ей чрезвычайно нравился: во-первых, он был прекрасным работником, во-вторых, он был ей физически приятен: она иногда подолгу смотрела на быстрые и равномерные движения его рук, обнаженных выше локтя, на его розовый затылок и широкую спину. Она была просто работницей и считала Павлова тоже рабочим: он почти не говорил со своими товарищами по мастерской, и она приписывала это его застенчивости, тому, что он иностранец, и другим обстоятельствам, нисколько не соответствовавшим тем причинам, которые действительно побуждали Павлова молчать. Она неоднократно пыталась вызвать его на разговор, но он отвечал односложно.

— Il est timide[11], — говорила она.

Наконец ей это удалось. Он говорил по-французски несколько книжным языком — он ни разу не употребил ни одного слова «арго». Это была странная беседа: и нельзя было себе представить более разных людей, чем эта работница и Павлов.

— Послушайте, — сказала она, — вы человек молодой, и я думаю, что вы не женаты.

— Да.

— Как вы обходитесь без женщины? — спросила она.

Если у них было что-нибудь общее, то оно заключалось в том, что оба они называли вещи своими именами. Только говорили и думали они о разных понятиях; и я думаю, что расстояние, разделявшее их, было, пожалуй, самым большим, какое может разделять мужчину и женщину.

— Вам необходима жена или любовница, — продолжала она. — Écoute, mon vieux[12], — она перешла на «ты», — мы могли бы устроиться вместе. Я бы научила тебя многим вещам, я вижу, что ты неопытен. И потом — у тебя нет женщины. Что ты скажешь?

---

[11] Он робок (фр.).
[12] Послушай, старина (фр.).

Он смотрел на нее и улыбался. Как она ни была нечувствительна, она не могла не увидеть по его улыбке, что сделала грубейшую ошибку, обратившись к этому человеку. У нее почти не осталось надежды на благополучный исход разговора. Но все-таки — уже по инерции — она спросила его:

— Ну, что ты скажешь об этом?

— Вы мне не нужны, — ответил он.

В нем была сильна еще одна черта, чрезвычайно редкая: особенная свежесть его восприятия, особенная независимость мысли — и полная свобода от тех предрассудков, которые могла бы вселить в него среда. Он был un déclassé[13], как и другие: он не был ни рабочим, ни студентом, ни военным, ни крестьянином, ни дворянином — и он провел свою жизнь вне каких бы то ни было сословных ограничений: все люди всех классов были ему чужды. Но самым удивительным мне казалось то, что не будучи награжден очень сильным умом, он сумел сохранить такую же независимость во всем, что касалось тех областей, где влияние авторитетов особенно сильно — в литературе, в науках, в искусстве. Его суждения об этом бывали всегда не похожи на все или почти все, что мне приходилось до тех пор слышать или читать.

— Что вы думаете о Достоевском, Павлов? — спросил его молодой поэт, увлекавшийся философией, русской трагической литературой и Нитчше.

— Он был мерзавец, по-моему, — сказал Павлов.

— Как? Что вы сказали?

— Мерзавец, — повторил он. — Истерический субъект, считавший себя гениальным, мелочный, как женщина, лгун и картежник на чужой счет. Если бы он был немного благообразнее, он поступил бы на содержание к старой купчихе.

— Но его литература?

— Это меня не интересует, — сказал Павлов, — я никогда не дочитал ни одного его романа до конца. Вы меня спросили, что я думаю о Достоевском. В каждом человеке есть одно какое-нибудь качество, самое существенное для него, а остальное — так, добавочное. У Достоевского главное то, что он мерзавец.

— Вы говорите чудовищные вещи.

— Я думаю, что чудовищных вещей вообще не существует, — сказал Павлов.

Я пришел к нему пятнадцатого числа, пил с ним чай и потом заговорил о самоубийстве.

---

[13] деклассирован (фр.).

— Вам осталось десять дней, — начал я.

— Да, приблизительно. Ну, какие же вы приведете соображения, чтобы доказать нецелесообразность такого поступка? Вы можете говорить все, что вы думаете: вы знаете, что это ничего не изменит.

— Да, знаю. Но я хотел бы еще раз услышать ваши доводы.

— Они чрезвычайно просты, — сказал он. — Вот судите сами: я работаю на фабрике и живу довольно плохо. Ничего другого придумать нельзя: я думал об одной поездке, но теперь мне кажется, что, если бы она вдруг не оправдала моих надежд, это было бы для меня самым сильным ударом. Дальше: никому решительно моя жизнь не нужна. Моя мать успела меня забыть, я для нее умер десять лет тому назад. Сестры мои замужем и со мной не переписываются. Брат мой, которого вы знаете, оболтус двадцати пяти лет, обойдется без меня. В Бога я не верю; ни одной женщины не люблю. Жить мне скучно: работать и есть? Меня не интересует ни политика, ни искусство, ни судьба России, ни любовь: мне просто скучно. Карьеры я никакой не сделаю — да и карьера меня не соблазнила бы. Скажите, пожалуйста, после всего этого: какой смысл мне так жить? Если бы я еще заблуждался и считал, что у меня есть какой-нибудь талант. Но я знаю, что талантов у меня нет. Вот и все.

Он сидел против меня и улыбался и точно говорил всем своим высокомерным видом: вы видите, какие это все простые вещи и вместе с тем я их понял, а вы не понимаете и не поймете. Я бы не мог сказать, что мне было жаль Павлова, как жаль было бы товарища, у которого я, может быть, вырвал бы из рук револьвер. Павлов был где-то вне сожаления: он был точно окружен средой, сквозь которую чувства других людей не могли проникнуть, как не проникают световые лучи через непрозрачный экран; он был слишком далек и холоден. Но я жалел о том, что через некоторое время перестанет двигаться и исчезнет из жизни такой ценный и дорогой, такой незаменимый человеческий механизм; и все его качества — неутомимость, храбрость и страшная душевная сила — все это растворится в воздухе и погибнет, не найдя себе никакого применения.

— Теперь скажите, что вы думаете по этому поводу, — сказал Павлов.

— Я думаю, — ответил я, — что вы не правы, когда ищете какое-то логическое оправдание всему: это, действительно, потеря времени. Вот вы говорите, что вам скучно и что в вашем существовании нет смысла. Как такие абстрактные идеи могут

209

вас заставить совершить какой бы то ни было поступок, вернее, я считаю этот вопрос второстепенным. Представьте себе, что я работаю четырнадцать часов подряд, устаю как собака и становлюсь голоден так, точно не ел три дня. Затем я иду в ресторан, плотно обедаю, прихожу домой, ложусь на диван и закуриваю папиросу. На кой черт мне смысл?

Он пожал плечами.

— Или еще, — продолжал я. — Представьте себе, что вы прожили год без женщины: я бы не говорил вам этого, но ведь нам осталось говорить не так много, — поэтому у меня нет времени искать другой пример. Вы прожили год без женщины — и потом вы добились благосклонности девушки, которая становится вашей любовницей. Неужели и в этом вас будет интересовать смысл?

— Ну, это все вещи временные, — сказал он.

Меня удивляло то, что физическая любовь к жизни не была сильна у этого человека. Если бы он был болезненным юношей, это было бы понятно. По он был исключительно силен и крепок; и такое соображение могло бы, пожалуй, объяснить то, что он не особенно устал бы от четырнадцати часов работы, — но других вещей это не объясняло. Ничего похожего ни на отчаяние, ни на разочарование у Павлова не было. Я знал этого человека много лет, знал его ближе, чем другие, и мог только думать в результате, что передо мной возникло и прошло таинственное явление, для определения которого у меня не оказалось ни мыслей, ни слов, ни даже интуитивного понимания. Я мог бы успокоиться на этом, сказав себе, что Павлов с его самоубийством так же загадочен для меня, как те животные, живущие на дне моря, которые совершенно похожи на растения, как ночной шум неизвестного происхождения, как множество других нечеловеческих явлений. Но я не мог примириться с этим.

— Есть что-нибудь на свете, что вы любите? — спросил я. Я ожидал отрицательного ответа. Но Павлов сказал:

— Есть.

— Что же это такое?

И вдруг он заговорил. Я помню, какими странными показались мне его признания в тот вечер. Он говорил, не стесняясь, приводя ужасные подробности, которые в другое время покоробили бы меня: но тогда все казалось мне естественным — и ни на одну минуту я не мог забыть, что Павлов приговорен к смерти и что никакие силы не спасут его: и его голос, который тогда звучал и колебался, так и пропадет без отклика, так и заглохнет в этом теле, которое станет трупом.

Он начал издалека и рассказал мне историю детства, долгие годы воровства, удивительную охоту с револьвером на барсука, в России, во Владимирской губернии, — речка, лодка, в которой он катался; и он казался явно взволнованным, когда заговорил о лебедях, которых называл самыми прекрасными птицами в мире. — Знаете ли вы, — сказал он затем, — что в Австралии водятся черные лебеди? В известное время года, над внутренними озерами этой страны они появляются десятками тысяч. — И он говорил о небе, покрытом могучими черными крыльями: — Это какая-то другая история мира, это возможность иного понимания всего, что существует, — говорил он, — и это я никогда не увижу.

— Черные лебеди! — повторил он. — Когда наступает период любви, лебеди начинают кричать. Крик им труден; и для того, чтобы издать более сильный и чистый звук, лебедь кладет шею на воду во всю длину и потом поднимает голову и кричит. На внутренних озерах Австралии! Эти слова для меня лучше музыки.

Он долго говорил еще об Австралии и черных лебедях. Он знал множество подробностей об их жизни; он читал все, что было о них написано, проводя целые дни за переводами английских и немецких текстов, со словарем и с записной книжкой в руках. Австралия была единственной иллюзией этого человека. Она соединила в себе все желания, которые когда-либо у него появлялись, все его мечты и надежды. Мне казалось, что если бы он вложил всю силу своих чувств в один взгляд и устремил бы глаза на этот остров, то вокруг него закипела бы вода; и я увидел в своем воображении эту фантастическую картину, которую мог бы увидеть во сне: тысячи черных крыльев, закрывающих небо, и холодный и пустой вечер на безлюдном берегу, возле которого кипит и волнуется море.

Я просидел с ним почти до утра — и ушел, томимый странными чувствами. — Всего хорошего, — сказал мне Павлов. — Спокойной ночи. А мне через час на фабрику.

— Зачем это вам теперь? — против воли спросил я.

— Деньги, деньги. Я их не унесу с собой, конечно, но я должен заплатить нескольким людям. Неудобно пользоваться преимуществами своего положения.

Я промолчал.

— В сущности, я уезжаю в Австралию, — сказал он.

Я вышел на улицу, было утро, уже началась обычная жизнь; я смотрел на проезжавших и проходивших мимо меня людей и думал с исступлением, что они никогда не поймут самых важных вещей; мне казалось в то утро, что я их только что услышал и понял, и если бы эта печальная тайна стала доступна всем, мне было бы тяжело и обидно. Как и всегда в первую минуту, я увидел нечто невыразимое во всем, что окружало меня, — в кинематографической витрине на углу, в остановленном грузовике со свернутыми колесами, чем-то похожем на человека, застывшего в неестественной и искривленной позе, в торговке зеленью, катившей свою ручную тележку, — я увидел во всем этом непонятное движение и скрытый от меня смысл, в который я не мог сразу вникнуть; но, против обыкновения, раздражение и немая досада на это продолжались недолго, так как в зависимости от того, что я только что слышал, все стало неважным и пустым, только зрительным впечатлением — как пыль, вдалеке поднявшаяся на дороге.

Двадцать четвертого августа я принес Павлову полтораста франков.

— Спасибо, — сказал он, подавая мне руку.

Я сидел у него целый вечер, мы говорили о разных предметах, не имевших отношения к его самоубийству. Тому, что он был совершенно спокоен, я не удивлялся: может быть, впервые он попал в такие обстоятельства, в которых ему пригодилось его неистраченное духовное могущество — и в которых ему следовало бы провести всю свою жизнь. Он пошел со мной до площади с каменным львом, где мы расстались. Я сильно сжал его руку: я знал, что это наша последняя встреча.

— До свиданья, — по привычке сказал я. — До свиданья.

— Всего хорошего, — ответил Павлов.

Я уходил, оборачиваясь. Когда я дошел уже почти до середины площади, то поднял руку, и до меня донесся его спокойный, смеющийся голос:

— Вспомните когда-нибудь о черных лебедях!